언어의 심층과 언어교육

Deep Inside Language : Applications for Language Teaching

지은이 **김지홍(Kim, Jee-Hong)**

경상대학교 국어교육과 교수. 글로벌콘텐츠에서 2013년 루오마(Luoma)의 『말하기 평가』, 2014년 게뤼 벅(Gary Buck)의 『듣기 평가』를 출간하였고, 올더슨(Alderson)의 『읽기 평가』를 번역하고 있다. 범문사에서 옥스퍼드 대학 출판부에서 펴낸 '옥스퍼드 언어교육 지침서' 12권 중 8권(『말하기』, 『듣기』, 『읽기』, 『쓰기』, 『어휘』, 『문법』, 『담화』, 『평가』)을 출간하였고, 도서출판 경진에서 2011년 페어클럽(Fairclough)의 『언어와 권력』, 2012년 페어클럽의 『담화 분석 방법: 사회 조사연구를 위한 텍스트 분석』을 출간하였다.

- 누리집: www.gnu.ac.kr/hb/jhongkim
- 전자서신: jhongkim@gnu.ac.kr

언어의 심층과 언어교육

© 김지홍, 2010

1판 1쇄 발행__2010년 01월 20일
2판 1쇄 발행__2014년 02월 21일

지은이__김지홍
펴낸이__양정섭
펴낸곳__도서출판 경진
      등록__제2010-000004호
      블로그__http://kyungjinmunhwa.tistory.com
      이메일__mykorea01@naver.com

공급처__(주)글로벌콘텐츠출판그룹
      대표__홍정표
      편집__노경민 최민지 김현열 **디자인**__김미미 **기획·마케팅**__이용기 **경영지원**__안선영
      주소__서울특별시 강동구 천중로 196 정일빌딩 401호
      전화__02-488-3280 팩스__02-488-3281
      홈페이지__http://www.gcbook.co.kr

값 15,000원
ISBN 978-89-5996-231-0 93370

학술
01

Deep Inside Language : Applications for Language Teaching

언어의 심층과 언어교육

김지홍 지음

머릿글을 겸하여

20년 더 넘게 국어교육과에서 학생들을 기르치면서, 여러 가지 문제가 되는 것들 가운데에서 가장 먼저 손꼽을 만한 것은, 무엇보다도 언어에 대한 시각 또는 언어를 바라보는 관점이다. 인류 역사 이래 여러 위인들이 다양한 측면들을 놓고 자유롭게 언어를 규정하여 왔기 때문이다. 필자의 주위에서 자주 듣는 소리는 상대론적 언어관이다. 흔히 '말은 얼이다'라고 한다. 덧붙여 독일 사람의 인용구를 끌어다가 '언어는 존재의 집'이라고 한다. 이런 소리들이 과연 언어교육에 얼마나 도움이 될까? 의심스러울 뿐이다.

30년 넘게 헤매며 무디게 얻은 생각으로나마, 학생들에게 쉽게 전달할 수 있는 비유를 찾아본다. 아직은 '도서관 비유'보다 더 나은 착상을 얻지 못하였다. 도서관은 어떤 곳일까? 책들이 있는 곳이다. 책만 있는 것일까? 반드시 책들을 찾기 위한 목록함 또는 카드상자도 있고(비록 지금은 컴퓨터가 대신하고 있지만), 가장 중요한 요소로 '사서'가 있다. 여기서 책들은 풍부한 우리의 일상생활 체험에 해당한다. 목록함 또는 카드 상자는 언어에 해당한다. 사서는 우리의 자유의지 또는 자아(주체)에 해당한다.

만일 1만 권이나 되는 책이 서가에 있고, 목록함 또는 카드상자가 없다고 해 보자. 그러면 어떻게 될까? 아마 도서관은 쓰레기 창고 정도에 지나지 않을 것이다. 장서 권수가 많을수록 어떤 원리에 따라 서가에 배열되어 있어야 제 기능을 한다. 그런데 그런 일을 가능케 하는 목록함 또는 카드상자는 매우 단순할 수도 있고(게으른 사서의 경우에 해당함), 교차 분류와 상·하위 주제별로 다양하고 풍부하게 만들어질 수도 있다(부지런한 사서의 경우에 해당함). 이 일을 하는 주체는 사서인데, 능력이 뛰어날 수도 있고, 아주 단순 노동에만 적합할 만큼 열등할 수도 있다. 또한 성격이 게으를 수도 있고, 반대로 부지런하고 적극적일 수 있다. 비유적으로 사서는 우리 자신의 '자유의지'에 해당한다.

언어만 갖고서는 아무 일도 할 수 없다. 마치 도서관에 책이 하나도 없는데, 덩그러니 목록함 또는 카드상자만 있는 셈이다. 언어는 반드시 풍부한 우리의 일상생활 체험이 주어지고 전제되어야 제몫을 하는 것이다. 책 한 권에 카드 한 장만 대응시켜 놓은 경우는, 아주 빈약한 목록함밖에 되지 않는다. 반드시 교차 분류를 해 놓아야 하고, 또한 주제별로 상·하위 지식이나 개념 위계를 정리해 놓아야 한다. 언어를 사용하여 우리는 이미 직·간접적으로 쌓아 놓은 체험들에 대하여 이런 일을 해 나가는 것이다. 이는 저절로 이뤄지는 것이 아니다. 반드시 사서가 부지런히 그리고 적극적으로 일을 찾아 해 나가야 하는 것이다. 달리 말하여, 스스로 주체적으로 세계와 대상에 대하여 분류하고 내적 관계와 질서들을 재구성해 놓아야 하는 것이다. 이런 일이 잘 이뤄져야 새로운 경험에 대한 저장과 인출 또한 매우 신속히 이뤄질 수 있다. 비록 개인별로 능력과 태도에서 차이가 나겠지만, 이상적인 사서의 모습을 목표로 삼고서, 우리는 교육을 통해 실천하고 예시해 나가고 있는 것이다.

여기 모은 글들은 이런 생각을 담고 있다. 언어를 가르치려면 적어도 두 분야에 대한 자각이 있어야 한다. 언어에 대한 자각과 언어사용에 대한 자각이다. 언어는 앞의 비유에서 목록함 또는 카드상자에 해당하고, 언어사용은 사서에 해당한다. 이런 점에서 필자의 언어관은 '1차적으로' 철저히 도구적이라고 말할 수 있다.

그렇지만 기계와 달리 인간이 인간으로 존재하려면, 반드시 '재귀적 의식'이 있어야 한다. 다시 말하여, 자기성찰이나 자기반성이 모든 의식에 늘 함께하는 것이다. 이런 과정이 또한 의식적으로 일어나기 위하여 언어가 중요하게 이용된다. 이를 염두에 두기 때문에, 고작 도구적 언어관만이 아니라, 자기를 재구성 또는 형성해 나가는 중요한 도구임도 확실히 인정한다. 후자는 이른바 우리의 총체적 인격을 형성해 나간다는 점에서 '인격적 언어관'이라고 말할 수 있다. 비유로 말하자면, 도구적 언어관은 토대나 기반인 셈이고, 인격적 언어관은 그 위에 세워진 탑이나 건물인 셈이다. 필자는 두 가지 성격이 서로 배타적인 것이 아니라, 처음에는 도구적인 측면이 강조되다가 차츰 인격적인 측면이 강조된다고 본다. 마치 공자의 '회사후소繪事後素'의 입장을 연상할 수 있는 것이다. 언어교육이 학습자의 눈높이에 맞추어 이뤄지려면 어떤 관점을 택해야 할지 결정해야 할 것이다. 그런 결정 과정에서도 두 관점이 있다는 사실을 잊어 버려서는 안 될 것이다.

필자가 이해하기로는, 전세계적으로 받아들여지고 있는 의사소통 중심 언어교육(CLT)은 도구적이며 기능적인 언어관을 채택하고 있다. 이 흐름의 최근 모습은 과제 중심 언어교육(TBLT)인데, 일련의 과제 연속물을 잘 만들어 학습자들에 내어 줌으로써, 학습자들이 실제 참된 의사소통을 미리 놀아보게 하는 것이다. 과제 연속물은 함께 구성물construct; 구성 영역 명세내역specification에 따른 간략한 '평가표'도 함께 주어져야 한다. 과제 입력물이 주어지면, 스스로 활동과 짝끼리 활동과 모둠 활동과 전체 학급 활동이 순환되며 일어난다. 이런 순환 과정에서 학습자들이 차츰 과제에 대한 상위 의식(재귀적 의식)을 발달시키게 되는 것이다. 그렇다면 언어교육을 계획하는 이들이 해야 할 일은, 일련의 과제 연속물과 거기에 따른 평가표를 잘 마련해 내는 일이다. 이는 첫술에 배부를 수 없다. 동료 교사들과 긴밀하게 협동하여, 학습자들의 동기를 잘 이끌어 내는 입력물들을 찾아내고 만들어 나가야 하는 것이다. 즉, 과제 은행이 마련될 수 있다.

여기 있는 글들은 모두 최근 들어 쓴 것이다. 언어 철학과 언어 심리학과 담화 분석을 공부하면서 하나하나 나름대로 품을 들이며 썼다. 필자는 언어교육을 밑에서 떠받쳐 주고 있는 3대 학문 분야가 언어 철학·언어심리학·작은 사회학(상호작용 사회학)이며, 언어교육은 담화를 대상으로 한 '담화교육'이 되어야 한다고 믿는다. 담화교육은 언어에 대한 자각과 언어사용에 대한 자각을 전제로 한다. 이를 언어교육에서는 의사소통 중심 언어교육(CLT)라고 불려오다가, 최근 과제 중심 언어교육(TBLT)이란 이름도 자주 쓰인다. 언어 철학의 한 갈래로 '내재주의'에 대하여 공부하여 발표했던 것을 제1장으로 실었다. 주로 너움 참스끼 교수의 생각들을 다뤘지만, 그는 언어 사용에 대한 언급을 거의 하지 않았기 때문에, 일상언어 철학자 폴 그롸이스와 심리학자 허어벗 클락의 생각을 더해 놓았다. 제2장의 자각^{awareness}에 대한 글은 도구로서의 언어와 그 도구를 사용하는 주체에 대한 내용을 다루었다. 전자는 필자가 익히 30년 이상 공부해 온 언어학 고유영역이고, 후자는 심리학 쪽이다. 제3장과 제4장은 각각 담화교육에 대한 생각을 다루고, 언어 산출과 이해의 과정을 다루었다. 또한 우연히 최근 언어심리학 3영역(산출·이해·사용)의 고전들에 대한 번역을 끝내고서 그 내용들에 대해서 해제를 붙였었는데, 그 글들도 여기에 함께 포함해 놓았다. 아직 '상호작용 사회학'은 앞으로 더 올라가야 할 큰 산으로만 남아 있다. 얼마나 더 버티며 공부할 수 있을지 걱정이다.

여기 있는 주제와 글의 성격은 한 마디로 좁고 치우친 필자의 생각만 담고 있을 뿐이다. 혹 읽는 분들의 눈만 버리게 하지나 않을지 두려울 따름이다.

2009년 12월
진주에서, 금강 후인

머릿글을 겸하여 4

제1장 '내재주의' 언어철학에 대하여 11

0. 글 머리에   11
1. 몇 가지 개념들   14
2. 의미와 지시의 문제   24
3. 내재주의 노선에서의 탐구   41
4. 무한 퇴행과 언어사용의 문제   51
5. 마무리하면서   60

제2장 '언어와 언어사용'에 대한 자각 63

제3장 담화교육에 대하여 125

1. 제7차 개정 교육과정에서 '담화교육'의 도입   125
2. 의사소통 교육에 대한 개관   126
3. 언어란 무엇인가   129
4. 언어의 산출과 이해에 대한 심리학적 과정   134
5. 담화란 무엇인가   137
6. 담화교육을 어떻게 시행할 것인가   157

제4장 언어의 산출과 이해에 대한 심리학적 과정 163

1. 몇 가지 어려운 문제   164
2. 산출 과정   177
3. 작업기억   185
4. 이해 과정   188

제5장 언어 이해 _____ 201

: 킨취(1998), 『이해 : 인지 패러다임』

    1. 킨취 교수가 일궈온 언어 이해 연구사   201

    2. 언어 이해와 관련된 몇 가지 논제   211

    3. 전체 논의의 소감, 그리고 서평과 의의   222

제6장 언어 산출 _____ 237

: 르펠트(1989), 『말하기 : 그 의도에서 조음까지』

제7장 언어사용 _____ 255

: 클락(1996), 『언어사용 밑바닥에 깔린 원리』

참고문헌 _____ 281

찾아보기 _____ 287

제1장 '내재주의' 언어철학에 대하여*

0. 글 머리에

너옴 참스끼Noam Chomsky, 1928~ 교수의 글을 통해 언어 철학에 대한 논쟁들을 읽어 가다 보면, 마치 조선조 학자들 사이에서 활발하게 전개되었던 이·기理氣에 대한 논쟁(일원론/이원론)의 한가운데에 들어가 있다는 착각에 휩싸인다. 방대한 『성리대전』 속에 들어 있는 소옹(1011~1077)의 「황극 경세서」에서는, 우주를 지배하는 상수象數 원리에 따라서, 구체적인 소리로 구현되기까지 그 도출 과정을 그림으로 그려 얼개를 보여 준다. 우리 인간 정신이 자연이 만들어 준 결과이라면,[1] 그리하여 자연의 이법理法이 그대로 적용될 수밖에

---

* 이 글은 『시학과 언어학』 제3호(2002년 6월), 149~198쪽에 실렸었는데, 세부내용들이 다소 수정됨.

1] 이런 흐름을 철학에서 포괄적으로 자연주의(naturalism)라고 부른다는 사실을 경상대학교 철학과 정병훈 교수로부터 배웠다. 고마움을 적어둔다. 또한 김지홍(2010), 『국어 통사·의미론의 몇 측면』(도서출판 경진)의 제1장 4절 3항에 있는 외재적 자연주의 추구에 대한 논의를 참고하기 바란다. 자연주의가 반드시 하나의 갈래만 있는 것이 아니라, 매우 많고 다양하게 나뉘어 있음을 알 수 있다. 여기서 내재주의

없는 것이라면, 몸과 마음을 전혀 다른 대상으로 여기고 각각 별개의 원리를 찾는 잘못된 '이원론'의 한계를 뛰어넘어, 통합화된 '방법론적 일원론'이 지향해야 할 틀 또한 옛사람들이 한때 고민하였던 내용과 아주 먼 거리에 있는 것은 아니라는 생각이 든다. 석기시대 이래로 우리 인간들은 고립된 환경에서 살 기회가 없었기 때문에, 우리 두뇌에 더 이상 진화가 일어나지 않았다고 한다. 우리 자신의 정체성과 우리를 둘러싼 세계에 대한 지각과 인식이, 거듭거듭 흐르고 흘러 유전되는 것이 아닌가 싶다.

참스끼 교수는 자신의 언어 철학적 입장과 관련하여, 1966년(38세)에 『데까르뜨 언어학』을 낸 이후, 1968년(40세, 1972년 증보, 2006년 제3판 간행)에 『언어와 정신』을 출간하였고, 1975년(47세)에 『언어에 대한 사색』을 내었으며, 1980년(52세)에 『규칙과 표상』을 출간하였다. 1993년(65세)에 『언어와 사고』를 출간하였고, 2000년(72세)에 『언어와 정신 연구에서의 새로운 지평』을 출간하였다. 또 최근 여러 분야에서 그의 사상에 대한 폭과 깊이를 다룬 방대한 학술회의 결과가, 피아텔리-팔마쮜니 등(2009) 엮음, 『정신과 언어에 대하여 : 바스끄 지역에서 참스끼와의 대화』(Oxford University Press)가 나왔다.

지금까지 언어학자로서 자신의 30대·40대·50대·60대의 철학적 입장을 이처럼 지속적으로 드러낸 경우는 거의 없다. 더욱이, 자신의 지적 발전 과정이 뚜렷이 정합적인 궤적을 보이며 완성되는 사례는 전무하다.[2] 참스끼 교수는 30대와 40대에 소위 '이성주의'에

는 일단 외재적 실재가 우리 정신을 결정한다는 입장과 대립되어 있는 것이다. 그렇지만 인간 정신의 내재적 실체가 두뇌의 신경 생리학적인 근거를 지닌다는 점까지 부정하는 것은 아니다. 특히 써얼(Searle)은 자신이 추구하는 내재주의를 스스로 생물학적 자연주의라고 부르는데, 1인칭 관점이나 자아의 개념이 지향성(intentionality)의 근거가 된다고 보아 환원주의나 외재주의를 강력히 반대한다.

대한 역사적 뿌리를 드러내는 데 힘을 쏟았지만, 50대와 60대에는 자신의 관점을 비판하는 유명한 영미 철학자들과 논쟁을 전개하면서, '내재주의' 관점이 정당함을 변호하고 있다. 특히, '경험주의' 철학자 콰인Quine·펏넘Putnam·데이빗슨Davidson을 비롯, 더밋Dummett·루이스Lewis 등이, '내재주의' 언어 철학을 옹호하고 있는 촘스끼 교수의 비판과 논박의 대상이다.

촘스끼 교수의 언어 철학에 대한 글들을 놓고서, 일련의 발전 과정에 대하여 통시적인 축으로 접근할 수도 있고, 이와는 달리 공시적인 축으로 어느 시점의 주장을 다른 주장과 대립시키면서 접근할 수도 있다. 이 글에서는 뒤의 길을 택한다. 특히, 이 글에서는 그의 완숙한 60대 생각들을 담고 있는 1990년대에 발표된 글을 중심으로 하여,[3] 그가 누구를 왜 논박하고 있는지에 대해 살펴나가기로 한다.

2] 어떤 이들은 여성의 패션과 촘스끼 언어학이 똑같이 수시로 변한다고 우정 폄하하면서, 촘스끼 생각을 다 꿰뚫어 보는 양 말하기도 한다. 비유컨대, 이는 동굴 벽에 비친 그림자를 실체인 것처럼 믿고서 추호도 의심치 않는 모습으로, 온당하다고 말할 수 없다. 현대 학문 전통에서 이러한 발전적 변화의 전형적 사례로, 카아냅(1891~1970)이 거론된다(Hintikka ed., 1975, "Homage to Rudolf Carnap", 『루돌프 카아냅 : 논리실증주의자(*Rudolf Carnap, Logical Empiricist*)』, D. Reidel Publishers 참고). 스승 프레게의 생각을 이어받아 내포의미론 체계를 완성시킨 카아냅은, 자신의 생각이 어떻게 변해 왔는지 그 지적 발달 과정을 스스럼없이 얘기해 주었다고 한다. 이는 줄기차게 궁극적인 진리를 추구해 가는 참다운 학자의 성실성을 보여 주는 것으로 받아들여야 할 것이다. 결코 변덕스러움 따위로 간주되어서는 안 된다. 우리 학문의 전통에서도 똑같은 모습을 찾을 수 있는데, 퇴계 이황도 직접 이러한 태도를 보여 준다. 아마 이것이 큰 학자의 풍모인 듯싶다. 특히, 인문학에서 공부를 진지하게 해 나간다면, 누구나 자신이 과거에 얼마나 좁은 우물 속에 갇혀 있었는지를 절로 알게 된다고 필자는 소박하게 믿고 있다. 깨달음 또는 정신적 성장이란 결국 그 자신의 체험의 질과 양에 비례하는 것이기 때문이다.

3] 『언어와 정신 연구에서의 새로운 지평』에는 1992년에 발표된 「언어사용에 대한 설명」 및 「언어와 해석」, 1994년에 발표된 「언어와 정신 연구에 있어서의 자연주의와 이원론」, 1995년에 발표된 「언어와 자연」, 1997년에 발표된 「언어 연구에서의 새로운 지평」, 2000년 현재 발간 중인 「내재주의자의 탐구」들이 실려 있다.

1. 몇 가지 개념들

1.1. 이성주의와 내재주의

먼저 오늘날 언어 철학의 논의에서 다루어지고 있는 몇 가지 개념들에 대하여 명백히 해 놓고서, 논쟁의 초점들에 대해 다루어 나가도록 한다. 한국분석철학회 편(1993), 『실재론과 관념론』(철학과현실사)에서는, '실재론'이라는 용어가 인식 주체로서의 인간이 완전히 배제되어 있는 세계가 실재한다는 전제에서 쓰이고 있다. 진리는 '인간의 인식과 무관하게' 존재한다는 생각이다. 촴스끼(1993b)에서, 플라톤의 이성주의를 되살려낸 프레게Frege, 1848~1925의 생각을 비판하는 핵심 대목은, 프레게가 인식 주체로서 우리 인간이 완전히 배제된 실재론으로서의 '이성' 또는 '순수 사고pure thought'라는 개념을 가장 궁극적인 것으로 가정하기 때문이다.[4] 곧, 인간 경험이

4] 프레게(1879), 『개념 문자(개념 표기법): 순수 사고를 위해 산술 체계에 바탕을 둔 한 형식 언어』에서는 혁명적으로 '사고의 기초'에 대하여 터를 다지고 있다. 즉, 고전 논리학의 주어와 술어라는 이원론적 접근을 버리고, 처음으로 '명제'를 일원론적으로 파악하여 '함수'와 '논항'으로 이뤄진다고 보았다. 뒤에 『프레게 유고집』(Long & White 영역, 1979 : 253)에서는, 가장 궁극적인 개념으로서 모든 사고에 대하여 판단(judgment)이 상정되어야 한다고 여겨, 자신의 생각을 수정하고 있다. 이는 진·위(眞僞)에 대한 인식(그는 이를 '판단'으로 부름)이 모든 인식 활동의 모태(母胎)임을 전제로 한다. 그렇지만, 이런 판단 작용은 우리 정신 활동이 지닌 아주 특별한 구현 방식의 하나일 뿐이다. 오늘날 인지과학에서 관심의 초점이 되고 있는, 대상 및 대상들이 갖는 함수 관계에 대한 지각이나 인식이 어떻게 가능한지에 대해서, 프레게는 문제가 된다고 생각하지 않고, 마땅히 제거되어야 할 심리학적 대상으로만 본 듯하다. 이런 대조점이 프레게의 '이성주의'와 촴스끼의 '내재주의'를 구별해 준다. 그렇지만, 프레게(1884), 『산술에 대한 기초 : 자연수 개념에 대한 논리적·수리적 탐구』에서 밝혀낸(Austin 영역, 1953 : 99, 103; 박준용·최원배 뒤침, 2003, 『산수의 기초』, 아카넷), 분석적 판단 작용 및 자연 법칙들에 대한 상위 법칙으로서 자연수의 본질은, 후계자에 대한 계열(a series to its successor)이다. 이는 '반복'함수(recursion, 귀납 또는 회귀 함수)로도 표현된다. 이는 '무한성'을 다루는 매우 중요한 개념이다. 프레게의 '합성성 원리'는 촴스끼에게서 '이산성(離散性, discreteness; 분절성, 비연속성)'으로 언급되며, 제킨도프

전혀 배제되어 있는 '순수이성'은, 설사 그런 개념이 우주 속에 실제로 있다고 하더라도, 인식 주체로서 인간이 고유하게 유전적으로 물려받고 있는 인식 기관과 그 운용 방식에 의해 제한적으로만 접근할 수 있는 것이다. '이성'이라는 용어가 때로 인간이 완전히 배제된 '실재론'의 한 속성을 가리키게 되어 잘못 오해를 부를 수 있다. 이 때문에 참스끼 언어 철학에서는 더 이상 이 용어를 쓰지 않는다. 대신, 인간이 지닌 인지 기관의 본질과 그 운용 방식에 의존하여 세계를 지각하고 받아들인다는 점에서, '내재주의internalism'란 용어를 쓰고 있다. 이와 대립되는 개념이 '외재주의'이다.[5] 이는 모든 것이 외부 세계의 실재에서 시작되고 끝난다는 전제를 깔고 있다. 외부 세계가 인식의 인과 관계를 형성하는 데에 주인인 셈이다. 흔히 경험주의나 행동주의로 불리는 생각들은 물론, 철학에서 논의되는 '실재론'도 외재주의의 한 갈래이다.

1.2. 무한성의 얼개

무한 또는 무한성이라는 개념을 비로소 학문의 대상으로 다룰 수 있게 된 것은, 자연수의 본질을 파악함으로써, 그 속성을 다른

(Jackendoff, 2002; 김종복 외 뒤침, 2005, 『언어의 본질』, 박이정)에서는 조합성 (combinatoriality)으로 부른다.

5] 이 두 용어는 전통적으로 쓰여 온 합리주의와 경험주의와 서로 겹친다. 따라서 내재주의·관념론·합리주의 등이 한 쪽에 있고, 다른 쪽에 외재주의·실재론·경험 주의 등이 있는 것이다. 어떤 쪽의 입장을 취하든지 예외를 마주치게 된다. 그렇다면 두 입장을 절충하는 제3의 입장도 가능하다. 핑커(1999; 김한영 뒤침, 2009) 의 『단어와 규칙』(사이언스북스)에서는 불규칙 활용을 하는 낱말들은 경험주의에 의해 설명되고(즉, 각 낱말들을 암기해 나감), 규칙 활용을 하는 낱말들은 합리주의에 의해 설명된다고 논의한다. 이들은 두뇌 작동 부서가 서로 다르다. 전자는 두정엽·측두엽에서 활발히 작동하고, 후자는 전두엽과 피질 아래에 있는 기저핵에서 활발한 대사 활동을 보인다고 한다.

대상들에 적용할 수 있게 되면서부터이다. 이를 모형으로 하는 개념 체계는 '생성 문법' 또는 '반복 문법'으로 불린다.[6] 임의의 대상 X가 주어지면, 그 대상이 반복될 수 있는 방식은 자신과 이웃하여 반복되거나([X][X] …), 또는 자신의 내부에서 자신을 반복하는([[X …]X) 두 가지 길밖에 없다.[7] 앞의 방식은 '접속'에 의한 것이고, 뒤의 방식은 '내포'에 의한 것이다. 언어 요소를 묶는 뼈대가 핵 요소와 핵이 아닌 요소(핵어와 비핵어)로 이루어져 있다면, 반복의 대상은 핵 또는 핵이 아닌 요소 둘 모두가 되며, 어떤 선택을 하느냐에 따라 서로 다른 구조를 갖게 된다.

6] Tarsky(1983), 『논리·의미론·상위 수학(*Logic, Semantics, Metamathematics*)』(Hackett Publishers)에 있는 편집자의 개관에서 "…a formal definition of the set of sentences of the objective language. Such a definition has become known as a recursive grammar, and, more recently, as a generative grammar"(p. xxi)라고 소개하고 있다. 'recursion'을 『수학 대사전』(한국사전연구원, 1989 : 130 이하, 창원사)에서는 귀납(歸納) 또는 귀납적 함수라는 말로 쓰고 있지만, 여기서는 쉽게 '반복'이라고 표현하기로 한다.

7] 자연수란 결국 엄격한 등위 접속구조를 갖는 임의의 대상에 지나지 않으며, 반면에 허수는 내포구조로 도출되는 대상이다. 소박한 생각으로는 자연수가 가장 기본적인 수 형태라고 보았지만, 그 구조가 밝혀짐으로써, 자연수란 반복 함수에다 부가 자질들이 다수 추가된 유표적인 수임이 드러나게 되었다. 다시 말하여, 허수의 집합이 무표적인 수가 된다(가장 넓은 동심원을 차지함). 참스끼 교수의 글에서 수(number)도 자연 언어보다 덜 궁극적이라는 지적을 볼 수 있는데, 아마 이런 배경에서 나온 것으로 짐작된다. 자연 언어는 등위 접속·종속 접속·부가 접속이라는 용어들에서 알 수 있듯이, 접속구조가 아주 많다. 반면에, 내포구조를 갖는 경우는 손가락으로 꼽을 수 있을 만큼 적다. 내포구조를 이루는 핵어(head)는 통사론에서 '생각·믿음·희망·추측·인용'과 관련된 동사군뿐이며, 이들은 현대 철학에서 언급되는 '지향성(intensionality)'이라는 개념과 관련된 자질을 붙일 수 있을 것으로 본다. 의미론에서는 내포문으로 실현된 명제에 대한 어떤 태도를 나타낸다고 하여, '명제 태도(propositional attitude)' 동사로 부르기도 한다.

1.3. 상징으로서의 언어

언어는 기호이다. 기호는 형식과 내용이라는 두 층위를 갖고 있다. 기호는 형식과 내용이 '1 : 1'로 결합되느냐, 또는 '1 : 다, 다 : 1'로 결합되느냐에 따라서, 아래와 같이 다른 이름으로 불린다.[8]

(1) 기호 ─┬─ icon(본뜸) ⇒ 형식과 내용이 '1 : 1'로 대응하여, 자연적 결합임.
　　　　　└─ symbol(상징) ⇒ 형식과 내용이 '1 : 다, 다 : 1'로 대응하여, 비자연적 결합임.

동물의 의사소통은 형식과 내용이 '1 : 1'로 대응되며, 자연적이고 필연적인 결합을 이룬다. 어떤 동물이 으르렁거리는 경우를 생각해 보자. 이는 '으르렁'이라는 소리 형식을 갖는다. 그런데 이 형식이 가리키는 내용은 고정되어 있다. 그 동물이 마주하고 있는 상대에 대한 협박이나 경고일 뿐이다. 그 이상도 그 이하도 아니다. 뒷산에 연기가 피어오른다고 해 보자. 이는 시각적인 형식이다. 이 형식은 자연스럽게 뒷산에 불이 났다는 사실을 가리킨다. 그 이상도 그 이하도 아니다. 형식과 내용이 일관되게 하나의 결합 관계(1 : 1)를 유지한다.

그렇지만 인간의 의사소통을 살펴보자. 인간이 어떤 상황에서 '무의식적'으로 내지르는 비명과 같이 특수한 경우를 제외하고는, 형식과 내용이 '1 : 1'로 대응하는 사례는 거의 찾을 수 없다.

(2가) 철수는 <u>컴퓨터이다</u>.

───────────────

8] 형식과 내용의 결합 관계가 자연적임(naturalness)·비자연적임(nonnaturalness)이라는 표현은 그롸이스(Grice, 1988)에서 빌려온 것이다. 재래의 방식을 따르면, 각각 필연적·자의적이라고 말할 수 있다.

나) 컴퓨터는 <u>컴퓨터이다</u>.

(2)에서 우리는 동일한 형식을 찾을 수 있다(밑줄 친 '컴퓨터이다'). 그런데 이 형식이 같은 내용을 가리키는 것일까? 그렇지 않다. 우리 말을 이해하는 사람이라면, 누구나 (2가)에서 쓰인 형식과 (2나)에서 쓰인 형식이 서로 같은 내용을 갖지 않음을 알 수 있다. 앞의 형식이 컴퓨터라는 대상의 '긍정적인' 속성을 부여하고 있다면(가령, 컴퓨터처럼 정확하다), 뒤의 형식은 상황에 따라 '부정적인' 속성을 지니는 것이다(가령, 인간다운 감정이나 따스함이 없다).

(3가) 영수가 자전거를 타고 <u>대학에 간다</u>.
　　나) 영수가 이번에 <u>대학에 간다</u>.

(3)에서도 동일한 형식을 찾을 수 있다(밑줄 친 '대학에 가다'). 그러나 (3가)에서 드러내는 내용과 (3나)에서 드러내는 내용은 같지 않다. (3가)는 두 지점 사이의 이동이라는 1회적인 현실 사건(즉, 행위)을 나타내고 있다. 그러나 (3나)는 상급 학교에 진학한다는 비유적인 내용으로 확대되어 쓰이고 있다.

이런 사례들은 어휘 그 자체의 중의성(또는 다의성)을 드러내고 있다. 형식과 내용의 결합이 '1 : 다'라는 점은 언어가 불가피하게 상징일 수밖에 없고, 따라서 반드시 적절히 '해석되어야만' 할 대상임을 말해 주고 있다. 겉으로 보기에 동일한 구절에서도 이런 의미 차이들이 쉽게 관찰된다.

(4가) <u>영이</u> 사진 ⇒ 영이가 갖고 있는 사진으로, 영이는 '소유주'임.
　　나) <u>영이</u> 사진 ⇒ 영이가 찍힌 사진으로, 영이는 '피사체'임.

(4)에는 동일한 어휘가 쓰이고 있다. 그렇지만, 서로 다른 (4가)의 해석과 (4나)의 해석이 가능하다(앞의 것은 지정어 논항이고, 뒤의 것은 보충어 논항이다. 편의상, 부가어 구조를 갖는 해석은 일단 보류한다). 더 간단한 단어 내부의 구조에서도 다양한 내용이 관찰된다.

(5가) 책장, 옷장 ⇒ 장과 그 속에 들어갈 대상물과의 관계를 나타냄(대상물과 용기).

나) 서랍장 ⇒ 장을 구성하는 갈래를 나타내며, 대상물과의 관계를 나타내지 못함.

(6가) 바위고개, 눈물고개 ⇒ 고개라는 배경과 초점으로서의 대상물(바위, 눈물)의 존재를 나타냄.

나) 보릿고개 ⇒ 배경으로서의 고개와 초점으로서의 대상물 '부재'를 나타냄(먹을 쌀이 다 떨어진 춘궁기).

(5)와 (6)은 복합어들이다. (5가)와 (6가)에서 핵어와 비핵어의 관계는, 대상물이 더 추가된다는 공통점이 있다. 그렇지만 (5나)와 (6나)에서는 대상물이 결여됨 또는 대상물이 비어 있음을 나타낸다. 가장 간단한 단어 내부에서조차, 동일한 형식에 대해 내용이 서로 반대되는 관계를 관찰할 수 있다.

동일한 내용이면서 여러 가지 형식으로 나타나는 경우도 쉽게 찾아진다(다^{多}：1의 관계). 누군가가 옆에 있는 어떤 사람을 꼬집었다고 하자. 그 사람이 보일 수 있는 반응을 언어로 표현하면 매우 다양하다. "아야야야!"에서부터 시작하여, "왜 꼬집어?"나 "내게 유감이 있어?", 또는 "시원하게 더 세게 꼬집지 그래?"나 "더 세게 꼬집어 줄래?"처럼 반응하거나, 침묵 반응과 함께 직접 몸으로 응징하는

행위를 하는 것까지 다양하게 생각해 볼 수 있다. 그 반응은 자유의
지를 가진 주체로부터 나오는 것이므로, 정확한 예측이 불가능하
다. '꼬집혀서 아프다'라는 뜻을 공유하면서도, 이 뜻이 사뭇 다양한
언어 형식으로 표현될 수 있는 것이다. 이뿐만이 아니다. 흔히 문학
에서 다루는 주제는 크게 '사랑·권력·미움·늙음·소외·죽음' 등 몇
부류의 동일한 내용들이지만, 그 주제를 구현시키는 방식은 시간과
공간에 따라 그리고 갈래에 따라 실로 다양하다. 이런 측면도 하나
의 내용에 여러 형식이 대응하는 경우로 긴주할 수 있다.

언어의 중의적 측면(동일한 형식에 여러 의미가 깃들거나, 동일한 내용에
여러 형식들이 대응함)은 언어가 상징이라는 속성을 보다 선명히 드러
내고 있다. 그렇지만, 어떻게 하여 그런 중의성이 의사소통에 지장
을 일으키지 않고 해소될 수 있는 것일까? 더 일반화하여, 다음처럼
질문할 수 있다. 언어가 상징이라면, 어떻게 해서 상징에 대한 해석
이 서로 어긋남이 없이 제대로 잘 이루어지는 것일까?[9] 이 물음은
가장 초보적인 것이지만, 아직 언어학계에서 진지하게 제기되고 그

9] 문학 작품에 대한 해석의 문제도 상징 해석의 문제라고 말하는 경우가 있다. 형
식에 대한 내용을 찾아낸다는 점에서는 이 진술이 옳다. 그러나 더 정확히 표현
하면, 문학 작품의 해석은 단순히 상징 해석의 물음을 넘어서서, 다른 차원의 물
음이 밑바닥에 도사려 있다. 문학 작품은 형식들의 연결체이다. 곧, 상징 형식이
이산성(discreteness : 조합성·분절성·비연속성)을 지니는데, 이 이산적 속성을 갖
는 형식들이 계속해서 이어질 때, 그 이어지는 방식(즉, 담화 또는 텍스트 연결
방식)을 어떻게 이해하고 해석해야 되는가, 그리고 그 연결 방식을 뒷받침하는
공유된 삶의 체험은 무엇인가 하는 물음과 관련된다. 비록 같은 용어를 쓰고 있
지만, 문학 작품 해석과 관련된 물음은, 질적으로 다른 차원의 물음이 된다. 이산
성은 진화의 역사에서 우리 인간이 선택한 가장 값싼 슬기(cheap trick)이었다고
한다(제킨도프, 2002 : 308). 그러나 그런 선택을 함으로써, 다른 쪽에서는 부담을
안게 되었다. 즉, 이산적인 형식들이 길게 이어질 때에, 다른 한편으로는 그 연결
들을 제대로 해석해야 하는 짐을 떠안게 되는 것이다. 필자의 생각으로는 이 점
을 '이산의 편의성'과 '해석의 수월성' 사이에 존재하는 '반비례 관계'라고 표현할
수 있을 듯하다. 한편, 소리의 분절성이 구조적으로 성대 하강의 결과이듯이, 정
신의 이산성(離散性)은 구조적(또는 본질적)으로는 뉴런 연결이 시냅스를 통해
이루어진다는 사실에서 그 정체가 찾아져야 할 것이다.

해답이 본격적으로 제시되어 보지 않은 것으로 안다. 아마, 그 해답은 직관적으로 '감정이입empathy'이나 '추체험'(윤명로, 1987 : 331)이라는 개념의 언저리에서 찾아져야 하지 않을까 한다.

언어 그 자체의 하위 부서를 음운·형태·단어·통사·의미·화용들로 나눌 때, 앞쪽에 있는 것들은 언어 형식에 관련된 부서들이고, 뒤에 있는 것들은 언어 내용에 관련된 부서들이다. 그 경계를 어떻게 잡을 것인지는 언어학자에 따라 다소 달라질 수 있다. 참스끼 교수는 마지막 화용 부서만을 남기고서, 모두 연산 체계로 간주한다.[10] 참스끼 교수는 화용 부서가 언어사용과 관련된 부서로서 현재로서는 '신비의 문제'이며 해결될 수 없다고 생각한다. 이 관점은 그라이스Grice의 생각과 좋은 대조를 이룬다. 필자의 생각으로는, 이 갈림길은 괴델Gödel의 '불완전성 정리'를 어떻게 받아들일 것인지에 따라 나뉘는 것으로 보인다.

1.4. 방법론에서의 선택 : 통합주의

언어는 우리 인간 생활의 핵심이 되는 도구이므로, 많은 분야에서 언어와 언어의 본질에 대하여 많은 사색과 논의가 이어져 왔다. 몇 사례로 가장 두드러진 분야를 든다면 다음과 같다. 정체성의 위기를 겪은 현대 철학에서 언어 분석이 근본적인 논제로 자리잡고 있다. 심리학에서는 언어 처리 및 산출 과정에 대한 논제가 뚜렷한 한 갈래를 이룬다. 인지 과학에서는 언어가 인지 과정의 기

---

[10] 극단적으로 두 개의 상호접합면 층위만 상정한다. 하나는 소리를 만들어 내는 근육 운동의 지시 내용을 담은 층위이고, 다른 하나는 사고나 의도적 행위와 관련된 지시 내용을 담은 층위이다. 앞의 층위는 전형적으로 말소리를 통해 나옴으로써, 밝혀지지 않은 문제들이 해결될 수 있다. 그러나 뒤의 층위는 우리의 현재 지식 정도만을 가지고서는 알 수 없는, '신비' 속에 들어 있는 것으로 파악하고 있다.

초로서 다루어지고 있다. 인공 지능에서는 자연 언어 처리 또는 언어 공학이 인간 지능 구성에 하위 부서로 간주되고, 그 프로그램 구현에 골몰하고 있다. 사회학에서는 인간들이 관계를 맺는 데에 언어를 도구로 이용하는데, 그 언어 행위들을 놓고서 논의가 이뤄져 왔다. 전통적으로 문학에서는, 언어를 매개로 한 형상화 작업이 핵심 논제로 다루어져 왔다.

한 대상을 놓고서 이미 어떤 논의가 상당한 정도로 진행되어 왔을 때, 그 논의 결과들을 그대로 수용하거나, 전부 배척하거나, 또는 일부를 수정하면서 발전되어 나갈 수 있다. 이 과정에서는 그 대상을 다루는 밑바닥의 전제가 동일할 경우가 있고, 밑바닥의 전제가 다를 수도 있다. 이 점을 언어에 맞추어 생각해 보기로 한다. 언어를 다루는 논의들에서는 언어라는 대상이 다른 것으로 바뀔 수 없는 궁극적인 대상이라고 가정하기도 하고, 또는 언어라는 대상은 중간 매개물이며 더욱 궁극적인 단위로 바뀌어야 한다고 가정하기도 한다. 이는 인간 정신이 그 자체로 고유한 대상인지, 아니면 물질적 기반으로 바뀌어야 하는지, 또는 두 실체가 모두 다 필요한 것인지 하는 물음과도 관련된다. 이를 전통적으로 '몸과 마음'의 문제라고 불러 왔다. 만일 언어와 정신이 고유한 대상이라면, 불가피하게 몸과 마음이 서로 다른 대상이라고 가정해야 한다. 이를 심신 이원론이라고 부른다. 그렇지만, 언어와 정신이 우리의 몸과 마찬가지로 어떤 물질적 기반을 갖고 있고, 그런 물질 상태로 바뀌거나 환원되어야 한다는 생각도 가능하다. 이를 환원적 일원론 또는 환원주의적 유물론이라고 부른다. 환원주의reduction에서는 언어와 정신이 우리 두뇌 속에 있는 신경 연결 그물들이나 '시냅스'라고 불리는 그물의 접점들 사이에서 서로 정보를 주고받는 실체인 단백질 덩어리로 구명되는 것을 목표로 삼는다.

심신 이원론과 환원적 일원론이라는 두 극단적 방법론 사이에서도 다른 선택이 가능하다. 하나는, 임의의 방법론에서 다루는 대상이 참된 대상이 아니며, 따라서 그 대상을 다루는 논의도 무효임을 증명하는 방법인데, 이를 제거주의elimination라고 부른다. 제거주의는 결과적으로 환원주의와 같은 결과를 낳는다. 다른 하나는, 심신 이원론에서 이들이 별개의 것이 아니라, 서로서로 긴밀히 연결되고 의존되어야 하는 관계라고 보는 것이다. 이를 심신 수반론epiphenomenon이라고 부른다. 이 방법론에서는 컴퓨터의 딱딱한 하드웨어와 컴퓨터를 구동시키는 소프트웨어의 비유가 자주 이용된다. 마지막으로, 수반론과 비슷하지만 다른 접근 방식이 있다. 몸과 마음이라는 두 대상이 동일하게 1 : 1로 대응하는 것이 아니라, 신경 생리적인 물질 기반이 어떤 임계치를 넘을 때에라야 비로소 정신작용이 생겨난다고 보는 것이다. 이를 정신 발현론emergence 창발론이라고 부른다.

챰스끼 교수의 글에서는 제거주의·환원주의·통합주의라는 세 가지 용어가 쓰인다. 만일 제거주의의 대상이 정신일 경우에는, 결과적으로 제거주의와 환원주의가 같은 상태로 될 수 있다. 그렇지만 이들이 하나의 공통 기반을 갖고 있는 것이 아니고, 두 대상은 서로 긴밀히 관련되어 정신작용을 이뤄내는 것이라면, 통합주의unification를 택하게 된다. 이 통합주의 방법론이 챰스끼 교수가 추구하는 노선이다. 그렇지만 통합주의의 속내를 분명하게 언급한 대목은 찾아지지 않는다. 다만, 화학의 대상과 물리의 대상이 서로 다르지만, 양자 물리학의 이론이 등장함으로써 환원됨이 없이도 이 두 분야가 모순 없이 서로 통합되어 있는 경우를 대표적인 사례로 제시할 뿐이다. 따라서 챰스끼 교수의 통합주의가 수반론적인 배경을 갖는지, 아니면 발현론적인 배경을 갖는지, 또는 제3의 모습을 갖는지에 대해서는 아직 잘 알 수 없다. 통합주의는 앞으로 진행되어야 할 미래의 일이기 때문이다. 따라서 통합주의라는 용어는 정신작용과 물질 작용에 모두 함께 적용될 수 있는, 아직 정체를 알 수 없는 새로운 이론이 필요하다는 주장 정도로 이해될 법하다.

2. 의미와 지시의 문제

2.1. 의미 논의와 그 갈래

언어를 다룰 적에, '의미'라는 용어처럼 다양하게 쓰이는 예도 찾기 힘들다. 형태소의 기능을 가리키는 용법에서부터 시작하여, 단어의 개념, 지시 대상물, 한 문장이 가리키는 사건, 한 문장의 참값, 상황 맥락, 언어 표현물 전체의 유기적 관련성, 언어사용 등에 이르기까지 천차만별이다. 이런 용법의 폭발을 막기 위하여, 언어학에서 의미라는 용어를 다룰 때에는, 다음과 같은 세 가지 변수들을 고려하면서, 그 범위를 제한하여 다루는 것이 관례이다. 첫째, 의미는 언어 표현 그 자체의 속성과 그 내부의 관계를 다룬다. 이는 어휘 의미론과 문장 의미론으로 나뉜다. 둘째, 의미는 언어 표현과 실세계에 있는 대상이나 사건과의 관련성을 다룬다. 이는 지시 의미론 또는 진리치 의미론이라고 불린다. 셋째, 의미는 언어 표현과 언어 산출자와의 관련을 다룬다. 이는 화용 의미론 또는 담화 의미론이라고 불린다.[11]

11] 담화 이론 또는 텍스트 이론으로 연구되고 있는 주제들은 언어사용자의 의도에 의해서 유기적인 질서가 부여된다는 점에서 화용 의미론과 연속된 띠를 이루고 있다. 담화나 텍스트를 엮어 주는 통사 결속(cohesion)과 의미 연결(coherence)들은 화용론에서 다루어지는 관련성(relevance; Sperber and Wilson(1986); 김태옥·이현호 뒤침(1993)에서는 이를 '적합성'으로 부름)과 대응되는 개념으로 파악될 수

위에서 언급된 세 종류의 의미론 가운데 어휘 의미론의 한 갈래에서는, 특히 개념 형성과 관련하여 철학자들과 심리학자들이 집중적으로 다루어 왔다. 특히, 롸슈^{Rosch}의 원형성 개념과 관련하여 원형적 경험이 개념을 찍어내는 거푸집인지,[12] 아니면 선천적인 개념 형성기가 머릿속에 들어 있어 그것으로부터 개념이 발현되는 것인지(이를 '고전적 개념' 이론이라고 부름)에 대한 논의가 있어 왔다. 지금까지 이뤄진 언어 습득에 대한 연구 결과들은, 선천적인 개념 형성 기관이 유전 인자의 발현에 의해 균질적으로 기본 개념들을 만듦을 알려 준다. 예를 들면, 처음서부터 눈이 멀어서 시각 경험이 전혀 축적되지 않은 어린이라고 하더라도, 영어에서 정적인 'see'와 동적인 'look'의 차이를 구분하는데,[13] 이런 사실이 내재주의를

있다고 본다. 블랙모어(Blakemore, 2001, "Discourse and Relevance Theory", in Schiffrin et al., eds.)에서는 앞의 개념들은 세계 대상들 사이에서 찾아지는 외재적 대상이고, 뒤의 개념은 내재적 대상이라고 논의하고 있다. 즉, 하나로부터 도출되거나 부산물로 간주될 수 없는, 서로 양립되어야 할 대상들이다. 설령, 그의 결론을 옳다고 수용하더라도, 내재주의 관점에서는 우리의 감각 및 지각 기관을 통해 파악하는 외재적 실재가 우리 머릿속의 특정한 단원체(module)에서 재구성될 수밖에 없고, 이 '재구성된 내용'과 '언어 형태로 표상된 내용' 사이에 일정한 대응 관계를 유지하게 된다. 이 글에서 다루지는 않지만, 의미를 형식에 가치를 부여하는 '지향성(intentionality)' 행위로 파악하는 경우도 있다. 써얼이 대표적이다(Searle, 1983; 심철호 뒤침, 2009, 『지향성 : 심리철학 소론』, 나남). 지향성의 논리적 형식은 "X conunts Y in context C(상황 C에서 X가 Y로 간주된다)"로 제시되는데, X가 언어 형식(발화)이며, Y가 실세계(또는 실세계 관련) 내용이며, C가 발화가 적합해지는 조건을 가리킨다. 언어 형식이 가질 수 있는 수행(행위) 개념은 다섯 가지로 요약된다(주장, 행위 지시, 공약, 감정 표현, 실세계의 변화 선포). 이 개념은 사회를 구성하는 기본적인 힘으로 더 확대되어 작용한다. 이는 언어 행위의 기능적 측면으로 부를 수 있을 듯하다.

12] 롸슈(Rosch, 1988)에서는 원형성과 관련된 논의와 쟁점을 회고하면서, 원형성이 심리적 표상 범주를 만들어내는 거푸집으로 보았던 자신의 견해를 수정하여, 수행에만 관련되는 것으로 보고 있다. 제3장의 각주 34를 보기 바란다. Margolis and Laurence(1999)에서 '개념'과 관련된 여러 가지 논의들을 읽을 수 있다.

13] 이들은 의도가 있고 없음에 따라([±intention]) 구분되는데, 이 자질에 따라 구분되는 자연부류들이 'hear : listen, follow : chase' 등과 같이 다수 존재한다(촴스끼, 2000b : 170 이하). 어휘 개념을 분화시켜 나가는 데에 통사 정보가 관련되는지,

옹호하는 증거로 채택된다. 최근 어휘 의미론의 또 다른 갈래에서는 어휘들 속에 녹아 있는 개념 원소들을 찾아내고 있다. 제킨도프(Jackendoff, 1990)·레뷘 및 뢰퍼포어-호봅(Levin and Rappaport-Hovav, 1995)·푸슷욥스끼(Pustejovsky, 1995)·탤미(Talmy, 2000)들이 개별적인 하위 흐름의 대표적인 업적들이다. 이들에서는 모두 공통적으로 어휘들이 제멋대로 존재하는 것이 아니라, 엄격한 질서 아래 정연하게 조직되어 있음을 드러내고 있다.[14]

아니면 의미 정보가 관련되는지에 대해서는 아직 의견이 일치되어 있지 않다. 글라잇먼(Gleitman, 1990; Bloom ed., 1994, 『언어습득 : 핵심 독본(*Language Acquisition : Core Readings*)』, MIT Press 재수록)이 앞의 입장을 대표하고 있고, 핑커(Pinker, 1994; Gleitman and Landau eds., 1994, 『어휘 습득(*The Acquisition of the Lexicon*)』, MIT press 재수록)가 뒤의 입장을 대표한다. 이들은 각각 '통사로써 스스로 터득하기(syntactic bootstrapping)'와 '의미로써 스스로 터득하기(semantic bootstrapping)'라는 이름으로 일컬어진다. 세계 여러 언어들을 대상으로 하여 이 두 입장이 모두 필요하다는 실증적 논의는 바워먼·브롸운(Bowerman and Brown, 2008) 엮음, 『논항구조에 대한 범언어적 관점(*Perspectives on Argument Structure*)』(Lawrence Erlbaum)에 있는 15편의 글들을 읽어보기 바란다.

14] 더 자세한 내용은 김지홍(1999)을 참고하기 바란다. 제킨도프(1990)에 따라 우리 국어의 어휘를 다룬 논의는 양정석(1995), 『국어 동사의 의미 분석과 연결 이론』(박이정)을 참고하기 바란다. 레뷘 외(1995)의 글들은 다수 그녀의 누리집에서 내려받을 수 있다(http://www.csli.stanford.edu/~beth). 어휘 의미 구조에 대한 논의에서 까다로운 기호들을 전혀 쓰지 않고 있으므로, 제일 쉽게 그리고 감동적으로 읽을 수 있는 내용들이며, 대학원 강의에 쓰기에 안성맞춤이다. 푸슷욥스끼(Pustejovsky, 1995; 김종복·이예식 뒤침, 2002, 『생성 어휘론』, 박이정)의 논의는 HPSG(핵심 중심 구 구조 문법)에서 직접 이용되고 있는 내용들이므로, 우리말로 된 핵심 중심 구 구조 문법의 논의들을 참고할 수 있다.

탤미(2000)에서는 그 동안 자신이 쓴 글들을 다 모아 놓은 것이다. 한국 인지언어학회 학술지에서 그의 생각이 적용된 글들을 접할 수 있다. 한국어를 대상으로 심도 있게 논의가 진행된 대표적인 주제로서, '이동 동사'에 대한 어휘화 유형이 있다. 연대별로 최순자·Bowerman(1991), "Learning to Express Motion Events in English and Korean : The Influence of Language-specific Lexicalization Pattern", in 『인지(*Cognition*)』 41; Wienold(1995), "Lexical and Conceptual Structures in Expressions for Movement and Space", in Egli et al eds.(1995), 『언어 조직 내용에서 어휘 지식(*Lexical Knowledge in the Organization of Language*)』(John Benjamins); 김영주(1997), "Verb Lexicalization Patterns in Korean and Some Issues of Language Acquisiton", 『어학 연구』 31-3 등이 있다. 탤미의 '힘의 역학(Force Dynamics)'이란 개념도, 사역 구조를 설명할 뿐만 아니라, 사회적 관계를 드러내는 공손 표현까지 설명하는 보편적인 얼개이며, 그의 글에서 많은 점을 배울 수 있다.

2.2. 지시의 문제

　세 번째 의미론은 4절 언어사용의 문제에서 다루기로 하고, 여기서는 두 번째 의미론에 대하여 다루어 나가기로 한다. 지시 이론은, 한 명사가 실세계에서의 어떤 대상을 가리킨다는 아주 소박한 생각으로부터 나왔다. '사과'라는 낱말이 실세계에 있는 어떤 대상을 가리킨다는 것에 이의를 달 사람은 아무도 없다. 이를 근거로 하여, 실세계에 있는 어떤 대상이 우리 머릿속에 임의의 낱말을 만들어 낸다고 말할 수 있다. 이를 '외재적 실재론'에 바탕을 둔 지시 의미 이론이라고 부른다. 그렇지만, '여의주'는 어떠한가? 가공의 대상으로, 실세계에서는 전혀 찾을 길이 없다. 더 극적으로 제시하는 사례가 '둥근 사각형'이다. 도대체 둥근 사각형이 모든 가능 세계^{all possible world, if any}를 뒤지고 뒤져 본들 찾을 수가 있을까? 이를 억지스런 낱말로 치부한다면, 우리말에서 '산 송장'은 어떠한가? 시체(송장)라는 대상은 죽어 있을 뿐이지, 죽은 속성과 대립되는 요소(살아 있다)가 어떻게 해서 덧얹힐 수 있는 것일까? 실세계에서 지시될 수 있는 대상을 찾을 수 없는 이런 경우를, 다만 비유적 표현으로 쓰이는 예외로 간주함으로써, 임의의 낱말은 실세계에 있는 임의의 대상을 가리킨다고 진술할 수 있을까?

　문제가 간단치 않다. 참스끼 교수가 자주 드는 사례가 'London'이다(참스끼, 2000b : 127, 191). 단, 여기서는 이해의 편의를 위해 '런던'을 '진주'로 바꾼다. 필자가 살고 있는 '진주'는 6·25동란 때에 폭격

　한국어의 어휘 의미 연구에서, 얼굴을 비춰 보는 '맑은 거울(淸鑑)'처럼 자주 참고해야 할 업적이 있다. 임홍빈(1993), 『뉘앙스 풀이를 겸한 우리말 사전』(아카데미 하우스); 홍재성 외 9인(1997), 『현대 한국어 동사 구문 사전(기초편)』(두산동아)들이다. 이들은 레뷘(Levin, 1993; 김두식·안병길 뒤침, 2005, 『영어 동사 부류와 교체 현상』, 한국문화사)에 필적할 만큼 중요한 공헌들로 판단된다.

으로 완전히 잿더미가 되었었다. 동란이 끝나자 다시 완전히 새롭게 재건되었다. 동란 이전에 있던 집이나 자연물들과 동란이 끝난 뒤에 재건된 대상물들 사이에는 같은 것이라곤 하나도 없다. 그럼에도 불구하고, 동란 이전에 있던 인공물과 자연물에도 '진주'라는 낱말로써 그것들을 가리키고 있었고, 동란 뒤에 재건된 인공물과 자연물에도 여전히 똑같은 낱말을 쓰고 있는 것이다. 실세계의 대상은 전혀 다르다. 그렇지만, 이에 아랑곳하지 않고, 우리는 동일한 낱말을 쓰며 동일한 대상이라고 생각한다.[15]

강물의 경우를 생각해 보기로 한다. 인도에 있는 '갠지스 강'이 어느 우기 때에 크게 범람을 하여 완전히 물길을 바꾸었다. 처음

---

[15] 참스끼 교수가 자주 거론하는 반대의 사례가 있다. 동일한 대상물에 다른 이름을 붙이는 경우이다. 가령, 작은 녹차 주머니를 내가 들고 있는 뜨거운 물컵 안에 담갔다고 해 보자. 물컵 안에 있는 물은 더 이상 '물'이 아니다. '차'라고 불리게 된다. 그런데, 커다란 수조 안에 녹차 부대를 풀어 넣었다고 해 보자. 그 수조의 수도꼭지를 통해, 내가 컵에 물을 받는다. 이때 그 대상의 물질적 구성이 앞의 물컵에서와 똑같이 차 성분이 들어 있으므로, 물질 구성으로만 보면 '차'라고 부를 만하다. 그렇지만, 우리는 수도꼭지로부터 컵에 '물을 받았다'고 말을 할 뿐이다. 컵에 '차를 받았다'고 말하지는 않는다. 비록 물질 구성이 동일하다고 하더라도, 한 경우는 '차'라고 불리고, 다른 경우는 그냥 '물'이라고 불린다.

필자의 경험에서 실제 사례를 들어 보면 다음과 같다. 몇 해 전까지 필자의 연구실은 20년 넘은 낡은 건물에 있었다. 화장실 세면대에서 아침 일찍 물을 받으면, 수도관이 낡았기 때문에 붉은 쇳물이 한참 나오고 난 뒤에라야 비로소 맑은 물이 나온다. 이때, 필자는 물질 구성 상 붉은 녹이 섞인 물을 세면대에 받았지만, 결코 '쇠의 녹물'을 받은 것이 아니다. 오직 세면대에서 그냥 '물'을 받았을 뿐이다. 쇠의 녹이 '우연히' 물에 섞이어 들어갔다고 생각하기 때문이다. 원래부터 세면대에는 그냥 물이 나오도록 꾸며져 있고, 그렇게 기능할 것이라는 믿음을 내가 지속적으로 갖고 있는 것이다. 붉은 녹물이 들어갔다는 사실을 옆 사람에게 말할 때에도, '우연히 불순물로서' 물에 붉은 녹물이 '섞이어 들어갔다'고만 말할 것이다. 결코 '붉은 녹물을 받기 위해' 수도꼭지를 틀었다고는 말하지 않을 것이다. 이와 같은 예를 들어 놓은 까닭은, 필자의 짐작에 그 의도가 다음과 같다. '지시체'에 대한 논의에서 뤄쓸(Russell)은 한 대상이 여러 가지 속성을 다발로 갖고 있는 기술구(cluster of descriptions) 모형을 제안한 바 있다. 참스끼 교수는 설령 지시체가 여러 속성을 갖더라도, 하나의 속성이 우선적으로(소위 default 초기값으로) 고정되어 있음을 보이기 위해 일부러 만들어 놓은 것인 듯하다. 한편 '이스탄불 : 콘스탄티노플'(또는 우리나라의 '한양 : 서울')의 사례는, 다른 이름으로 불리더라도 같은 도시를 가리킨다.

에는 북에서 남쪽으로 흐르다가, 범람 뒤에는 북에서 동으로 흐르게 되었다. 새로운 강의 물길은 이전에 있던 지역이나 지점과는 전혀 겹치지 않는다. 그럼에도 사람들은 여전히 '갠지스' 강이라고 부르고 있고, 앞으로도 어떤 곳을 어떻게 흐르든지 상관없이 그 이름으로 불릴 것이다. 어느 특정 지점을 흐르는 물길을 갠지스 강이라고 한다면, 외재적 실재론 입장에서 실세계의 대상이 낱말을 만들어 낸다는 가정 아래에서, 범람 이후에 다른 지점을 흐르는 물길은 다른 이름을 가져야 옳다. 그러나 우리의 언어생활은 전혀 그렇지 않다. 똑같이 '갠지스 강'인 것이다. 이런 사례들은 실세계에 있는 대상물이 관련은 있겠지만, 결정적인 변수가 더 추가되어야 함을 드러낸다.

좀더 극적인 예가 (아침에 동쪽에서) '해가 뜬다'는 표현이다. 과거 좁은 세계 지식을 뛰어넘어, 오늘날 우리는 누구나 지구가 자전하면서 해를 돌고 있다는 사실을 믿고 있다. 실세계에 대한 지식이 완전히 뒤바뀌었다. 그렇지만, 그 실세계의 실체에 부합되는 말을 새롭게 만들어서 "지구 자전에 의해 해가 비로소 눈에 들어온다!"라고 말할 사람은 아무도 없다. 오히려 이와 같이 실체에 부합되는 표현은 의사소통을 방해하고 지장만을 가져다 줄 뿐이다.

이런 난점은 어떻게 풀어야 할 것인가? 참스끼 교수의 글에서는 문제가 제시되어 있지만, 정작 구체적인 해결책은 제대로 제시되어 있지 않다. 그러나 제킨도프(2002 : 제10장)에서 주장하는 논의를 따르면, 최소한 세 가지 요인이 있어야 한다. 첫째, 경험을 할 수 있는 실세계가 있고, 둘째, 우리의 감각/지각 수용기에서 받아들여 머릿속에 표상을 만들어 놓은 모형 세계가 있으며, 셋째, 다시 이 모형 세계와 관련될 수 있는 언어 단원체^{module}가 있다. 세 가지 요인들이 서로 다른 원으로 표시된다면, 이 원들이 많은 부분 또는 적은 부분으로 서로 겹치거나 서로 떨어져 있는 관계를 상정할 수 있다. 세 원들이 서로 차이가 진 부분들은, 우리가 반성적 사고를 함으로써 보정해 나갈 수 있는 것이다. 이렇게 차이를 고쳐 나가는 과정이 '해석 과정' 또는 '해결 과정'이라고 불릴 수도 있다.

그렇다면, '둥근 사각형'은 어떻게 해결될 수 있을까? 만일 유리처럼 투명한 구 안에 색깔이 있는 정육면체를 집어넣고서 구슬을 만들었다고 하자. 또는 거꾸로 투명한 정육면체 안에 색깔 있는 구슬을 넣었을 경우에도 마찬가지이나, 여기서는 사각형을 중심으로 하여 논의를 진행한다. 어떤 특정한 각도에서 이 대상을 바라보면, 밖에는 원이 보이고 그 안에 네모진 사각형이 보일 것이다. ◨. 이런 대상을 공장에서 주물을 이용하여 우리가 만들었다고 하면, 엉뚱해 보이는 이 낱말로써 그 대상을 가리키게 될 것이다. 다시 말하여, 머릿속에 표상되어 있는 세계 모형을 이용하여, 실세계에서 어떤 대상을 창조해 낼 수 있는 것이다. 바로 이것이, 우리가 직접 받아들이는 감각/지각 경험을 뛰어넘을 수 있는 자유로운 인간 정신의 구현인 것이다. 새로운 실세계 지식을 알고 있기 때문에, 해가 뜬다고 말하면서도, 여전히 모순 없이 은하계 끝점에서 지구와 해를 내려다보면, 지구가 자전을 하면서 태양을 돌고 있음을 확인할 수 있다고 믿는다. 다만 우리가 땅 위에 붙어살고 있기 때문에, 우리의 시지각 환경이 멀리 떨어진 대상의 운동을 상하 방향의 움직임으로만 파악하고 있을 뿐이다.[16] 다시 말하여, 태양이

16] 핑커(1997; 김한영 뒤침, 2007)의 『마음은 어떻게 작동하는가』(동녘사이언스) 제4장을 보면, 지구 중력과 내이의 반고리관의 특성으로 인간의 시각은 언제나 전후 기울기(slant)와 좌우 기울기(tilt), 시지각 깊이, 색, 표면 등과 같은 표면정보에다가 다시 경계·골·마루에 대한 테두리정보가 긴밀히 조합되어 대상을 보게 된다. 따라서 '해가 뜬다'는 표현은 시지각 정보가 작동하는 방식을 그대로 표현해 주고 있고, 이 말을 듣는 상대방 역시 동일한 시지각 경험을 가동시키게 됨을 알 수 있다.

뜬다고 말을 하면서도, 모순 없이 지구가 자전하고 있다는 사실을 추론해 낼 수 있는 것이다. '진주'나 '갠지스' 강은 설령 실세계의 대상물의 바뀌었다고 해도(지시물이 달라졌어도), 우리 머릿속 세계 표상 모형에 들어 있는 이 낱말들이 갖고 있던 관계(내적 대립관계)는 임의의 사건 이전이나 이후에 동일한 것이다.[17]

2.3. 개버가이gavagai 사슬

괴델의 명제를 응용하여, '번역 불확정성'의 명제를 주장한 콰인

17] 이 해결책은 문화인류학자들이 원시 문화에서의 분류학 연구 성과와도 정합적으로 일치한다. 그들의 관찰에 따르면, 우리 인간들의 문화에서는 자신이 경험하는 세계 대상들을 5개에서 6개 층위로 분류한다. 가장 기본이 되는 층위를 갈래 층위(generic level) 또는 기본 층위(basic level)라고 부른다. 갈래 층위는 각각 아래와 위로 두 층위 정도를 더 구성해 놓게 된다. 아래로는 각각 하위 갈래 층위와 변종(variant) 층위이다. 위로는 상위 갈래 층위와 포괄 층위이다.

그런데, 우리가 직접 경험을 통해 '감각/지각'을 하는 층위는 구체적 대상물들로 이루어진 변종 층위이다. 이 구체적이고 일화적인 경험을 통하여, '동시에' 하위 갈래 층위와 기본이 되는 갈래 층위를 고정시키게 된다. 갈래 층위에서 위로 통합해 나가는 방식은 문화와 상황에 따라 가변적으로 이름이 부여된다. 이 층위에서 특징적인 것은, 언어 형태가 갈래(또는 기본) 층위에 있는 것이 제일 간단하다는 점이다. 하위 갈래 층위의 언어 형태는 흔히 갈래 층위를 놓고 추가 자질을 덧대어 놓은 모습으로 되어 있다. 변종 층위는 우리가 실세계에서 경험하는 구체적 대상물에 대한 이름이 된다. 따라서 우리가 주민등록증을 갖고 있듯이, 때로 '고유명사'로써 불려질 수 있다.

예를 들어 보면, 갈래(또는 기본) 층위에 '개'라는 단어가 있다. 하위 갈래 층위에서는 '진돗개, 삽살개, 사냥개, ···' 등의 하위 갈래 어휘들이 나타난다. 다시 변종 층위에서는 '우리 집에서 기르는 귀가 삐죽 솟고 하얀 진돗개 슬기,' '어제 꿩을 잡아온 이웃집에서 기르는 갈색 긴 털 삽살개 워리' 등과 같이 구체적인 경험의 대상이 되는 '경험 자극 총체'이다. 다시 갈래 층위 위로 살펴보면, 개는 'canine (송곳니를 가진 개 과)'이나 '가축'으로 상위 갈래 층위를 설정할 수 있고, 포괄 층위에는 동물이나 생물 또는 피조물로 언급될 수 있다.

여기서 필자가 강조하려는 핵심 사항은, 구체적인 경험을 주는 변종 층위와 한 대상물을 '추상적으로 갈래지어 나누는' 갈래 층위가 동시에 구현된다는 점이다 (generic은 種이나 屬보다는, 대상을 갈래로 나누므로 '갈래'라고 번역되는 게 좋을 듯함). 이는 경험 자극물로서의 실세계와 우리 머릿속에 표상되어 있는 모형 세계와의 관계를 그대로 반영하는 것으로 이해될 수 있다는 점이다.

의 대표적인 예가 '개버가이'gavagai 논쟁이다. 현지 조사를 나간 어떤 언어학자가 원주민과 함께 숲을 가고 있었다. 갑자기 토끼처럼 생긴 동물이 수풀에서 뛰어나왔다. 그 원주민은 순간 "개버가이!"라고 소리쳤다. 언어학자는 그 소리가 토끼처럼 생긴 동물의 색깔을 가리키는지, 귀가 쫑긋 솟아 있다는 사실을 가리키는 것인지, 아니면 그 동물이 달리기를 잘한다는 점을 가리키는지, 어떻게 알 수 있을까? 콰인은 객관적으로 무엇을 가리키는지를 알 수 있는 방법, 즉, 그 대상의 단편적 속성들을 고정시킬 수 있는 방법이 없다고 대답한다. 번역을 객관적으로 정확하게 할 수 있는 방법은 존재하지도 않고, 존재할 수도 없다는 것이다.[18] 이 주장을 옳은 것으로 받아들여, 비록 객관적인 방법이 없다고 하더라도, 불완전하게나마 어느 정도 의사소통이 가능하다고 논리를 세우려는 노력들이 이어졌다. 이른바 의미 총체론meaning holism 논변이라든지, 언어의 노동 분업division of linguistic labor이라든지(Putnam), 관용의 원리charity principle와 같은(Davidson) 제안들이 그것이다. 이런 제안들은 개버가이 의미를 고정시키는 데에 마치 사슬처럼 이어질 수 있다.

먼저 '의미 총체론'의 입장을[19] 살펴보기로 한다. '개버가이'라는

18] 필자는 이런 논의들에 대해서 참스끼 교수의 반박 글을 통해 처음 접하게 되었다. 따라서 원래부터 이런 철학적 논의들을 중심으로 공부를 해 온 사람의 서술 방식과는 차이가 많을 것이고, 혹 필자가 곡해하고 있는 엉뚱한 대목들도 있을 것이다. 이런 점을 보충하기 위하여, 필자가 찾아 읽을 수 있었던 우리말로 씌어진 콰인에 대한 글들을 연대순으로 나열해 둔다. 이명현(1982), 『이성과 언어』(문학과지성사), 218~232쪽; 이윤일(1992), 『의미, 진리와 세계』(자유사상사), 제2장; 정대현(1993), 「실재론과 넓은 지칭」, 『실재론과 관념론』(철학과현실사), 210 ~234쪽; 김혜숙(1993), 「콰인의 경험주의와 전체주의」, 『실재론과 관념론』(철학과현실사), 479~492쪽; 정대현(1997), 『맞음의 철학』(철학과현실사), 제7장; 김여수(1997), 『언어와 문화』(철학과현실사, 제3~4장); 김영정(1997), 『언어·논리·존재』(철학과현실사), 제3장. 한편, 콰인의 저작물 가운데 우리말로 번역된 것은 콰인(Quine, 1953; 허라금 뒤침, 1993), 『논리적 관점에서』(서광사); 콰인 외(Quine and Ullian, 1978; 정대현 뒤침, 1984), 『인식론』(종로서적)이 있다.

부른다.[20] 부끄럽지만 필자는 여태 사투리로 '참꽃'과 '개꽃'이라고 불리는 진달래와 철쭉을 구분할 수 없다. 여러 번 살펴보았지만 그게 그것인 듯하다. 무엇이 진달래인지, 무엇이 철쭉인지 알 수 없다. 다만 그 구별을 잘 하는 친구(전문가)의 안내에 의해, 이것이 진달래이고 저것이 철쭉이라고 구별해 주어 알게 될 뿐이다. 그 친절한 안내도 잠시이고, 바삐 생활하다 보면 그 내용을 어느새 다 잊어버린다. 새해에 다시 뒷산에 붉은 꽃이 피어나면, 그 꽃이 먹을 수 있는 참꽃이거나, 먹으면 배탈이 나는 개꽃 가운데 하나일 것이라고만 막연히 느낄 것이다. 필자가 진달래와 철쭉을 고정시키는 방법은 전문가의 조언을 따르고 있다. 이러한 과정을 전문가에 의한 '언어의 노동 분업'이라고 부른다.

그렇더라도, 필자가 의존하는 전문가가 늘 옳은 판정을 내릴 것이라고 장담할 수 있을까? 예를 들어, 우연히 유전자 변형에 의해서 철쭉의 외양을 갖지만 그 꽃잎을 먹을 수 있는 돌연변이가 나왔다고 해 보자. 그래도 여전히 그 변형된 대상을 먹을 수 없는 개꽃 또는 철쭉이라고 불러야 하는가? 실세계에는 아무리 전문가라고 해도 선뜻 결정할 수 없는 경계 지점에 놓인 대상들이 있게 마련이다. 이럴 경우에는 서로 의심점들을 조금씩 삭감하고, 다소 틀리더라도 그 차이를 너그럽게 받아들일(寬容할) 수 있어야 한다. 그래야 의사소통이 가능하다. 이를 데이빗슨은[21] '관용의 원리'라고

20] 펏넘(Putnam)의 주장은 기본 골격이 1975년에 발표된 "The meaning of 'meaning'", 『정신·언어·실재(*Mind, Language, and Reality*)』(Cambridge University Press, pp. 215~271 재수록)에 들어 있다. 의미를 고정해 가는 과정에서 환경의 기여도 간여한다. 곧, 환경이 제공해 주는 본보기들이 단어 지시 결정에 일정한 몫을 한다는 뜻이다. 그의 책 가운데 1981, 1988, 1992가 각각 김효명 뒤침(1987), 『이성·진리·역사』(민음사); 김영정 뒤침(1992), 『표상과 실재』(이화여대 출판부); 원만희 뒤침(1998), 『과학주의 철학을 넘어서』(철학과현실사)로 나와 있다. 펏넘도 자신의 이전에 주장하던 관점을 수정하였는데, 필자는 그 자세한 내용을 김영정(1992, 263~354쪽)의 역자 후기를 통해서 배울 수 있었다.

부르고 있다. 필자가 철쭉을 진달래라고 부르고, 진달래를 철쭉이라고 부르더라도, 필자와 의사소통을 하고 있는 상대방은, 그런 차이들을 너그럽게 받아들이고, 능히 그 잘못을 고쳐 청자 쪽에서는 철쭉을 철쭉으로, 진달래를 진달래로 올바로 이해할 수 있는 것이다. 체면이 깎이거나 무안해지는 일을 피하기 위해, 필자의 언어사용이 잘못임을 지적하지 않고서도, 청자는 혼자 속으로 그렇게 교정 해석을 해 나갈 수 있는 것이다.[21]

이런 각본(시나리오)이 과연 옳은 것일까? 우리들의 언어 행위의 본질을 정확히 드러내 주는 것일까? 이 물음에 대한 대답은, 천재들의 두뇌에서 찾아진 것이 아니라, 역설적이게도 어린아이가 언어를 습득하는 단순한 모습에서 찾아졌다. 그 대답은 간단히 '개버가이' 논제 자체가 잘못 제기된 물음이라는 것이다. 어린이들은 '낱말의 수적數的 폭발'이나 '낱말 분출'이라고 불릴 만큼 엄청난 속도로 낱말을 익혀 가는 시기가 있다. 2살 전후로부터 10살 전후까지가 그 시기이다. 이를 도표로 그리면, 사춘기 때 육체의 성장 곡선과 유사하게 가파른 상승 곡선을 그린다. X축이 나이이고, Y축

21] 필자는 데이빗슨(Davidson)의 논지를 이영철(1991), 『진리와 해석 : 데이비드슨의 원초적 해석론과 진리조건적 의미 이론』(서광사)을 통해 배울 수 있었다. 사족을 하나 덧붙인다. 콰인과 펏넘과 데이빗슨의 주장은 여기서 언급되고 있는 것이 전부도 아니며, 그 논지 전개 절차나 과정도 아주 다르다. 이들 철학자가 다루고 있는 내용 가운데 일부가 언어의 지시 문제와 거기에 따른 해석 고정 과정인데, 언어와 관련되어 새롭게 밝혀진 사실에 의해서 그러한 논지의 일부가 그 사실을 수용하는 쪽으로 수정되는 것이 바람직하다는 정도로 이해하는 것이 온당하다. 우연히 필자의 서술 방식이 대조적으로 이루어지는 것은, 촴스끼 교수의 논점에 따라 그의 주장을 부각시키기 위한 편의상의 조치이다. 이들 철학자의 지시에 대한 논의가 잘못되었다고 하더라도, 결코 그들의 다른 논의가 함께 무위로 되는 것이 아님을 유의할 필요가 있다.

22] 비슷한 착상이 화용론에서는 불확실성을 줄여나가는 일(reduction of uncertainty)로 불린다. 그뢴트(Grant, 2007)의 『불확실성과 의사소통(Uncertainty and Communication)』 (Palgrave)에 보면, 정보 소통의 관점에서 새넌(Shannon, 1948)에서 처음 수학적으로 다뤄졌다.

는 것임을 깨닫게 해 준다.

　이현진(1998 : 391)에서는 오 외(Au & Glusman, 1990)의 실험을 소개하고 있다. 세 살 난 아이들과 다섯 살 난 아이들에게 네 마리 장난감 동물을 보여 주었다. 사냥개와 잡종개와 낙타와 플라밍고이다. 네 가지 대상 가운데 사냥개와 잡종개만이 '개'의 범주에 속한다. 그런데 아이들에게 사냥개를 보여 주면서 '미도'라고 하는 새로운 낱말을 들려주었다. 이후 네 개의 대상들 가운데 '미도'를 고르도록 하자, 아이들 85%가 사냥개 장난감을 골랐다. 다시 아이들에게 들어 보지 못한 새로운 이름인 '테리'를 고르게 하자, 이번에는 사냥개 장난감이 선택되지 않았다. 이 실험의 결과는 아이들이 '개'라는 범주에서 '미도'라는 새로운 낱말을 사냥개와 잡종개를 구별해 주는 하위 범주의 낱말로 파악하는 것으로 해석된다.

　어린이들이 낱말을 익힐 때 먼저 '온전한 대상물 가정'을 적용시키고, 다시 같은 범주의 대상에 대해 다른 이름이 주어지면, '상호 배타성 가정'을 적용시켜 그 대상의 내부 속성들을 가리키는 것으로 이해한다는 사실은, '개버가이'라는 말을 처음 들었을 때에도 똑같이 적용될 수 있다. 먼저 그것은 토끼처럼 생긴 동물의 '전체 형태'를 가리키는 것이다. 그렇지만 그 언어학자가 원주민을 계속 따라다니다가 같은 형태를 가진 다른 대상을 만났다. 이번에는 전혀 다른 낱말(가령 '이가버개')을 들었다. 이제는 이 낱말이 그 대상의 내부 속성에서 가장 현저한 것을 가리킨다고 알게 될 것이다. 내재주의 관점에서 이와 같은 낱말 습득 사실은 무엇을 의미할까? 우선 낱말이 외부 대상에 의해 마련되는 것이 아님을 알 수 있다. 임의의 대상이 주어지면, 우리의 머릿속에 있는 언어 습득 기제는 그 대상의 형태를 파악하고, 그 형태에 대해 새로운 낱말을 대응시키는 것이다. 다음 단계도 또한 우리 머릿속에 있는 프로그램에 따라, 같은 범주의 형태에 대해 다른 낱말이 주어지면 '상호 배타성' 가정을 적용하여 그 대상의 내부 속성을 가리키는 것으로 뜻을 고정시키게 될 것이다.[25]

2.4. 외재주의의 지시 의존적 의미론은 불필요하다

앞에서의 논의가 바른 길 위에 있다면, 더 이상 외부 지시물에 근거하여 낱말을 비롯한 언어의 의미를 고정시키는 시도는 잘못임

25] 이런 과정은 비단 특정 시기의 낱말 습득에서만 일어나는 것이 아니다. 제킨도프 (2002 : 301)에서는 우리 어른들의 시지각 고정 과정에서도 동일한 일이 일어남을 다음 예로 보여 준다. 다음에서 우리는 무엇을 보는 것일까?

(가)   (나)

맨 앞에 있는 그림 (가)에는 오직 네 개의 점만이 있다. 그렇지만, 우리의 시지각 기관은 그 물리적 실체와는 무관하게 네 개의 점을 사각형으로 지각하기 일쑤이다. 그 까닭은 사각형의 지각은 모서리 점을 근거로 이루어지기 때문이다(새로 고쳐 보게 되는 보정 추론은 우리 머릿속에 구성해 놓은 실세계 모형과 경험을 받아들이는 감각/지각 기관 사이에 조정 과정의 일부인데, self-produced image와 non-self produced image 사이의 차이에 대한 조정이 된다). 뒤에 있는 그림 (나)는 물리적으로 세 개의 사각형들이 서로 붙어 있다. 그렇지만 이런 물리적 사실과 상관없이, 우리의 시지각 기관은 두 개의 사각형이 교차하고 있는 것으로 보기 일쑤이다. 겹쳐 있다고 파악하는 부분에 대해서, 사실상, 자극체로부터 망막으로 들어오는 시지각 정보는 전무하다. 그렇지만, 우리는 (윗부분에 있다고 보는) 이어져 있는 사각형에 의해 교차된 부분이 가려진 것으로 재구성하는 것이다. 또한 이렇게 머릿속에서 재구성되는 대표적인 사례로 자주 거론되어 온 것은 카니자의 '삼각형 착시'인데, 다음 그림에서 보듯이 삼각형이 전혀 그려져 있지 않지만, 삼각형이 그려져 있는 것으로 파악하는 것이다.

인지 작용에 관여하는 원리 위에서 언어 질서를 재구축하게 된다. 언어의 층위를 다만 어휘부를 갖는 '언어 능력'과 두 개의 상호접합면을 갖는 '수행 체계'로 상정하는 일부터가, "언어에 의한, 언어를 위한, 언어의 층위"가 아니다. 다른 인지 기관들을 전제로 하여 그 기관들과의 상호작용을 가정하는 층위 설정인 것이다. 그렇다면, 다른 인지 기관들이 언어와 같이 가동되고 작동하는 것일까?[28] 아직, 아무도 이 물음에 자신 있게 대답을 할 수는 없다. 이런 배경에서 자신의 연구를 하나의 계획ᵃ program으로 표현하는 것이다. 마치 장님이 코끼리를 더듬어 가는 듯한 단계일 뿐이다.

그런데 가장 단순한 언어 표현이라고 하더라도, 그 표현이 두뇌 속에서 표상되는 방식과 그 산출/처리와 관련된 과정은 매우 복잡하다. 소박하게 보면, 소리 처리를 맡는 부서로부터 시작하여, 형태와 어휘, 그리고 통사와 구절, 문장과 담화, 표현 의도와 맥락 등 여러 부서들이 각각 독립된 '단원체'로서 긴밀하게 연결되어 정보를 주고받는다. 소리에 관련된 정보는 문장과 담화에 관련된 층위

조·핵 계층(X-bar) 등을 모두 폐기하는 대신, 부자연스럽다고 하여 중요시하지 않았던 구성성분 통어(c-command)만을 남기게 되었음을 언급한다. 후자는 연산 과정에 시종 관여하는 개념으로, 언어 요소들의 지역적(local 국지적) 관계를 포착해 준다. 이런 변화는 다른 데에서 나온 것이 아니다. 다른 인지 기관들과의 상호작용을 기본적으로 고려하였기 때문이다. 즉, 다른 인지 기관들이 판독 가능한 지시 사항들만을 만들어 내어야 한다는 믿음에서 나온 것이다. 이전에는 언어가 주인이었고, 다른 인지 기관들이 하인이었지만, 지금은 주인과 하인이 뒤바뀐 셈이다.

28] 인간의 두뇌가 작동하는 방식은 크게 언어적 표상과 비언어적 표상으로 나눌 수 있다. 여기에 대한 논의는 갤러버더·코쓸린·크뤼슨(Galaburda, Kosslyn, and Christen, 2002) 엮음 『두뇌 작동 언어(*The Language of the Brain*)』(Harvard University Press)에 있는 23편의 글을 참고할 수 있다. 비록 이런 구분이 필요하지만, 우리의 인지 작용은 반드시 두 종류의 표상들이 서로 긴밀히 통합되어야 한다 핑커(1997; 김한영 뒤침, 2007)를 읽어 보기 바라며, 이에 대한 비판으로 포더(Foder, 2001)의 『마음이 그런 방식으로 작동하는 것이 아니다(*The Mind doesn't Work that Way*)』(MIT Press)가 있다.

에서 보이지도 않고 또한 필요하지도 않다. 마찬가지로 형태와 어휘에 대한 정보도 표현 의도나 맥락과 관련된 층위와 직접 관련되지 않는다. 각 단원체들이 마치 섬들처럼 독자적인 영역 속에 갇혀 있어encapsulated compartment, 직접 이어져 있는 통로를 거치지 않고서는 정보를 주고받을 수도 없고, 또 그럴 필요도 없다. 튜링의 '사고 모형'이 연산을 기초로 한다는 점을 제외하면,[29] 우리 정신 모형으로서는 알맞지 않다고 비판을 받는 근거가, 바로 이러한 정신 연산의 단원적 처리 특성이다. 튜링 모형에서는 반드시 중앙 연산 처리기가 있어야 하지만, 우리 정신에는 모든 것을 통괄하는 상위 기관이란 존재하지 않는다.

29] 튜링의 글은 필자 누리집(http://nongae.gsnu.ac.kr/~jhongkim) 번역을 참고하기 바라며, 범용 튜링 기계에 대한 포괄적인 논의로는 허킨(Herken, 1995) 엮음, 『보편 튜링 기계 : 반세기 간의 연구(*The Universal Turing Machine : A Half-century Survey*)』(Springer-Verlag)와 쉬버(Shieber, 2004) 엮음, 『튜링 검사 : 지능의 징표로서 언어 행위(*Turing Test : Verbal Behavior as the Hallmark of Intelligence*)』(MIT Press)를 참고할 수 있다. 우리말로 된 포더의 단원성에 대한 개관은 조명한, 「언어 처리 이론으로서의 단원성의 문제」, 이정모 외(1989), 『인지 과학 : 마음·언어·계산』(민음사)을 참고할 수 있다.

전문용어로 computation(연산)과 calculation(계산)을 구분하여 쓴다. 연산(演算, 좌변을 우변으로 늘여 헤아림)은 입력과 출력으로 이루어진다. 충분조건만이 만족되면 그만이다. 그러나 계산(計算, 좌변과 우변을 재어서 헤아림)은 그 출력이 다시 이전 입력으로 환원될 수 있어야만 한다. 곧, 필요조건까지 만족돼야 하는 것이다. 이를 형식적으로 각각 다음처럼 나타낸다.

연산 : X → Y (또는 X=Y)
계산 : X ↔ Y (또는 X≡Y)

촴스끼(2000b : 25, 26) 교수는 언어가 연산-표상적(computational-representational : C-R) 처리 절차를 따른다고 본다(For the present, the best-grounded naturalistic theories of language and its use are C-R theories … C-R approaches provide the best-grounded and richest naturalistic account of basic aspects of language use). 필자가 이해하기에, 언어 처리에 대한 '연산-표상적' 관점은 촴스키 교수의 독창적인 생각이 아니라, 마아(Marr, 1982), 『시지각(*Vision*)』(W. H. Freeman and Company)에 있는 3차원의 시지각 처리 모형인 연산 차원·표상 차원·구현 차원(computational level·representational level·implemetational level)을 수용한 것으로 보이는데, 마아의 접근에 대해서는 앞의 이정모 외(1989)에 있는 정찬섭의 「시각정보처리 계산모형」을 읽어보기 바란다.

정인데, 이 일이 끝나면 소리를 만들어 내는 부서sensorimotor system, 지각 운동 체계로 정보를 보내고, 동시에 '사고와 행위'를 맡는 부서conceptual-intentional system, 개념 및 의도 체계로 유관 정보를 보내게 된다.[32] 이들이 다른 두뇌 부서 또는 두뇌 기관과 연결되어 있고, 다른 기관에서 판독할 수 있는 정보를 전해 준다는 점에서, 이들을 상호접합면interface이라 부른다.

다른 인지 기관들이 판독할 수 있는 정보나 지시사항(명령)을 보내주기 위해서, 언어는 어떤 요소들을 갖고 있어야 할까? 이 물음에 촘스끼(2000b : 10)에서는 다음과 같이 대답을 한다.

(7가) 의미의 상호접합면에서 해석되는 의미 자질들
나) 음성의 상호접합면에서 해석되는 음성 자질들
다) 어느 상호접합면에서도 해석되지 않는 자질들

첫째 자질은 논리 형식(LF)으로 불리는 층위에서 작동하는 것이고, 둘째 자질은 음성 형식(PF)로 불리는 층위에서 작동하는 자질이다. 그런데 왜 군더더기처럼 세 번째 다른 요소가 들어가는 것일까? 이는 어휘부로부터 투영된 내용들을 연산하기 위한 장치이다. 셋째 요소들은 촘스끼 연구 계획에서 다음에서처럼 중요한 역할을 한다.

인간이 우연히 진화 과정에서 언어 능력을 획득하였든지, 아니

32] 이 부서들이 머릿속 언어(I-언어) 속에 들어 있는 것인지, 아니면 밖에 있는 다른 기관들인지에 대해서는 이를 결정할 만한 연구가 아직 이뤄지지 않았다고 본다 (Chomsky, 2000b : 174 이하). 90년 중반에는 머릿속 언어(I-언어)를 '언어 능력'으로 부르면서, 언어 능력이 수행 체계로 통합되어 들어간다고 생각한 듯하다(Chomsky, 2000b : 27f.). 여기서 수행 체계는 음성 형식(PF)과 논리 형식(LF)으로 나뉘는데, 논리 형식은 '사고와 행위'로 이어질 것으로 보았다.

면 아주 뛰어난 초특급 기술자가 우리 언어 능력을 도안하고 심어 주었든지에 상관 없이, 우리가 다루고 있는 '언어 능력'은 완벽한 것일까? 생리언어학biolinguistics적으로 표현하여,

"과연 우리의 언어 기관은 완벽한가?"

필자는 '완벽perfect'이란 개념이 중의적으로 쓰일 수 있을 것으로 본다. 언어 기관의 내적 구성이 완벽한지, 언어 기관의 연산 작용 또는 작동 방식이 완벽한지, 또는 다른 기관과 더불어 공조하는 일이 완벽한지 등을 물을 수 있기 때문이다. 여기서 촘스끼 교수는 연산 작용이 완벽한지에 대해서만 묻고 있다. 그 대답은 두 가지이다. 허튼 작용이 없이 경제적으로 완벽히 짜여서 군더더기가 없다면 완벽하다고 대답할 것이고,[33] 잉여적이고 중복되어 있으며 비경제적으로 연산 작용이 일어나면 완벽하지 않다고 대답할 것이

---

[33] 진화가 미리 계획된 것이 아니라 그때그때 필요에 따라 급히 땜질하는 방식'(불어로 손재주꾼을 뜻하는 '브리콜라쥬' bricolage라고 부름)으로 일어난다면, 그리고 면역계에서와 같이 한 생명체 내부에서 같은 기능을 지닌 여러 변이체 물질들이 많이 생성된다면(이를 degeneracy라고 부르며, 일본에서는 난삽하게 축퇴성[縮退性]으로 번역했지만, 동일한 기능을 지닌 변이체를 만들어 내는 속성이므로 아마 '동성 변이체' 생성 정도로 번역할 수 있다), 아마 후자가 더 옳은 대답일 듯하다. 프랑수와 자코브(François Jacob)는 자연선택을 통한 진화가 결코 미리 계획된 대로 일어나는 것이 아니며, 환경에 따라 우연히 특정 기관의 기능이 바뀌어 형질이 고정된다고 보았다. 따라서 우리의 기관들은 결코 엄격히 배타적으로 차별화되고 구별되는 것이 아니며, 기능들이 일정 부분 서로 겹쳐질 수도 있는 것이다. 또한 DNA를 전사하는 전령 mRNA의 3염기 조합(코돈 codon)의 유전 암호가, 첫 번째 염기만 동일하다면 서로 같은 기능을 갖는다고 한다. 즉, 염기 조합의 일부는 공통적이지만 나머지는 언제나 변이체가 된다는 뜻이다. 만일 이런 전제를 받아들이면, 완벽(perfection)이란 개념 자체가 진화의 가정과 모순되는 단순한 아리스토텔레스 개념을 반영할 뿐이다. 아리스토텔레스는 자연의 생물들은 결코 변화하지도 않고 일정하게 처음부터 고정되어 있다고 생각하였다. 이런 점에서, 언어기관의 설계가 완벽하다고 생각하는 촘스끼 교수는, 소박하게 아리스토텔레스의 생각을 부지불식간에 답습하고 있다고 본다.

는 자질을 가진 요소들과 임의 요소가 자리를 옮기는 속성은 '비완벽성imperfection'으로 간주될 수 있다. 그렇지만, 이들이 서로 긴밀히 공모 관계에 있는 것이고, 따라서 불가피하게 서로를 필요로 한다면, 다시 말하여, 정당한 존재 이유가 있는 것이라면, 완벽하지 않다고 말해서는 안 된다. 거꾸로, 이 점이 언어 설계(도안)의 '완벽성'에 대한 증거로 채택되어야 한다는 것이 그 논지이다.

(8가) seems to have been elected Lee.

나) elect Lee

(9가) Lee seems to have been elected.

(이씨가 뽑힌 듯하다, 선출된 듯하다)

나) It seems to have been elected Lee.

(이씨가 뽑힌 듯싶다)

다) There seems to have been elected Lee.

(이씨가 뽑힌 듯싶다)

라) seems to have been elected a candidate

(누군가 뽑힌 듯하다, 영어에서는 비문법적임)

(8가)와 (9)에는 상위문과 내포문이 들어 있다. 의미 해석을 위해서 (또는 LF 층위에서 판독될 수 있도록), 내포문의 동사 'elect'는 (8나)에서와 같이 대격 논항 'Lee'를 지엽적(국지적)으로 성분통어한다. 그런데 (8가)의 상위문 동사(주동사) 'seems'는 아직 해석되지 않은 현재·3인칭·단수를 나타내는 활용 자질을 갖고 있다. 이 자질은 (7다)의

래의 자신의 있던 자리를 되가리키느냐, 두 가지로 변동된다고 말할 수 있다.

요소로서, 어느 상호접합면 층위에서도 판독될 수 없다. 다시 말하면, 판독 가능한 부합 자질이 아니다. 위반offending 자질이다. 상호접합면의 조건을 충족시키는satisfy 길은, 직관적으로 위반 자질을 지울 수 있도록 서로 떨어져 있는 부합 자질과 지엽적local 관계를 요구하는 것이다.36] 이 자질은 일치를 이루는 명사 'Lee'에 들어가 있는데, 명사 속에 초기값으로 들어가 있는 자질을 지우는 일은 원칙적으로 불가능하다. 따라서, 위반 자질이 'Lee'의 부합 자질을 뽑아 올리거나, 영어의 특성으로 의미를 갖고 있지 않은 요소(부사 there 또는 대명사 it)를 요구한다. 그 결과가 각각 (9가)와 (9나, 다)이다. 더 극적인 주장은, 부합 자질을 뽑아 올릴 때, 오직 자질들만이 홀로 올라갈 수 있는데, 그 모습은 (9라)와 같고, 이를 '비가시적covert' 이동이라고 부른다(스페인 자료와 두뇌 손상 환자의 사례를 들고 있음).

(7다)의 자질은, 결국 모든 요소들을 부합 자질로 바꾸어 줌으로써, 이동이라는 연산 작용이 일어나도록 하는 목적을 지닌다.37] 이 주장이 옳다면, 연산 작용에서 어떤 자질이든지 모두 필요 불가결한 것이 된다. 과연 그럴까? 옛날 '제자리 이동(無이동)'을 한다고 기술된 언어들에는, 어떻게 이 주장이 적용될 수 있을까? 한국어의 대우 형태소 '-으시-'(손을 잡으시다)는 위반 자질이지만, 이동이 일어나지도 않기 때문에 부합 자질로 만들 방법이 없다. 그렇다면,

---

36] 참스끼(2000b : 15)에서 "uninterpretable formal features must be erased in a local relation with a matching feature, yielding the displacement property required for semantic interpretation at the interface"라고 언급하고 있다.

37] 연산 작용은 Merge(붙이기)와 Move(옮기기) 두 가지만 상정되고 있다. 필자의 생각으로는 이 두 가지도 하나의 상보적 개념으로 고쳐질 수 있다. 즉, '붙이기/떼기(attach/detach)'이다. Move라는 개념을 따로 내세우지 않더라도, 떼어낸다면 자연스럽게 붙이기 작용만이 초기값으로 삭용히므로, 가연스럽게 뽑혀 올라가게 되며, 같은 결과를 낳을 것이다. 최근 참스끼 교수의 글들이 함께 묶이어 김양순 외(2006) 엮고 뒤침, 『언어 설계와 국면』(도서출판 경진)으로 나와 있다.

영어만 완벽한 언어 기관이고, 한국어는 완벽하지 않은 언어 기관인가? '언어 기관(언어 능력)' 자체가 개별 언어에 적용될 수 없는 용어이다. 따라서 (7다)에 해당하는 요소들은 촘스끼 연구 계획을 유리잔처럼 산산이 부수어 뜨릴 첨병으로 보인다.

4. 무한 퇴행과 언어사용의 문제

4.1. 언어사용의 신비

내재주의 언어 철학에서 제일 취약한 부분은 언어사용과 관련되어 있다. 이 부분은 이전에 언어 '수행 능력'이라고 불리거나 또는 '화용 능력'으로 불렸다. 이 부분은 데까르뜨가 살던 때에도 '신비 mystery'로 취급되었다. 촘스끼 교수는 수행 능력을 지금도 우리가 다룰 수 있는 '문제'가 아니라, 여전히 '신비'에 속하는 것으로 보고 있다. 비유를 다음처럼 들고 있다. 실험실의 쥐는 학습을 통해 미로를 찾을 수 있다. 그러나 소수prime number의 존재는 인식할 수조차 없다. 그런 일을 가능하게 하는 인지 기관이 쥐에게는 없기 때문이다. 동일한 논리로, 인간의 인지 기관도 모든 것을 다 알 수는 없다. 쥐의 인지 기관의 제약으로 말미암아 그 개체가 인식할 수 있는 대상들이 한계가 있듯이,[38] 우리 인간에게도 조금도 인식을

---

[38] 뉴튼처럼 엄격히 학문의 체계를 세우고자 했던 칸트도 이런 문제와 씨름했다. 자연세계의 색깔들이 대상 또는 물 자체의 본질이 아님을 깨달았던 뉴튼처럼, 칸트도 우리가 대상 또는 물 자체의 본질을 알 수 없다고 보았다. 대신 그 대상 또는 물을 지각하는 방식은 우리 인간이 모두 공통된 것으로 보았고(이를 '범주'라고 부름), 이를 기반으로 하여 절대 윤리까지 확립할 수 없었다. 가령 천연색은 인간의 망막 위에 분포한 추상체들이 특정 파장에 반응한 결과에 지나지 않지만, 그 과정이 모든 인간에게 공통된 것이다. 그렇더라도, 색깔이 없는 빛들은 가시광선

허용하지 않는 대상들이 있을 수밖에 없다. 촘스끼 교수의 생각으로는 언어사용이 그러한 부분으로 간주된다. 앞에서 주로 내재주의 언어 철학이 우리의 인지 기관의 우월성을 드러내고 다루었다면, 언어사용의 문제에서는 인지 기관의 철저한 제약과 한계를 마주하게 된다. 과연 언어사용은 우리가 다룰 수 없는 영역일까? 인간을 초월한 신의 영역에 있는 것일까?

4.2. 불완전성 정리와 무한 퇴행

촘스끼 교수의 신비주의적 태도는 괴델의 불완전성의 정리로부터 나오는 것으로 안다.39] 괴델Gödel은 24살에 비엔나 대학에서 박사 논문으로 뤼쓸과 화잇헤드가 쓴 『수학 원리』(3권)의 완벽성 여부를 다루려고 하였다. 이른바 수리 논리에 바탕을 두고 집필된 『수학 원리』는, 가장 밑바닥에 더 이상 다른 것으로 환원될 수 없는 '공리계'를 깔고 있다. 즉, 공리계는 무無정의 용어undefined terms 또는 원시 용어primitive terms로 구성된다. 그렇지만, 괴델은 그 공리계가 어디에서도 완벽성이 입증되지 않았음을 처음 깨달았다. 공리계가 완벽성을 입증 받으려면, 어떤 상위의 다른 공리계에 의해 이루어져야 한다. 그렇지만, 그 상위 공리계도 운명적으로 다시 완벽성을 입증 받아야 한다. 완벽성의 악순환이 시작되는 것이다. 흔히 이를 무한 퇴행infinite regression이라고 부른다.40] 무한 퇴행을 멎게 할 방식

영역의 좌우로 존재하지만(인간 문명의 발달로 탐지 범위가 확대됨), 결코 맨눈으로는 볼 수 없다.

39] 이 생각을 필자는 그라이스(Grice, 1989 : 제18장) 글을 읽으면서 배웠다. 그라이스는 언어사용에서 무한 퇴행의 형식을 인정하지 않는다. 언어사용에 대한 종합적 논의는 클락(Clark, 1996; 김지홍 뒤침, 2009), 『언어사용 밑바닥에 깔린 원리』(도서출판 경진)를 읽어 보기 바란다.

은 우리 인간에게는 존재하지 않는다. 이를 형식적으로 엄격하게 결정할 수 있는 방식이란 우리 인간에게는 없는 것이다(formally undecidable). 이것이 소위 1930년에 박사 논문으로 제출된 '불완전성' 정리incompleteness theorem이다.

도대체 불완전성의 정리가 언어사용과 무슨 관련이 있는 것일까? 언어사용은 '창조성'의 문제와 맞물려 있다. 창조성의 문제는 자기모순의 문제와 이어져 있으며, 자기모순의 문제는 불완전성의 정리에 뿌리를 두고 있다. 먼저, 창조성의 문제를 생각해 보자. 우리가 창조성을 개념화하여 다루려면, 창조성에 대하여 정의를 내려야 한다. 일단 창조성의 내용을 임의로 정하여, X가 창조성의 내용이라고 가정해 보자. 창조성이 정의될 수 있다면, 정의된 대로 나오는 것은 더 이상 창조적인 것이 아니다. 상투성 또는 비창조성이 되어 버리기 때문이다. 창조성은 개념상 정의될 수 없는 것이다. '정의될 수 없고 내용이 열려져 있는 것', 그 자체가 창조성

40] 우스개 소리로 '배꼽의 악순환'을 든다. 미켈란젤로가 성화를 그릴 때 아담을 먼저 완성하려고 하였다. 그런데 문제가 생겼다. 아담의 배꼽 때문이다. 아담은 하느님을 그대로 닮았기 때문에, 아담에게 배꼽이 있다면, 하느님에게도 배꼽이 있어야 한다. 배꼽은 어머니를 상정해야 하는 것이기 때문에, 하느님에게 배꼽이 있다면, 논리적으로 하느님에게 어머니가 있어야 한다. 다시 그 어머니는 또 다른 어머니를 상정해야 하며, 무한 퇴행이 일어난다.

그런데, 미켈란젤로가 생각하지도 못한 또 다른 모순이 있다. 하느님이 진흙을 빚어 자신을 닮은 아담을 구워내려고 하였다. 하도 바쁘게 하늘과 땅에 있는 만물을 창조하느라고, 아직 거울이 필요하다는 사실을 깜빡 잊어 버렸다(우연히 컴퓨터 창조도 잊어 버렸는데, 그렇게 자주 잊어버린다면 우리처럼 나이가 들어서인가?!). 그렇다면, 하느님은 어떻게 스스로 자신의 모습을 볼 수 있었을까? 불가피하게 하느님에게는 한 가지 선택밖에 없었다. 눈이 낙지 발처럼 밖으로 튀어나와 자신의 몸뚱아리를 바라보아야 했다(믿거나 말거나! 그렇다면, 아담의 눈도 낙지발 눈이 되어야 했던 게 아닌가?) 편리한 낙지발 눈으로도 해결이 안 된 게 있었다. 정작, 그 눈이 바로 자기 자신의 눈을 바라볼 수가 없었던 것이다(self-reflection). 논리적으로 보면, 결코 아담의 눈은 만들어질 수 없는 것이다.

이는 자기모순의 문제인데, 이 형식을 처음으로 밝혀낸 사람이 뤼쎌이며, (12가)로 표현된다. Russell(1908), "Mathematical Logic as Based on the Theory of Types" (Copi and Gould, 1967에 재수록됨)를 참고하기 바란다.

이다. 창조성은 정의를 내리면, 자기모순이 생긴다. 설령, 어떤 방식으로든지 창조성의 정의를 내렸다 해도, 다시 괴델 정리에 따라 그 완벽성은 어디에서도 입증될 수 없다.[41] 이러한 우울한 결론이 우리가 이성적으로 받아들여야 하는 내용이다.

언어사용은 창조성의 하위 개념이다. 상투적인 언어사용 모습도 있고, 전혀 새로운 언어사용 모습도 있다. 참스끼 교수는 자신의 학문을 시작하면서부터 창조성의 화두話頭를 들고 나왔고, 스끼너 Skinner를 공격하는 핵심 논서의 하나였다. 창조성을 이해하기 위해, 제1장 2절에서 언급한 무한성의 얼개를 다시 생각해 보자. 창조성의 상위 개념은 무한성이다. 그런데 무한성은 반복을 통해 일어난다. 반복은 자신의 외부에서도 일어나고, 자신의 내부에서도 일어난다. 이를 언어학에서는 접속과 내포라는 말로 일컫는다. 반복이란 개념은 구조적으로 열려 있다는 것이다.

자연 언어도 그 형식은 반복에 바탕을 두고 있다. 접속에 의한 반복을 예로 들면, "철수가 영이를 사랑한다."는 "철수가 영이를 사랑하고, 동수가 순이를 사랑하며, 병수가 진이를 사랑하고,…"와 같다. 자연수처럼 증가하는 엄격한 등위 접속구조이다. 내포에 의한 반복은 조건이 추가된다. 반드시 상위문 동사가 '생각, 믿음, 추측, 희망' 등과 관련된 '명제 태도' 동사이어야 한다('명제 태도' 동사는 앞의 각주 7을 보기 바람). "철수가 영이를 사랑한다."는 다음처럼 무

41] 괴델은 불완전성 정리를 대각선 논법으로 증명하기 전에 먼저 상항(constants)으로 이뤄진 공리계가 완벽하다는 완전성 정리를 증명한 바 있다. 임의의 공리계가 상항으로만 이뤄져 있다면 스스로 완벽한 논리가 수립될 수 있는 것이다. 불완전성은 그 공리계에 변항(variable)을 도입하면서 생겨난다. 변항을 채울 수 있는 대상에 한계가 없고 무한해져 버리기 때문이다. 모순을 없애기 위해 수리철학에서는 '동일 차원에서의 서술 불가능성(impredicativity)'을 기준으로 제시하는데, 변항이 도입된 체계에서는 동일 차원을 벗어날 길이 없는 것이나. 이런 겸 때문에 데이빗슨(Davidson, 1980)의 『행위와 사건(*Essays on Action and Events*)』(Clarendon)에서는 1차 논리(first-order logic)에만 근거하여 행위의 문제를 다뤘던 것이다.

한히 내포구조를 갖는다(편의상 상위문 주어는 공범주로 실현시킨다).

"철수가 영이를 사랑한다고 생각한다고 여긴다고 보는 것이 잘못되었
다고 말하지는 않겠다고 하였다고, …"

창조성은 우선 '구조적 개방성'이 확보되어야 한다. 다시, 창조성의
예로, 새로운 말이 만들어지는 것을 들 수 있다. "갓길, 왕따, 도우
미, 깜빡이, 돈세탁, 괘씸죄, 컴맹, 홈지기, 몰카,…"등. 이들은 우리
사회의 문화가 달라짐으로써 새롭게 탄생한 단어들이다. 따라서
우리의 언어사용은 구조적 개방성과 신생어를 근거로 하여 무한하
게 열려 있고, 그 무한성의 바닥에는 창조성이 있음을 결론지을 수
있다. 언어사용이 진정 창조성의 구현이라면, 창조성은 우리의 이
성으로는 다룰 수 없다. 창조성이 자기모순의 문제와 불완전성의
정리의 덫을 빠져 나갈 수 없기 때문이다. 우리가 이성적으로 다
룰 수 없다면, 그것은 신비에 속한다.

4.3. 언어사용 : 신비인가?, 해결 가능한 문제인가?

언어사용이 신비에 속한다는 주장이 옳은 것일까? 우리가 받아
들일 수 있는 주장일까? 참스끼 교수는 언어사용을 어떻게 다루어
야 하는지 전혀 제시해 주지 않는가? 그렇지 않다. 참스끼 교수는
단어와 문장의 사례들을 거론하면서, 의미의 문제와 관련되어 더
복잡하다는 사족을 붙인다. 제1장 2절에서 우리는 언어가 상징이
라는 점을 설명하면서, 주로 어휘적 중의성(다의성)과 구조적 중의
성(다의성)을 다루었다. 참스끼 교수가 자주 거론하는 단어의 예들
은 푸슷옵스끼(Pustejovsky, 1995)에 유형화되어 있는 것들이다.

(10가) 순태가 집을 붉게 칠하고서 집에서 쉰다.

나) 윤태가 빈 보온병을 찾아내고 보온병에 커피를 채웠다.

(10)은 접속문으로 되어 있는데, 선행문과 후행문에 동일한 단어가 들어 있다. 이들이 동일한 형식을 지니지만, 가리키는 곳은 각각 외부(표면) 및 내부(안쪽)를 가리킨다. 이는 자의적으로 아무렇게나 가리켜지는 것이 아니다. 구성성분을 이루는 핵어 동사에 의해 결정된다.[42] (10가)에서 칠하는 대상은 전형적으로 외부 표면이다. 그러나 쉬는 곳은 내부 공간이다. (10나)에서 보거나 찾아내는 것은 외적인 형태 또는 외부 표면을 가리킨다. 그러나 채워 넣거나 담는 것은 내부 공간이다. 이들은 모두 '용기container'라는 부류로 묶이는 사례로서, 그 의미는 어떤 동사가 쓰이느냐에 따라 결정된다. 이런 과정이 실세계의 외적 대상을 근거로 해서는 결코 확정될 수 없다. 외재주의 입장에서는 이런 측면이 있음을 포착할 수도 없는 것이다. 이를 설명하는 길은 오직 우리 언어 능력에 내재되어 있는 의미 구별 능력에서 찾아져야 한다.

(11가) Jung X-ed Kim to take the pill

(정씨는 …(-도록/-는다고) …하였다; 김씨/정씨 그 약 먹다)

나) X={persuade, … / promised, … }

(설득하다, … / 약속하다, …)

42] 푸슷욥스끼는 이를 coersion(뜻 고정 짓기)라고 말하고, 담화 의미론에서는 co-text (앞뒤로 이어신 말, 진후 수빈 언어 항목)라고 말한다. 김종복·이예식 뒤침(2002)에서는 축자 번역을 하여 '강제 유형 일치' 또는 '강압'이라고 하였다. 앞뒤 맥락에 따라서 한 낱말의 의미가 고정되는 것이므로, 쉽게 풀어 맥락에 따른 의미 고정으로도 번역할 수 있다. 제2장 각주 12를 참고하기 바란다.

(11가)에는 상위문 동사가 어떤 것으로 채워지느냐에 따라, 내포문에서 알약을 먹는 주체가 뒤바뀐다. (11나)에서 앞의 후보가 실현되면, 내포문의 주체는 김씨가 된다. 그러나 사선 뒤의 동사(약속하다 등)가 실현되면 거꾸로 내포문의 주체는 정씨가 된다. 한국어에서는 상위문의 동사뿐만 아니라 내포문의 어미가 '-도록'으로 실현될지, '-는다/-으마'로 실현될지에 따라서, 알약을 먹는 주체가 달라진다. 이런 사례도 내재주의 관점에서만 설명될 수 있다.

여기서 보인 단어와 문장의 사례들은, 한결같이 해석이 내재주의 관점에서 이루어져야 함을 언급하고 있다. 그렇지만 따로 어떻게 해서 언어사용이 이루어지는지를 말해 주지는 않는다. 이를 다음처럼 비유를 써서 묘사할 수 있다. 집을 짓는 경우를 생각해 보자. 건축물의 '부재'라고 일컫는 집의 구성 요소를 생각해 보자. 우선 천장(지붕)과 바닥이 있고, 유리창과 출입문이 있으며, 벽채와 기둥이 있어야 한다. 이들은 기둥과 벽채가 한데 어울려야 하고, 벽에 창과 문이 들어가 있어야 하며, 천장과 바닥은 벽과 기둥을 의지하고 있어야 한다. 그렇지만 어떤 모양새로 집을 지을 것인지에 대해서는 이 구성 요소들이 아무런 것도 말해 주지 않는다. 필자의 생각으로는, 여기까지가 촘스끼 교수가 내재주의 언어 철학에 의해서 밝혀내려는 대목이다. 필자는 이를 언어사용에 관련된 하부 층위의 논의라고 보며, 촘스끼 교수의 생각과는 달리, 더 높은 층위의 논의도 있어야 할 것으로 생각한다.

이를 비유로 말한다면, 우리는 부재들의 결합을 다루는 단계에만 머물지 않고(언어사용의 '하부구조'임), 이층집을 지을 것인지, 아니면 초가집을 지을 것인지, 빌딩을 지을 것인지, 피라미드나 우주선 모양의 집을 지을 것인지에 관심을 갖는다(언어사용의 '상부구조'임).[43] 빌딩을 짓는다고 하더라도, 어떤 모양의 빌딩을 어떻게 지을 것인지는 특정한 범위 내에서 변동할 것이다. 그 모양 설계가 무한하지 않다는 것은, 우리가 이론화하여 다룰 가능성을 열어 놓는다. 다시 말하면, 먼저 우리에게 주어진 사례들을 수정하거나 수용하여 그 목표를 결정하게 되는 것이다. 흔히 이런 과정을 '모방과 변형'이라고 말하며, 약한 의미의 창조성으로 취급할 수 있다. 강한 의미의 창조성은 자기모순의 명제와 맞서지만, 약한 의미의 창조성은 자기모순을 피할 수 있다. 이를 다음처럼 형식화할 수 있다.

(12가) *[A∈A]

나) [A⊂A]

언어사용이 (12가)와 같다면, 자기모순을 피할 수 없다. 이는 강한 의미의 창조성이라고 말할 수 있다$^{strong\ version}$. 그러나 언어사용이 (12나)와 같다면, 자기모순은 생겨나지도 않고, 무한 퇴행도 존재하지 않는다$^{weak\ version}$. 이는 약한 의미의 창조성이라고 말할 수 있다. 약한 의미의 창조성은 모방과 변형을 통해 이전에 없던 내용들을 조금씩 추가하면서[44] 점차 강한 창조성 쪽으로 나아가는 방식이다.

총체적 언어 접근 또는 의사소통 언어 접근으로 불리는 '언어교육'에서는, 대개 기본적인 틀이 학습자들에게 판에 박힌 전형적인

43] 언어사용의 하부구조와 상부구조는 각각 낮은 차원의 신경 그물 연결과 높은 차원의 신경 그물 연결로도 표현될 수 있을 것이다. 여기서 낮고 높은 차원은 우리가 스스로 회고하면서 의식할 수 있는지(재귀적 인식) 여부를 가리킨다.

44] 클락(1996; 김지홍 뒤침, 2009) 제10장 2절에서는 정형화된 절차·정규적인 절차·더 큰 목적을 지닌 절차·확대된 절차 등으로 분류하였는데, 왼쪽으로 갈수록 고정된 형식이 있고, 오른쪽으로 갈수록 그런 형식이 없다. 그렇더라도 합당성을 입증해야 하고, 상대에 대한 요청이 최소한이 되어야 하며, 장차의 의무사항과 상대방의 이익에 대해서도 언급되어야 함을 지적하였다.

내용(판박이틀)들을 먼저 익히게 하고 나서, 새로운 상황을 스스로 타개해 나가는 방식을 취한다.[45] 필자는 이런 태도가 언어사용을 다루는 온당한 내용이라고 믿는다.

담화 이론에서 담화의 조직 원리를 밝혀 내었다 하더라도, 그 조직 원리는 결코 수학 계산에서처럼 한 치의 오차도 없이 정확하게 구현되거나 드러나는 것이 아니다. 늘 우리의 의도에 따라 들쭉날쭉하게 마련이다. 예를 들어 담화 조직 방식이 '서론→본론→결론'으로 이루어진다고 하자. 이 얼개 내부에는 많은 변용 또는 변형들이 들어 있을 것이다. '본론→결론'만으로 제시되는 경우도 있을 것이고, '서론→결론'만으로도 제시될 수 있을 것이다. '본론' 속에서도 다시 '서론→본론→소결론' 형식이 되풀이될 수도 있는 것이다. 이런 변형들을 찾는 일을 언어교육에서는 흔히 '스스로 발견' 학습 또는 '전략'이라고 표현한다. 이렇게 변형되거나 전형적인 틀을 어그러뜨릴 적에는 우리는 도로 그 의도를 추적해 나가게 된다. 이 과정은 그롸이스의 협동 원리에 제시된 해결책을 따라 이루어질 수 있을 것이다. 이런 점에서, 언어사용의 문제는 '신비'가 아니라, 합리적인 방식으로 해결을 추구할 수 있는 '문제'로 파악되는 것이 옳을 것이다.

45] 이를 옥스퍼드 대학 출판부에서 나온 『언어 교사를 위한 언어교육 총서』(12권의 번역본은 2003년 범문사 출간)에서는 'routines'와 'negotiations'라고 표현한다. 앞의 내용은 관습적 표현 방식에 대한 모방이다. 뒤의 내용은 대화 상대와 협동하면서 새롭게 표현 내용의 의미를 전달해 나가는 과정이므로, 변형이면서 약한 의미의 창조라고 할 수 있다.

5. 마무리하면서

끝으로 '붕어빵에는 붕어가 없다'는 우스개 소리를 패러디하여 "촴스끼 언어학에는 언어가 없다!"는 말로써 마무리를 지어 나가기로 한다. 이는 언어가 인지 기관의 일부로서, 다른 인지 기관과의 밀접한 관련 속에서 다루어짐을 의미한다. 언어를 다루는 전문가들을 나눌 적에, 성글게 '언어마저 모르는' 부류로부터, '언어만 아는' 부류와 '언어를 아는' 부류를 거쳐, '언어를 넘어서까지 아는' 부류로 나눈다면, 내재주의 언어 철학을 실천하는 촴스끼 교수는 언어를 뛰어 넘는 데까지 알고 있는 탁월한 언어학자임에 틀림없다. 한두 감각에만 바탕 둔 언어관은 '언어마저 모르는' 부류에 해당할 것이다. 상대주의 언어관은 '언어만 아는' 부류에 속한다. 최소주의 연구계획 이전의 기획은 '언어를 아는' 부류의 것이다. 최소주의 이후는 '언어를 넘어서까지 아는' 부류에 해당될 것이다.

소박하게 필자는 촴스끼 교수가 스스로의 이념에 노예가 되는 일을 경계하며 부지런히 자신을 닦아왔기 때문에, 고령의 나이에도 중요한 전환을 할 수 있었던 것으로 믿고 있다. 촴스끼 교수의 전환이 옳은 방향이라면, 언어학자는 인간의 가장 큰 특징을 다루어야 함을 잊지 말아야 한다. 곧, 언어의 어머니를 향해 나가야 하는 것이다. 이는 다음과 같이 여러 가지 말로 불려져 오고 있다.

(13가) 사고·생각·의식·정신·지능·자유의지·이해·해석
  나) 표상·지향성·인지·과학형성 능력(science-forming faculty)

앞의 것은 촴스끼 교수가 기피하는 민긴 과학ethnoscience 용어이며, 직관에 바탕을 둔 논의를 벗어날 수 없다. 뒤의 것은 어떤 계획이

나 이론에 의해 만들어진 것이며, 특정한 정의에 바탕을 두고 이용된다. 촴스끼 교수의 평가에 따르면, (13나)도 아직 만족스럽게 정의된 것은 없다. 이제 우리 정신을 다루는 근본적인 혁명이 일어나야 하는 것이다. 그 혁명이 만족스러울 때 '정신/두뇌mind/brain'라는 표현에서 중간 빗금이 사라지게 될 것이다.

우리는 촴스끼 교수의 기여에 힘입어, 사고가 무엇이고 언어가 무엇인지, 마치 동쪽과 서쪽을 구분하지 못하던 상태에서, 언어가 무엇이며 다른 인지 기관과의 관련이 어떻게 될 것인지에 대한 큰 지도를 얻게 되었다. 언어는 진공 속에 갇혀 있는 대상이 아니다. 우리의 정신을 구성하는 실체(두뇌 기관)의 하나로서(언어는 사고의 부분 집합일 뿐임), 이제 언어를 다루는 사람들은 인간 '정신/두뇌'의 문제를 무시하거나 없는 듯이 치부할 수 없는 처지에 이르렀다. 이는 비약적 발전의 결과이다.[46]

46] 이 글을 쓰고 나서 써얼(Searle) 번역서들을 읽으면서(김기현 외 4인 뒤침, 2001 『합리성의 새로운 지평』, 철학과현실사; 정승현 뒤침, 2007, 『마인드』, 까치; 심철호 뒤침, 2009, 『지향성 : 심리철학 소론』, 나남), 생물학적 자연주의를 추구하는 내재주의 입장을 깨닫게 되었다. 또한 포더(Fodor), 1975, 『사고언어(*The Language of Thought*)』, Harvard University Press 및 2007, 『사고언어 재론(*The Language of Thought Revisited*)』, Oxford University Press도 중요한 내재주의 주장인데, 조만간 통합적으로 다룰 수 있기를 희망한다.

제2장 '언어와 언어사용'에 대한 자각*

　이 글에서는 필자가 '언어와 언어사용'에 대해서 생각하는 바를 소략하게 다루기로 한다. 그 목적은 학생들에게 언어와 언어사용의 본질을 깨닫고 의사소통의 전반적인 내용을 쉽게 이해할 수 있도록 하며, 필자 스스로 앞으로의 공부 방향을 정하려는 것이다. 영국에서는 언어 본질에 대한 탐구를 '언어 자각language awareness'이나 '언어 지식'이란 말로 표현해 왔다.[1] 그렇지만 필자는 언어 그 자

---

* 이 글은 『국어문학』 제42집(2007.2.), 419~478쪽에 실렸고, 일부 수정내용이 있음.

1] 영국 쪽에서 처음 이런 흐름이 생겨났다. 중요 문헌은 영국 모국어 교육을 감사한 '불럭 보고서'(Department of Education and Science, 1975, 『실생활을 위한 언어(*A Language for Life*)』, HMSO)와 유럽 연합(Council of Europe) 언어정책 보고서로서 기능-개념 중심 교과과정(Functional-Notional Syllubus)으로부터 싹튼 의사소통 중심 언어교육(Communicative Language Teaching)이다. 범교과 도구 성격과 참된 실생활 자료 성격이 여기서부터 싹트게 된다.
　'언어 자각'은 호킨즈(Eric Hawkins)가 처음 썼다(Hawkins, 1984, 1989 수정, 『언어 자각 개론(*Awareness of Language : an Introduction*)』, Cambridge University Press). 제2언어나 외국어 교육을 다루는 전문 학술지, 『언어 자각(*Language Awareness*)』(http://www.lexically.net/ala)도 있다. 언어 자각과 관련된 후속 문헌으로는 페어클럽(Faircloguth, 1992), 『비판적 언어 자각(*Critical Language Awareness*)』(Longman); 제임스 및 게릿(James and Garrett, 1992) 엮음, 『교실수업에서의 언어 자각(*Language Awareness in the Classroom*)』(Longman); 뵌리어(van Lier, 1995), 『언어 자각 개론

체에 대한 자각만으로는 모자라다고 본다. 언어교육 현장과 관련하여 '언어사용'에 대한 자각도 필요하다고 본다.

이 글을 쓰면서 필자에게 광선의 모습이 떠오른다. 가시광선을 중심으로 하여 왼쪽으로 파장이 더 긴 적외선 띠 흐름이 있고, 오른쪽으로 파장이 더 짧은 자외선 띠 흐름이 있다. 가시광선이 언어 표현에 비유될 수 있다면, 그 좌우에 있는 광선이 각각 기본 개념 및 복합적 실생활(=복합 사건들의 연결체)에 비유될 수 있을 것으로 본다. 가시광선의 띠 흐름도 중요하겠지만, 눈에 보이지 않는 적외선 띠 흐름과 자외선 띠 흐름이 더 기본적이라고 믿는다.

1.

'언어'를 살펴보려면 우선 언어를 낳는 우리 인간의 일상 경험 및

(*Introducing Language Awareness*)』(Penguin Books); 화잇 외(White et al., 2000), 『언어 자각 : 전개 역사 및 구현(*Language Awareness : A History and Implementation*)』(Amsterdam University Press); 앤드루즈 및 스완(Andrews and Swan, 2006) 엮음, 『교사의 언어 자각(*Teacher Language Awareness*)』(Cambridge University Press)이 있다. 언어 지식에 대해서는 카터(Carter, 1990) 엮음, 『언어와 교과과정에 대한 지식(*Knowledge about Language and the Curriculum*)』(Hodder & Stoughton)이 인용된다. 이 책의 원래 형태는 영국의 언어 정책 수립에 대한 용역 보고서인 것으로 알려져 있다. 뷘리어·코어슨(van Lier and Corson, 1997) 엮음, 『언어 및 교육 소백과(*Encyclopedia of Language and Education*)』(vol.#6) : 『언어에 대한 지식(*Knowledge about Language*)』(Kluwer Academic)에 있는 글들도 언어교육에서의 언어 지식을 다루고 있다.

한편 우리의 국어 교육과 관련하여, 영국의 모국어 교육에 대한 비판 보고서가 중요하다. 1975년 불럭 보고서·1988년 킹먼(Kingman) 보고서·1990년 콕스(Cox) 보고서를, 필자는 '3대 보고서'라고 부른다. 특히 콕스 교수는 모국어 교육에 대한 책자를 더 펴냈는데, 현재 영국 모국어 교육에서 시행되고 있는 4기능 중심의 언어교육을 정면으로 공격한다. Cox(1991), 『콕스 보고서 비판 : 1990년대 영어 교육과정(*Cox on Cox : An English Curriculum for the 1990's*)』(Hodder & Stoughton); Cox (1995), 『영어 교육과정을 위한 논쟁에서 콕스의 생각(*Cox on the Battle for the English Curriculum*)』(Hodder & Stoughton).

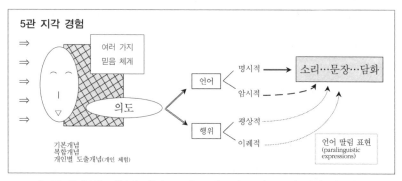

[그림 1] 일상 경험과 개념, 그리고 의도의 구현으로서 언어 및 행위

그 경험들의 짜임새를 생각해 보는 것이 순서이다. 이는 언어로 포장된 영역 이전의 것을 다루기 때문에, 여기서 다루기가 적절치 않은 내용이다. 그렇지만 몇 가지 거점 개념을 이어 놓기 위해서, 단면 사진처럼 몇 가지 관련되는 요소만 지적하여 다루기로 한다.

먼저 우리가 말을 하기 위해서 기본적으로 전제되어야 하는 것은, 5관을 통하여 받아들인 일상경험 덩이들과 그 경험들을 유의하게 짜얽어 놓은 '믿음 체계'이다. 경험들을 받아들여 우리의 기억 창고 속에 짜얽어 놓기 위해서는, 개념을 형성하기 위한 몇 가지 거르개를 통과해야 한다. 먼저 유전적으로 주어진 개본 개념들이 있다(이를 단일 개념으로 부를 수 있음). 예를 들면, 우리가 맛을 느끼는 감각 기관은 다섯 종류의 수용기로 이뤄져 있다. 맵고 짜고 달고 시고 쓴 맛을 느끼는 수용기이다. 우리는 이런 반응을 받아들여 기억 창고 속에 차근차근 쌓아 놓는 일을 하게 된다. 이때 가동되는 것이 기본개념을 형성하는 거르개들이다.

또한 일상 경험이 더 넓어지고 더 깊어짐에 따라, 각 개념들은 하위 구분되거나 또는 개념들 사이에 결합된 모습으로 복합 개념을 만들어 가게 된다(이를 복합 개념 형성이라 부르기로 함). 이 복합 개

넘은 언어의 특성에 따라, 또는 한 사회의 집단 경험에 따라 서로 차이가 생겨날 개연성이 있다. 맛으로 예를 든다면, 철수네 음식 습성은 늘 매운 쪽으로 치우쳐 있어서, 얼얼하게 매운 맛·얼큰하게 매운 맛·조금 매운 맛·싱겁게 매운 맛 등으로 미세하게 구분되거나, 아니면 단 음식 쪽으로 치우쳐 있어서, 너무 달달한 맛·아주 단맛·조금 단맛·은은하게 단 맛 등으로 하위 구분될 수 있다. 또는 맛 영역들 사이에 교차가 일어나서 맵고 단맛·맵고 신맛·맵고 짠맛·맵고 쓴맛 등의 맛 구분이 집단 경험에 따라 특수화될 수도 있다. 마지막으로 개인별 도출 개념을 상정해 둘 필요가 있다. 이는 나 자신만의 독특한 경험(체험), 또는 삶의 공간을 공유하는 우리들이 겪는 고유한 경험으로 인해 만들어지는 개별 개념이다. 여기에는 "바스킨 라벤스 아이스크림 맛, 영이네 청국장 맛, 구내식당 깍두기 맛" 등과 같이 매우 특수한 사례들을 중심으로 개념들이 도출되어 나올 수 있다.

이들 세 가지 거르개를 통하여 생겨나는 것은 믿음의 체계들이다. 일찍이 피어스^{Peirce} 퍼스는 '믿음의 고정'이란 용어를 써서,[2] 믿음이 천부적인 것 이외에 일상 경험이 누적됨에 따라 자연스럽게 생겨나는 측면을 강조한 바 있다. 믿음이 고정되는 과정에 대한 고찰은, 아마 우주 끝을 찾는 일처럼 최후의 연구 대상일 듯하다. 그렇지만 믿음이 하나만 있는 것이 아니라, 여러 믿음들이 서로 얽히고설키어 복합 믿음 체계를 만들어 낸다는 점을 염두에 두고서, 그림에서는 그물 모습으로 그려 넣었다(콰인은 이를 '인식의 거미줄'로 부름). 각 그물눈은 긍정적이든지 부정적이든지 '가치'라는 봉돌을 꿰

2] 필자가 참고하는 판본은 하우저 외(Houser and Kloesel, 1992) 편, 『피어스 필수 독본(*The Essential Peirce*)』(I·II, Indiana University Press)이다. 제1권 제7논문이 38세 때 씌어진 "The Fixation of Belief"이다.

차고 있다. 믿음의 체계의 이면은 곧 가치의 체계인 것이다.

언어 및 언어사용과 관련되는 믿음 체계의 한 요소는 '의사소통 의도'이다. 믿음 체계 그물 속에 한 개인의 직접·간접 경험들이 들어가 있는데, 그 가운데 일부를 상대방에게 전달하고자 하는 첫 단계가 의도이다. 그런데 우리가 지닌 의도를 남들에게 관찰 가능하도록 전달해 줄 수 있는 방식이, 현재의 인류에게는 오직 두 가지 방식밖에 없다. 언어 및 행위이다(혹시 텔레파시 능력을 유전자 조작으로 만들어 낸다면, 텔레파시가 추가될 수도 있음).

예를 들면, 대학 신입생인 철수와 영이가 첫 미팅 때 서로 사귀고 싶은 마음이 생겨났다. 이들은 아마 자신의 의도를 상대에게 전달하기 위하여 주로 언어를 쓸 듯하다. 그러나 이들의 만남이 계속 이어지고 대학을 졸업할 때쯤 되었다고 하면, 서로 많은 경험들을 공유하고 있기 때문에, 아마 눈짓만으로도 사랑한다는 표현을 할 수 있을 만큼, 행위에도 많이 의존할 듯하다. 언어와 행위라는 두 가지 방식은 칸트 식으로 표현하면 각각 순수이성과 실천이성의 구현체라고 말할 법하다.

그런데 언어가 상대방에게 전달되는 모습은 명시적일 수도 있고, 암시적일 수도 있다. 청자와 화자 사이에 공유된 경험이 많을수록 암시적인 언어 표현으로도 의사소통이 제대로 일어난다. 그만큼 의사소통 간격communicative gap이 작기 때문이다. 그러나 둘 사이에 공유된 배경지식이 적다면, 그 간격을 제대로 가늠하여 명시적으로 언어 표현을 해 주어야, 의사소통에 장애가 생겨나지 않을 것이다. 행위 또한 두 가지 모습으로 실현된다. 자연스럽고 평상적인 행위와 어떤 기준이나 규범을 벗어난 이례적인 행위이다. 비슷한 두 가지 갈래의 표현 방식이 같이 있는 것이다. 이들이 언어 표현과 함께 어울려 일어나는 경우에 '언어 딸림 행위paralinguistic act'라고 부른다. 언어 표현에 수반된 억양들과 마찬가지로, 이들도 언어 표현의 의도를 전달해 주는 중요한 단서들이 된다. 그런데 이례적인 행위가 가령 전혀 기쁘지 않지만서도 축하한다며 웃는 표정을 짓는 일처럼, 남을 속이려는 의도와도 관련될 수 있다. 거짓말과 거짓 행위는, 수신자(=청자)가 그 내용에 대한 판단을 제대로 할 수 있도록, 기만 주체(=화자)의 행동 특성이나 성격에 대한 정보를 많이 입력하거나 축적해 놓고 있지 않고서는 다룰 수 없다. 흔히 상대방과의 어떤 일을 겪고 난 뒤에, 우리는 그런 일의 평가를 믿음 체계 속에 집어넣게 된다. 거짓 행동이나 거짓말은, 일단 기본적인 조건들이 다 충족된 뒤에 연산이 가능한 예외적인 경우이므로, 논의에서 차치해 둔다. 의도가 명시적인 언어로 전달되는 경우에 그 결과는 담화가[3] 된다. [그림 1]에서 음영이 들어 있는 오른쪽 상단의 직사각형은 다시 제5절에 있는 [그림 5]로 다루게 된다.

2.

먼저 언어를 다루는 시각에서부터 언급해 나가기로 한다. 언어학의 모태는 흔히 기호학semiotics이라고 부른다. 언어학의 아버지라고 불리는 소쉬르(1857~1913)는 명시적으로 인간의 정신 그 자체가 기호

3] 이를 한자어로 쓸 경우에 원칙적으로 '譚話'를 써야 할 것으로 판단된다. '談話'로 쓰면 다른 뜻을 나타내므로 잘못이다. 허신의 『설문해자』에 보면, 뒤에 있는 談은 깊지 않은 자질구레한 일상 이야기를 가리킨다. 평담(平淡)하거나 담박(淡薄)한 말인 것이다(薄味로 풀이함). 그렇지만 『집운』에 크다(大也)로 풀이된 譚의 오른쪽 요소는 '厚‧南(鹹)'으로 이뤄진 형성자이다. 이는 '술맛이 오래가다(長味, 酒味長)'라는 뜻을 지닌다. 어떤 주제를 놓고서 길게 짜여 이어진 말은, 이런 어원을 고려한다면 '클 담(譚)'을 써야 마땅하다. 담화를 글말일 경우 '덩잇글'로, 입말일 경우 '덩잇말'로 부를 수도 있다.

학의 대상이며, 이 기호의 본성을 잘 드러내어 주는 것으로 언어를 주목하였다. 미국의 첫 철학자로 숭앙되는 피어스Peirce, 1839~1914도 그의 선집을 보면, 40대에 논리에 대한 글들을 써 오다가, 50대부터 기호sign에 대한 글이 나오기 시작한다. 아마 논리의 상위 교점으로 기호학을 생각했던 것으로 보인다.[4] 현대(또는 근대)를[5] 열어놓은 선구자들이 다 같이 인간 정신 영역의 최상위 교점을 기호로 귀착시켰던 것은 우연이 아니라, 당시 일반 사고를 가능하게 해 주는 상위 사고에 대한 탐구의 결실이다.[6]

4] 논리 전개 또는 추론 과정이 계산이란 생각의 기원은 1651년에 나온 토머스 홉즈 (Thomas Hobbes, 1588~1679)의 『리바이어던(*Liviathan*)』이며, 독일의 라이프니츠 (Gottfried Wilherm Leibniz, 1646~1716)로 계승되었다고 한다. 이 흐름은 곧 이성 이나 이성의 구현체인 지능이 기호를 조작하는 규칙 체계임을 함의하였다. 부울 (George Boole, 1815~1864)이 1854년 『사고 법칙(*The Laws of Thought*)』을 써서 논 리대수 또는 부울 대수(Boolean algebra)를 확립한 것도 우연이 아니다. 기호학을 우리 사고 또는 생각을 다루는 상위 개념이다. §.7-2-2의 각주 9도 참고 바람.

5] 문학사나 역사를 다루는 경우에는 근대와 현대를 나누는 경향이 있지만, 언어학 이나 논리학에서는 '근대 언어학, 근대 논리학'이 없으므로 '근대'라는 변별 특징 을 내세울 수 없다는 점을 적어 둔다.

6] 윤석민 선생님(전북대학교 국어국문학과)의 토론문에서 "말로 그 뜻을 풀어내기 어려움은 그림으로 풀 것이요, 그림으로도 밝게 하기 어려움은 말로 풀 것이요, 이 두 가지로 다 풀 수 없음은 그 일의 뜻을 마음으로 살피어 풀지니라."(주시경, 1910 : 64)를 인용하면서, 주시경 선생의 '말·일·그림·맘'의 관계를 생각해 본 적 이 있는지 질문하셨다. 필자가 주시경 선생의 글을 아직 자세히 읽지 못하였기 때문에, 주시경 선생의 전체적인 접근 모습을 파악하지 못한 채 선뜻 대답할 수 없을 듯하다. 그렇지만, 네 가지 말을 상식적으로 받아들여 생각해 볼 때에, 아마 이들은 동일한 층위에 있는 개념들이 아닌 듯하다. 먼저 맨 뒤에 있는 '맘'을 인지 과학에서 추구하는 '인지' 또는 철학에서 추구하는 '정신 개념'으로 받아들이면, 적어도 앞의 두 가지 항목인 '말, 그림'을 싸안는 상위 개념이다. 두 번째의 '일'은 필자의 모형 속에서는 실세계의 복합사건 덩이들로 해석될 수 있을 듯하며, 이른 바 유물주의 심리학(비고츠키 등)에서 고등 정신이 발현되는 계기를 마련해 사회 학적 환경과도 관련될 듯하다. 이런 해석에서는 다른 항목과 동일하게 놓을 수 없을 것이다. 마지막으로 '말, 그림'은, 언어를 처리하는 데에 적어도 '명제'와 '심 상'이 중요한 작용 단위라는 가정을 받아들이면, 이 두 항목은 서로 유기적으로 관련이 돌 듯하다. 뒤에서 다뤄질 킨취(Kintsch, 1999)에서는 덩잇글 기반을 이루 는 데까지 '명제' 단위가 간여되고, 상황 모형을 만들고 장기기억 속에 보관하는 데에는 '심상' 단위가 작용하는 것으로 본다.

기호는 형식과 내용이라는 두 가지 층위를 갖는다. 더 쉽게, 껍데기와 속살, 또는 겉과 속을 함께 지닌다고 말할 수 있다. 그런데, 기호학에서 주목하는 기호는 두 가지 종류로 나뉜다. 하나는 형식과 내용이 1 : 1 대응 관계를 이루는 것이다. 다른 하나는 1 : 다^多 또는 다^多 : 1의 관계를 이루는 것이다. 앞의 것은 자연 대상을 사진 찍듯이 그대로 모방하여 그린다는 뜻으로 본뜸^{icon, 모상 模像, 도상 圖像}이라 부른다. 형식과 내용이 결합되는 방식은 연구자에 따라 유연성^{motivation}·자연성^{naturalness}·필연성^{necessity}·연상 관계^{association} 등으로 달리 부른다. 그런데 형식과 내용이 1 : 1로 대응이 유지되지만, 그 형식이 누구에게나 자연스럽게 곧 그 내용으로 이어지지 않는 경우가 있다. 이를 피어스는 형식과 경험이 1 : 1로 대응한다고 규정하고, 가리킴^{index 색인, 지표}라고 불렀다.[7] 아마 피어스는 인공언어로서 논리학이 일관되게 가리킴의 필연적인 연결 고리들이라고 보았던 듯하다. 형식과 내용이 1 : 1대응 관계를 이루지 못하는 경우를 상징^{symbol}이라고 한다. 여러 형식에 하나의 내용이 대응할 수도 있고(가령, '사랑'이란 동일한 하나의 주제를 다루는 다수의 문학 작품 예들), 하나의 형식에 여러 내용이 대응할 수도 있다(가령, 낱말의 다의성이 대표적임). 이렇게 결합되는 방식을 자의성^{arbitrariness}·비자연성^{non-naturalness}·우연성^{contingency}·무연성^{un-motivatedness 無緣性} 등으로 부른다. 인간이 이용하는 자연언어는, 무의식적이거나 본능적으로 지르는 비명 소리

7] 그의 선집 제2권에 제2논문(55세 때 집필)이 "What is a Sign?"인데, 7쪽에 지나지 않는 매우 짤막한 글이다. 여기서 그는 기호가 icon·index·symbol 세 갈래로 나뉜다고 적고 있다. 두 번째 index(가리킴)는 어원이 손가락으로 가리키는 것이므로 '가리킴'으로 번역해 둔다. 그러나 책자 끝에 있는 색인(찾아보기)으로 번역될 수도 있다. 색인의 항목이 '형식'이고, 그 항목이 가리키는 쪽수에 있는 내용이 곧 그가 주장하는 '경험'에 대응하기 때문이다. 더러, 지표나 지시 등으로 번역한 경우도 있지만, '형식'과 '경험'이 1 : 1로 대응하는 관계를 드러내기에는 미흡한 듯하다. 필자는 피어스의 세 갈래를 두 갈래로만 줄이겠다. 곧 1 : 1 대응이 되느냐, 그렇지 않느냐로 나뉘는 것이다.

정도를 제외하고서는, 모두 상징의 속성을 지닌다. 따라서 인간의 언어는 모두 상징이라고 단순화시켜 말할 수 있다. 상징에서는 형식과 내용의 관계가 필연적이지 아니하므로, 그 관계를 찾아나가는 노력이 들어가야 한다. 이 노력은 단순하고 직접적인 이해의 축(정형화된 상징)으로부터 시작하여, 더 깊고 우원한 해석의 축(새롭게 탐색해 나가야 할 상징)으로까지 뻗어 있다.

이제 이 관계를 다음과 같이 나타내기로 한다. 형식과 내용 사이에 1 : 1 대응 관계를 의도적으로 추구해 나가는 '인공언어'는 이 글의 논의에서 제외되고, 오직 상징의 대표적 사례인 '자연언어'만 다루어진다.

(1) 기호('형식 : 내용'의 결합) ┌ 1 : 1대응 관계 (자연스런 결합) ⇨ 본뜸 및 가리킴
　　　　　　　　　　　　　　 └ 1 : 다, 다 : 1관계 (비자연적 결합) ⇨ 상징

이제 언어와 언어사용에 관련되는 특성들을 한데 모아 그림을 그려보기로 한다. 언어의 형식은 매우 다양하게 하위 층위로 나뉠 수 있다. 말(=입말)과 글(=글말)이라는 표현 매체를 따로 나누어 살펴보면,[8] 입말과 글말이 작은 단위에서부터 시작하여 더 큰 단위

8] 입말과 글말을 깊이 있게 다룬 연구들이 많이 나와 있다. 핼러데이(Halliday, 1985), 『입말과 글말(*Spoken and Written Language*)』(Oxford University Press)에서는 '어휘의 밀집도(lexical density)'라는 잣대로써 입말과 글말을 나눈다. 또한 입말일수록 동사들을 많이 사용하고, 글말일수록 명사 표현들이 더 많아짐도 지적한다. 췌이프·대니얼위츠(Chafe and Danielewicz, 1987)의 「입말과 글말의 속성들(Properties of Spoken and Written Language)」(Horowitz and Samuels eds., 『입말과 글말 이해(*Comprehending Oral and Written Language*)』, Academic Press)에서는 여러 특징들에 대한 복합적인 결합(정도의 차이)을 놓고서 입말과 글말을 규정한다.

한편, 일련의 바이버(Biber)의 글들이 주목된다. 바이버는 『말하기와 글쓰기에 두루 걸친 변이(*Variation across speech and writing*)』(1988, Cambridge University Press)와 『언어 투식 변이의 여러 차원 : 여러 언어들의 비교(*Dimensions of Register Variation : A Cross-linguistic Comparison*)』(1995, Cambridge University Press)를 바탕으로 하여, 동료들과 더불어 『입말·글말 영어의 롱먼 문법(*Longman Grammar of*

로 진행되어 나갈 수 있다.

(2가) 입말: 소리 → 형태 → 낱말 → 구 → 발화 → 발화 덩이 → 전체 덩잇말
나) 글말: 문자 → 형태 → 낱말 → 구 → 절 → 문장 → 문단 → 전체 덩잇글

이 단위들의 배열에서 왼쪽으로 갈수록 '형식'에 무게가 실려 있고, 오른쪽으로 갈수록 '내용'에 무게가 실려 있다. 언어교육이 모국어(모어) 교육과 비모국어(비모어) 교육으로 나뉠 때에,[9] 후자는 형식에 대한 학습에 초점이 모아질 것이고, 전자는 내용에 대한 학습에 초점이 모아질 것이다. 이 초점에 따라 평가의 잣대도 달라진다. 형식에 초점을 모은 학습에서는 반드시 정확성에 의해서 평가가 이뤄진다. 그렇지만 내용에 초점을 모은 학습에서는 흔히 '능대능소하다'고 얘기되는 능통성(또는 유창성)의 잣대를 쓰게 될 것이다. 능통성은 정확성에 상황 처리 변수가 더 들어가 있는 개념이다. 형식에 초점을 모으는 교육을 '언어 기술 중심'의 교육이라고 부르

Spoken and Written English)』(1999, Longman)과 『입말·글말 영어의 롱맨 학생 문법(Longman Student Grammar of Spoken and Written English)』(2002, Longman)이라는 방대한 작업을 출간하였다. 약 3만 8천 종의 텍스트로부터 4천여 낱말을 추려낸 말뭉치를 놓고서, 입말과 글말을 실체를 규명하였는데, 입말과 글말은 '언어 투식'(register 의사소통 목적에 따라 달라지는 기능적 변이임)에서 도출된다고 결론을 짓는다(머카씨, 1998; 김지홍 뒤침, 2010, 『입말, 그리고 담화 중심의 언어교육』, 도서출판 경진, §.2-4의 각주 8을 보기 바람).
　필자는 개인적으로 언어 투식도 또한 의사소통의 관점에서 보면, 정보 간격을 좁혀 갈 수 있는 두 방향의 의사소통인지, 그렇지 않은지에 따라 달라질 것으로 믿는다. 어떤 관점을 취하든, 제7차 국어과 교육과정에서처럼 입말과 글말을 궁극적인 개념으로 파악하는 것은, 마치 신발을 신은 채로 가려운 발등을 긁고 있는 것과 같이 너무 피상적인 것임에 틀림없다. 그렇지만 여기서는 이해의 편의를 위해, 입말과 글말을 해체시키지 않은 채 마치 독립된 개념처럼 취급하기로 한다.
[9] 하위 항목으로 외국어 교육과 다중 언어교육이 있다. 다중 언어교육에서 대표적인 것이 2중 언어교육이다. 이들을 구분하는 동기는 한 언어 사회가 다중 언어 사회인지, 아니면 단일 언어 사회인지에 달려 있다. 더러 제2언어교육과 외국어교육을 구분하지 않는 경우도 있지만, 필자는 바람직하지 않다고 본다.

고, 내용에 초점을 모으는 교육을 '전략 중심' 교육이라고 부를 수
있다. 하지만 이들은 가중치 부여나 강조의 정도에 따라 달라지는
것이며, 두부모 가르듯 나뉘는 것은 결코 아니다. 비모국어 교육의
낮은 단계에서는, 모국어 교육의 배경지식들을 잘 이용해야 학습
효과를 거둘 수 있고, 내용에 초점을 모으게 되는 높은 단계에서는
모국어 교육과 비슷한 속성들을 많이 나눠 갖게 된다. 특히 80년
이후에 전세계적으로 보편화되고 있는 '의사소통' 중심의 언어교육
이[10] 또한 '이해 가능한 산출물comprehensible output'에도[11] 초점을 모으
기 때문에, 결코 정확성을 추구하는 형식을 배제하는 것이 아니라
는 점에 유의할 필요가 있다.

  언어가 기호로서 형식 및 내용이 결합되어 있다고 하더라도, 그

10] 'CLT(Communicative Language Teaching)'라는 약어로 불리는 이 흐름은 1970년대
   에 유럽 통합의 논의와 더불어 현실적 필요에 부응하기 위해 생겨났다. 그러나
   1980년대에 미국으로 건너가면서 여러 가지 모습으로 바뀌었다. 새뷔농(Savignon,
   2002) 엮음 『의사소통 중심의 언어교육에 대한 새로운 해석 : 교사 교육에서의 맥
   락 및 관심거리(*Interpreting Communicative Language Teaching : Contexts and Concerns in
   Teacher Education*)』(Yale University Press)에서는 이런 논제를 다루고 있어 참고가
   된다.
     의사소통 중심 언어교육의 최근 흐름은 '과제 중심' 언어교육이다. 스끼언(Skehan,
   1998), 『언어 학습에 대한 인지적 접근(*A Cognitive Approach to Language Learning*)』
   (Oxford University Press); 엘리스(Ellis, 2003), 『언어 학습과 교수에 대한 과제 중심
   접근(*Task-based Language Learning and Teaching*)』(Oxford University Press); 누넌
   (Nunan, 2004), 『과제 중심 언어교육(*Task-Based Language Teaching*)』(Cambridge
   University Press); 윌리스 부부(Willis and Willis, 2007), 『과제 중심 언어교육 실행
   하기(*Doing Task-based Teaching*)』(Oxford University Press); 브뢴든·바이게잇·노뤼
   스(Branden, Bygate, and Norris, 2009) 엮음, 『과제 중심 언어교육 : 독본(*Task-Based
   Language Teaching : A Reader*)』(John Benjamins) 등을 참고할 수 있다. §.3-2의 각주
   5와 6도 참고 바람.
11] 크뢰션(Krashen, 1985), 『입력물 가정(*The Input Hypothesis*)』(Longman)의 이해 가능
   한 입력물(comprehensible input)에 대립되는 개념이다. 스웨인(Swain)은 캐나다에
   서 2중언어로서 불어를 가르치면서 위 개념만으로는 정확성이 향상될 수 없다는
   점을 깨달았고, 이해 가능한 산출물의 개념이 도입되어야 한다고 하였다(Swain,
   1985, "Communicative competence : some roles of comprehensible input and
   comprehensible output in its development", in Gass and Madden eds., *Input in Second
   Language Acquisition*, Newbury House).

언어 단위들로 복합체를 이룬 연결 고리들의 동기를 파악하려면, 이해와 해석의 과정을 거치게 된다. 흔히 '앞뒤 문맥'으로 번역될 수 있는 co-text를 다루는 차원에서는 이해의 문제가 중심이 된다. 그렇지만 언어 형식 속에 깃들어 있거나 또는 표현되지 않은 내용들을[12] 찾아내기 위해서는 '사용 맥락'이라고 일컬어지는 context를 다뤄야 한다. 이런 점을 고려하여 흔히 1차적 이해와 2차적 해석으로 구분하기도 한다. 1차적인 이해는 언어 형식과 내용에 의해서 제약되므로 이해자들 사이에 공통분모를 찾아낼 수 있다. 그렇지만 2차적인 해석은 숨어 있거나 표현되지 않은 내용을 추론하여 파악해야 되므로, 해석자의 기량과 통찰력에 따라 차이가 날 가능성이 언제나 열려 있다. 그렇지만, 그런 광막한 가능성을 적절히 통제하거나 조절해 줄 수 있는 개념이 '의사소통 의도'이다.

그런데 더 복잡한 것은 의도를 밑에서 떠받치고 있는 복합적인 개념틀schemata이다. [13] 언어사용과 관련해서, 1970년대에 심리학자

12] 이런 입장은 특히 위도슨(Widdowson, 2004), 『텍스트·맥락·해석 구실 : 담화 분석에서의 핵심 논제들(*Text, Context, Pretext : Critical Issues in Discourse Analysis*)』(Blackwell)의 제4장 "Context and co-text"에서 강력히 옹호되었다. 그는 이를 더 대립적으로 언어표현 내부의(intra-linguistic) 정보를 이용하는 일과, 언어표현 외부의(extra-linguistic) 정보를 이용하는 일로 표현한다. 후자를 건스바커·기본(Gernsbacher and Givón, 1995) 엮음, 『자발적 텍스트에 있는 의미 연결성(*Coherence in Spontaneous Text*)』(John Benjamins)에서는 텍스트의 정신 표상(mental representation of a text)이라고 규정하였다(§.2-6의 각주 48 참고). co-text(앞뒤 문맥)를, 푸슛옵스끼(1995; 김종복·이예식 뒤침, 2002), 『생성어휘론』(박이정)에서는 coersion(앞뒤 맥락을 보고서 '낱말 뜻 고정하기')이라고 부른다(번역본에서는 '강제 유형 일치' 또는 '강압'으로 번역하였음).

13] 칸트의 선험철학(§.5-3-2의 각주 27)과 심리학과 인공지능과 피아제의 발생학적 인식론에서도 쓰는 용어인데, 분야별로 서로 내포의미가 조금 다르다. 심리학에서는 연상 작용과 그 효과를 깊이 연구했던 바아틀릿(Bartlett, 1886~1969)이 『기억해 내기 : 실험적·사회학적 심리학 연구(*Remembering : A Study in Experimental and Social Psychology*)』(1935; 1995년에 다시 킨취가 재출간 서문을 쓰고 Cambridge University Press에서 나옴)를 썼는데, 그곳에서 복합적인 개념틀은 제10장 "A Theory of Remembering"에서 기억을 설명하기 위해 상정된 개념이다. 일본어 영향으로 도식(圖式, 그림과 공식)이란 용어를 쓰기도 하는데, 명제 따위의 추상적 내용을 가리

털빙^{Tulving}은 기억을 짜읽는 두 가지 기억 범주를 제안하였다.[14] 구체사례 기억^{episodic memory, 일화 기억, 삽화 기억}와 일반 의미기억^{semantic memory}이다. 이들은 모두 단정 서술문 형식으로 표시될 수 있기 때문에 '서술 지식'으로 불린다. 이 서술 지식들을 입력물로 하여 'if … then …'(입력이 들어오면 출력을 내보냄)의 연산과정들로 재구성하는 지식을 '절차 지식'이라고 부른다. 즉, 서술 지식은 풍부히 체험하고 경험한 것들을 가리키며, 절차 지식은 그것을 다른 사례에다 응용하는 일을 말한다. 이와 같은 기억들은 어떤 과정을 통해서 채워지는 것일까? 이는 순수히 심리학적 대답만으로 해결될 것이 아니다. 언어 단위에서 왜 하필 낱말이 존재하고, 문장이 존재하는지에 대한 물음도 이런 기억 모형과 관련된다(제4절에서 후술됨).

우주 속에서 일어나는 사건은 오직 두 가지 범주에 속한다. 자연계의 인과율과 인간의 자유의지이다. 동물의 본능을 자연적 인과율의 하위 개념으로 설정한다면, 무생물에 적용되는 인과율과 생물에 적용되는 인과율(본능도 포함됨)로 나뉜다. 자유의지는 인간이 일으키는 사건들과 관계된다. 그런데 사건이란 늘 복합 사건들로 존재하고, 하나의 사건이 다른 사건과 이어져 있는 기다랗고 거대한 복합체이다(복합 사건 연결체). 우리는 늘 복합사건 연결체 속에 놓여 있다. 이를 기억 속에 집어넣기 위하여, 의식적이든 무의식적이든 그 복합사건 연결체들을 분절하고 도막으로 만든다. 이 과정에서 개념 또는 언어라는 거르개가 작용한다. 언어학에서는 '육하원칙'을 언어현상 설명에 적합하도록 고쳐 놓은 의미역 구조로써 개개의

킬 수 없으므로 적절하지 않다.

14] 털빙·크뢰익(Tulving and Craik, 2000) 엮음, 『기억에 대한 옥스포드 소백과(*The Oxford Handbook of Memory*)』(Oxford University Press)는, 서문에서 밝히고 있듯이, 기억 연구에 대한 큰 지도를 제공하려는 목적으로 인간 기억 연구 분야에서 처음 펴낸 소백과로서 도움이 크다.

명제들을 표상한다. 그 의미역 구조는 아무렇게나 놓여 있지 않고 어떤 질서 위에 차례가 잡혀 있다. 복합사건 연결체들로부터 분절되어 나온 도막들의 연결은, 궁극적으로 자연의 변화를 설명하는 인과율 또는 그런 복합사건을 일으킨 특정 행위자의 의도라는 포장지로 묶어 놓는다. 이것이 우리가 체험하는 구체사례 기억에 대한 소략한 묘사이다. 일반 의미기억은 반드시 구체 사례를 대상으로 하여 이뤄진다. 이는 상위 의식 또는 상위 인식으로서, 구체사례 기억들을 놓고서 많든 석든 일반화 또는 추상화를 진행시켜 나간다.[15] 체험이 다양해질수록 일반화의 가능성은 더 높아진다.

이런 내용들을 [그림 2]와 같이 나타낼 수 있다. 네모 칸이 언어에 관련된 것이고, 타원이 우리 머릿속 장기 기억에 관련된 것이다. 언어는 전형적으로 형식과 내용 두 층위의 결합이기 때문에, 전적으로 형식만 있다거나, 아니면 전적으로 내용만 있는 극단적인 경우는 언어 대상으로 다루기에 적합하지 않다. 따라서 사선을 두 꼭지점 사이에 이어 놓지는 않았다.

언어교육에서 흔히 쓰면서도 제대로 정립되어 있지 않은 개념이 있다. 소위 기술^{skill}과 전략^{strategy}에 대한 구분이다.[16] 다시 기술^{skill}은

15] 촴스끼(Chomsky, 2000), 『언어 및 정신에 대한 연구에서의 새로운 지평(New Horizons in the Study of Language and Mind)』(Cambridge University Press)에서 언어 능력과 수학적(추상적) 사고 능력이 별개의 것이라고 본다. 또한 진화론 상으로 언어 능력이 먼저 발달해야, 뒤에 수학적인 고도의 사고 능력이 발현될 것이라고 추측한다. 이런 점으로 미뤄 볼 때, 촴스끼 교수는 언어 능력이 낮은 단계의 추상화 능력으로부터 높은 단계의 추상화 능력까지 범위가 넓게 분포하는 것으로 이해하는 듯하다. 이 책의 제1장과 김지홍(2000), 「촴스끼 교수의 내재주의 언어관」, 『배달말』 27호를 참고하기 바란다.

16] 언어교육에서 전략과 관련된 책자는 매우 적다. 웬든·루빈(Wenden and Rubin, 1907) 엮음, 『언어 학습에서 학습자 전략들(Learner Strategies in Language Learning)』(Prentice-Hall)과 옥스퍼드(Oxford, 1990), 『언어 학습 전략: 모든 교사가 알아야 하는 것(Language Learning Strategies: What Every Teacher Should Know)』(Heinle & Heinle) 및 옥스퍼드(Oxford, 1996), 『세계 각처의 언어 학습 전략들: 여러 문화로부

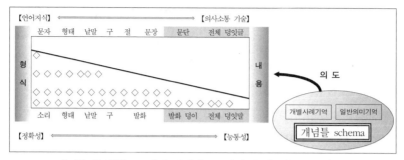

[그림 2] 상징으로서의 언어와 그 하위 층위들의 구성 내용

지식knowledge과 대립된다. 기술은 반드시 연습을 반복하면서 점차적으로 체득되는 대상이다. 그렇지만 지식은 한 번만 듣거나 보면 단박에 깨닫게 되는 것이다. 굳이 반복 연습이 필요 없다. 국어과 교육과정에서는 skill을 '능력'으로 번역하므로, 자칫 이런 구분이 흐려질 우려가 없지 않다. 여기서 문제는 '전략'이다.[17] 전략이란 도대체 뭘 말하는가? [그림 2]에서 기술skill은 네모 칸에 관련된 연습 활동이다. 인지 활동이나 인지 능력으로 부를 수 있는 전략이란, 타원에

터 나온 관점들(*Language Learning Strategies around the World : Cross-Cultural Perspectives*)』(University of Hawaii Press) 등이다.

전략이란 말은 아리스토텔레스가 내세운 목적인으로부터 나오는 개념이다. 인간 행위는 모두 어떤 목적을 지닌다. 그런데 큰 목적은 단 번에 달성되는 것이 아니라, 몇 단계에 걸쳐 이뤄지고, 또한 각 단계를 완수하는 계획을 세우게 된다. 그 계획은 하위계획 그리고 차하위계획들로 더 자세히 짜일 수도 있다. 그런데 그런 계획들을 실제 현장에서 적용시켜 나갈 경우에 난관이나 장애에 부딪히거나 적용되지 못할 사태가 발생할 수 있다. 이때 즉시 새로운 계획으로 대체하여 난관을 극복해 나가는 것이 바로 전략에 해당한다. 전략 또한 큰 전략과 작은 전략으로 나뉠 수 있는데, 후자는 더러 tatic으로 불러 strategy와 구분 짓기도 한다.

17] 전략이란 용어가 전형적으로 전쟁을 전제로 하므로, 이를 교육에 응용하는 것을 꺼려하는 사람들에 의해서 최근 '인지 활동(cognitive activity)'이나 '인지 능력'이란 용어도 쓰이고 있다. 레뷔·뢴스들(Levy and Ransdell, 1996), 『글쓰기 과학 : 이론·방법·개인별 차이·응용(*The Science of Writing : Theories, Methods, Individual Differences, and Applications*)』(Lawrence Erlbaum)을 보기 바란다. 심리학에서는 더러 '방략'이란 말도 쓰는데, 이보다는 '책략'이란 말이 더 나은 후보이다.

관련된 연습 활동이다. 이는 무의식적인 '절차 지식'을 의식적으로 붙들 수 있게 만들고, 그런 절차 지식들을 확장해 나가는 일과, 언어사용에 관련된 일반 인지 능력을 이용하는 일을 가리킨다.

이를 받아들이면, 언어교육은 낮은 단계에서부터 높은 단계로 진행될 수 있다. 낮은 단계일수록 [그림 2]의 왼쪽에 초점을 맞추게 된다. 높은 단계일수록 오른쪽에 초점을 맞추게 된다. 고급 수준의 학습자들이 더 연습할 필요가 있는 것은, 맨 오른쪽에 있는 인지 활동에 대한 것들이다. 언어교육의 평가 또한 이 부분에 가중치가 주어져야 마땅하다. 필자는 이 그림에서 맨 왼쪽과 맨 오른쪽을 매개해 줄 수 있는 단위로서 '담화'를 주목한다. 이는 다시 [그림 5]에서 논의할 것이다.

3.

이제 한 개인의 차원을 떠나, 두 사람 사이에서 언어를 주고받는 의사소통 모형을 생각해 보기로 한다. 종전에는 이를 '의사소통 기능'이라고 부르고, 주로 야콥슨의 「언어학과 시학」에 있는 6가지 기능을 언급해 왔다.[18] 이 기능들은 다수 서로 겹치는 특성이 있다. 그런데 언어교육에서는 브롸운·율(Brown and Yule, 1983 : 11 이하), 『입

18] 이 글은 원래 1958년 인디에너 대학에서 개최된 문체에 관한 학술대회를 마무리 짓는 연설문이었다. 야콥슨은 의사소통에 관여하는 구성요소들을 6가지 내세우고, 각 요소들이 갖는 기능을 밝혀 놓는다는 점에서, 구조기능주의 시각이라고 말할 수 있다(철학에서 자주 언급하는 기능주의[가령 Putnam 주장]는 언어학에서의 논의와는 이름만 같을 뿐 내용이 다름). 우리말 번역은 이정민 외(1977) 편, 『언어과 학이란 무엇인가[김태옥 번역 부분]』(문학과지성사); 로만 야콥슨(신문수, 1989), 『문학 속의 언어학』(문학과지성사); 로만 야콥슨(권재일, 1989), 『일반 언어학 이론』(민음사)에 실려 있다.

말 교육^{Teaching the Spoken Language}』(Cambridge University Press)에서처럼 더

간단한 기능을 언급한다.[19] 곧, 정보전달^{transactional} 의사소통과 사교

적^{interactional} 의사소통이다. 복잡한 여섯 가지 기능보다는 간단한 두

가지 기능이 언어교육을 다루는 데에 도움이 크다.

개인들 사이의 상호작용은 주로 '작은 사회학'에서 다뤄져 온 주

제이다. 특히 대인 상호작용을 연극의 관점에서 다루어 온 고프먼

^{Goffman, 1922~1983}은, 이런 측면을 대화 상대방들이 서로 간에 다양하

게 부여해 주는 복합적 지위(역할)들로서 파악하며, 역동적인 역할

변화들에 주목한다. 고프먼(1955), 「체면 관련 작업」에서는[20] 말을

서로 주고받을 때에 상대방의 체면을 살려 주거나, 체면을 깔아뭉

개어 버리는 두 축을 상정하였다. 그는 이를 대화가 전개되어 나

가는 밑바닥 원리로 보았다.[21] 이는 앞에서 언급한 사교적 의사소

19] 같은 해에 같은 출판사에서 이 저자들은 『담화 분석(*Discourse Analysis*)』을 출간하
였다. 모국어 교육에서의 말하기와 관련하여 이들은 앤더슨·브라운·쉴콕·율
(Anderson, Brown, Shillcock, and Yule, 1984), 『말하기 교육 : 산출 및 평가에 대
한 전략(*Teaching Talk : Strategies for production and assessment*)』(Cambridge University
Press)를 펴내었다. 이런 출간물로 이들의 관심을 쉬 짐작할 수 있을 것이다. 이
용어와 관련하여 그 선업에 대해서 전혀 언급이 없지만, 아마 이는 핼러데이
(Halliday, 1978 : 45, 46), 『사회 기호학으로서의 언어(*Language as Social Semiotic*)』
(Edward Arnold)에 있는 개념 전개 기능(ideational function)과 대인 관계 기능
(interpersonal function)을 변용한 것으로 짐작된다. 핼러데이(1994, 제2개정판 : x
iii), 『기능 문법 입문(*Introduction to Functional Grammar*)』(Edward Arnold)에서는 개
념 전개 기능을 reflective(되돌아보기 기능)로도, 대인 관계 기능을 active(능동적
기능)이라고도 부른다("All languages are organized around two main kinds of
meaning, the ideational or reflective, and interpersonal or active"). 또한 교실수업
의 담화를 분석하면서 신클레어·쿨싸드(1975), 『담화 분석 : 교사와 학생들이 쓴
영어(*Towards an Analysis of Discourse : The English used by teachers and pupils*)』(Oxford
University Press)에서도 Transaction(상거래, 정보전달)이란 용어를 쓴 바 있다.

20] 고프먼(1967), 『상호작용 의례 : 서로 얼굴을 마주보는 행위에 대한 논문(*Interaction
Ritual : Essays on Face-to-Face Behavior*)』(Pantheon Books)에 재수록됨.

21] 인간의 의사소통이 서로간에 '협동작업 과정'임을 논의하는 클락(1996; 김지홍 뒤
침, 2009)의 『언어사용 밑바닥에 깔린 원리』(도서출판 경진) 제10장에서는 심층
에서 이런 일이 상거래 원리와 기본적으로 동일하다고 보지만, 의사소통을 가능
하게 만드는 원리로 공평성(equity) 및 체면(face)이란 개념이 상정된다. 공평성

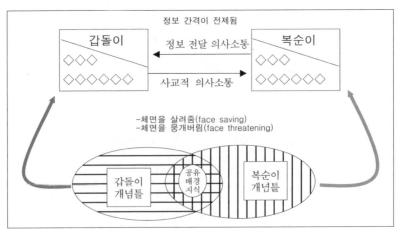

[그림 3] 언어를 이용한 두 방향 의사소통의 틀

통에서 중요한 동기가 된다.

그렇지만 정보전달을 위한 의사소통과는 직접 관련되지 않는다. 정보전달을 위해서는 다음의 의사소통 동기가 전제되어야 한다. 화자인 나는 알고 있지만, 청자인 상대방은 모르고 있는 어떤 정보가 있다. 화자에게 이런 판단과 믿음이 강해야 비로소 정보전달의 의사소통을 개시하게 된다. 그렇다고 하더라도, 만일 화자와 청자 사이에, 지구인과 외계인처럼 서로 공유된 배경지식이 없을 때에는, 아무리 의사소통을 시도하더라도 쉽게 성공을 거둘 수 없다. 이런 점을 고려하면, 의사소통은 묵시적으로 어떤 공통의 배경지식이나 일부 공유된 경험들을 가정하고 있어야 한다. 전문용어로 말하면 공유된 배경지식shared background Knowledge 위에서 알맞은 의사소통 간격information gap이 있어야 하는 것이다. 이 점을 [그림 3]으로 나타낼 수 있다.

원리는 다시 이익을 처리하는 일과 비용을 처리하는 일로 구분되고, 체면 원리는 다시 자존심과 자율성을 높이거나 낮추는 일로 구분된다.

여기서는 두 방향의 의사소통을 가정하고 있다. 청자가 의사소통 간격과 정보 간격을 좁혀 주는 기회를 갖게 된다.[22] '정보 간격' 활동이란 개념(때로 의견 간격 활동opinion gap activity이라고도 부름)은 의사소통 중심의 언어교육(CLT)에서 중요하게 다뤄진다. 이 활동은 '참된 실생활 자료authenticity'들을 이용하여 문제 해결 능력을 길러 주는 일이다. 이 정지된 그림에서 의사소통 당사자들이 상대방에게 부여해 주는 지위들에[23] 대하여 표시해 줄 수 없다. 의사소통이 진행되면서 그 관계는 시시각각으로 바뀌게 된다. 가령, 갑돌이와 복순이는 첫 대화를 〈친구, 친구〉의 관계로 시작하지만, 〈만담가, 청중〉의 관계로 바뀌거나, 〈선생, 학생〉의 관계로 바뀌거나, 〈채무자, 변제자〉 관계로 바뀌거나, 〈배우, 관객〉으로 바뀌거나, 또는 〈오빠, 동생〉으로도 바뀔 수 있다. 복합적인 관계들이 서로 겹치고 바뀌어 나가는 실상을 재빨리 깨닫기 위하여,[24] 대화 분석에 대한 내용도 언어교육에 도입될 필요가 있다.

22] 이는 리틀우드(Littlewood, 1981), 『의사소통 중심 언어교육 : 개론(*Communicative Language Teaching : An Introduction*)』(Cambridge University Press)에서 다뤄지기 시작했다. 제4장 「기능적 의사소통 활동」에서 정보전달용 연습 활동들이 소개되고, 제5장 「사교적 상호작용 활동」을 참고하기 바란다.

23] 고프먼(1981), 『이야기 형식들(*Forms of Talk*)』(University of Pennsylvania Press) 제3장 "footing(지위 부여하기)"을 보기 바란다.

24] 클락(1996; 김지홍 뒤침, 2009) 제12장에서는 이를 층렬 도입(layering)이라고 부른다. 현실 층렬의 바탕 위에 청자와 화자가 협동하면서 새로운 층렬을 도입하게 된다. 고프먼의 생각은 인간과 동물 세계에서 관찰되는 놀이에 대한 베이츤(G. Bateson, 1972; 서석봉 뒤침, 1989)의 『마음의 생태학』(민음사, 189~202쪽)의 통찰을 응용한 것으로 알려져 있다. 가장 전형적인 사례는 어린이들의 소꿉장난이다.

4.

이제 언어 그 자체에 대하여 초점을 맞추어 가기로 한다. 먼저 낱말과 문장에 대하여 살펴보기로 한다. 인간의 언어에서 왜 꼭 '낱말'이란 단위와 '문장'이란 단위가 존재하는 것일까? 이는 언어를 다룬다면, 누구나 풀어내어야 할 매우 중차대한 근원적 물음이다(존재론적 물음). 그런데, 뤄쓸이 밝혀낸 모순의 구조가 'A∈A'(자기가 자기 자신을 원소로 가지면 모순이 생김)이며, 'A⊂A'(진부분 집합)만을 허용해야 한다는 점을 받아들이면,[25] 이 물음은 결코 언어학적 사고 속에서만 갇혀 있는 채로 완결된 대답을 찾아낼 수 없음을 금방 알 수 있다(뒤에 나오는 impredicativity '동일 차원에서의 서술 불가능성'을 참고하기 바람).

현대 학문을 열어 놓은 프레게[Frege, 1848~1925]가 이들 낱말과 문장이 이름(고유명사)으로 모아진다는 생각을 확립하였음은[26] 잘 알려진 사실이다. 그렇지만 이름이 지시체를 가리키는 외연의미가 없이 오직 내포의미만을 갖고 쓰이는 경우가 허다함을 고려한다면,[27] 올바른 방향의 해결책이라고 볼 수 없다. 왜 낱말이 있고, 문

25] 부분 집합의 형식 'A⊂A'을 허용하는 경우, 이는 'A≡A'의 경우까지 인정해야 한다. 그러나 뒤의 관계는 특히 '동일성' 관계인데, 수학에서는 '재귀성·대칭성·추이성'이 한 다발로 동시에 참값이 되는 관계를 말하며, 이는 같은 대상을 같다고 이야기하는 일에 지나지 않으므로 여기서는 제외해 두었다.

26] 원래 이 착상은 밀(Mill, 1843)에도 언급되어 있다. 자세한 것은 김지홍(2010)의 『국어 통사·의미론의 몇 측면』(도서출판 경진) 제1장 2절의 각주 6을 보기 바란다.

27] 예를 들어, 현대 자본 시장에서는 소위 '상표'라는 것이 어떤 고정된 내포의미를 갖지만 외연의미가 늘 유동적으로 된다. 가령 '안성맞춤'이란 이름을 보면, 이것이 현재 반드시 오직 '유기 그릇'만을 가리키도록 붙박혀 있는 것은 아니다. 이런 유동성이 '보통명사'로 기능하는 단초인 것이다. 언어의 기능이 본질적으로 '지시 및 비유'(직접 지칭 : 간접 지칭)임을 받아들이면, 이렇게 비유의 흐름을 따라 확대되어 나가는 것은 언어의 내재적이고 본질적인 속성임을 결론지을 수 있다.

장이 있는 것일까? 이 단위들이 우연히 그렇게 존재하는 것이라면, 여러 언어들에서 찾아지는 단위들이 유사하거나 동일해서는 안 된다. 그렇지만 어떤 언어이든지 낱말 단위와 문장 단위가 있다. 여기에 대한 대답을 마련하기 위하여, 우회적으로 수학적 사고방식을 잠깐 눈여겨보기로 한다(이 논제에 대한 관련 문헌은 아주 드문 듯하다. Ramsey, 1925, "Universals" in Mellor ed., 1990, 『F. P. 뢈지의 철학 논문집 (*Philosophical Papers : F. P. Ramsey*)』, Cambridge University Press에서는 개별성과 보편성을 상정하여 낱말의 후보와 문장의 후보를 다룬다. Babara Partee, 2006, "Do We Need Two Basic Types?"[28]에서는 Montague의 형식 의미론 공리체계에서 상정한 개체 유형 'e-type'과 진리값 유형 't-type'이 반드시 필요함을 옹호하고 있으며, 다른 입장들도 함께 살필 수 있어 참고가 된다).

수학은 개념이나 사고를 추상적으로 다루는 학문이라고 한다. 이를 성찰하고 비판하는 영역을 '수학 기초론' 또는 '수리 철학'이라고 부른다. 여기서는 추상화 과정과 변항 도입 과정을 전혀 기호를 쓰지 않고, 풀어 제시하기로 한다. 필자는 이 과정에서 해답을 찾아낼 것이며, 그 단위들이 심리적 실재임을 보이기 위하여 기억에 대한 논의를 빌릴 것이다.

가령 다음과 같은 명제(≒문장 또는 진술문; 이하 '명제'로 통일함. §.5-1 의 각주 7 참고)가 있다고 하자.

(3가) 우유를 만드는 공장이 하나 있다.

나) 주스를 만드는 공장이 하나 있다.

다) 페인트를 만드는 공장이 하나 있다.

28] http://www.zas.gwz-berlin.de/publications/40-60-puzzles-for-krifka/pdf/partee.pdf
비록 만테규는 개체(e) 유형과 진리값(t) 유형을 상정하였지만, 충실히 프레게와 카아냅의 생각을 이어받아 판단(judgement)이 가능한 진리값 유형으로 모든 것을 종합하였다.

라) 자동차를 만드는 공장이 하나 있다.

이들은 수학에서 상항^{constant}이라고 부른다. 변항^{variable}을 도입함이 없이 술어논리로 표상할 수 있기 때문에, 1차 논리라고 부른다. 이 상항은 치역을 어떻게 잡느냐에 따라 그 값을 확정하게 된다(1차 논리는 괴델에 의해서 최초로 '완전성 증명'이 이뤄졌으므로, 여러 분야에서 주로 1차 논리에 의해 논리를 전개하는 경향이 많음. §.1-4-2의 각주 41을 보기 바람). 치역을 준다는 것은 가령 위 (3)의 명제들에 대한 주인을 정해 놓는 일이 된다.

　(4가) 우유 공장은 복돌이네 공장이다.
　　나) 주스 공장은 영순이네 공장이다.
　　다) 페인트 공장은 꾀보네 공장이다.
　　라) 자동차 공장은 현대회사 공장이다.

여기서 진행할 작업은 치역을 정해 주는 것이 아니다. (3)의 명제들에 변항을 도입하거나 추상화 함수를 도입하는 것이다. 이는 다음처럼 나타낼 수 있다.

　(5가) 어떤 것을 만드는 공장이 하나 있다.
　　나) 모든 것을 만드는 공장이 하나 있다.
　　다) 뭔가를 만드는 공장이 하나 있다.

명제 (5)는 변항이 도입되어 있다. 변항이란 값이 정해져 있지 않은 기호이다. 초기 술어논리에서는 수와 관련하여 두 가지 양화사를 도입하였다. 하나가 존재하는 존재 양화사 또는 해당되는 개체들이 모두 존재해야 하는 전칭 양화사이다. 이 두 양화사 표현은 각각 (5가)와 (5나)처럼 나타낼 수 있다. 그런데, 1950년대에 들어서서 이런 형식을 만족시키는 값들만으로 명제를 만들 수 있다는 깨달음이 생겨났다. 이를 (유사)추상화 연산자로 표시하는데, (5다)와 같이 나타낼 수 있다.[29] 이런 형식에 다시 더 높은 수준의 변항 (변항에 대한 상위변항 따위)이 도입될 수 있다. 이는 궁극적으로 모순의 형식과 맞물려 들게 된다. 이 모순을 극복할 수 있는 길은, 우리에게 주어져 있지 않으며, 이를 괴델이 처음 증명한 '2차 논리의 불완전성 정리'라고 부른다.

(6가) <u>모든</u> 공장을 만드는 공장이 <u>하나</u> 있다.

나) <u>모든</u> 공장을 만드는 <u>모든</u> 공장이 있다

다) <u>모든</u> 뭔가를 <u>모두 뭔가</u> 하는 <u>모든</u> 뭔가가 있다.

(6가)의 형식은 모순이다. 앞에 주어로 나온 "모든 공장"의 '공장'과 뒤에 서술어로 나온 "하나의 공장"의 '공장'이 서로 원소가 되기 때문이다. 이를 전문용어로 '동일 차원에서의 서술 불가능성impredicativity'이라고 말한다.[30] 즉, 한 대상을 서술하기 위해서는, 그 대상 속에 들

29] 이는 오직 예시를 위한 방편이다. 추상화 함수(람다 함수)는 참값을 갖는 내용들을 다 모아 놓은 '특성 함수'이기 때문에, 그 외연이 우리말 표현 '뭔가'와는 똑같지 않다. 여기서는 그 정확한 내용을 소개하려는 것이 아니라, 다만 일반화 과정이 개략적으로 어떻게 진행될 수 있는지를 보여 주려는 것이다. 추상화 연산자는 수학 기초론과 증명론을 공고히 다져 놓은 취취(Church, 1903~1995)에 의해서 「유형에 대한 단순 이론의 형식화(A Formulation of the Simple Theory of Types)」(1940, *Journal of Symbolic Logic*, 제5권); 『람다 변환에 대한 고등수학(*The Calculus of Lambda-Conversion*)』(1941, Princeton University Press); 「의미 분석에서 추상화 개체에 대한 필요성(The Need for Abstract Entities in Semantic Analysis)」(1951, 『데덜러스 (*Daedalus*)』 제80호) 등에 의해 처음 도입되었다. 자연언어 분석에서는 만테규 (Montague)가 자신의 내포의미론을 전개하면서 쓰기 시작하였다. 추상화 함수 'λ_x' 는 흔히 참값 항들의 나열로서 자연언어 'such that'으로 읽게 된다.

어 있어서는 안 된다. 만일 그 대상 속에 들어 있다면, 그 대상의 일부만을 서술할 수 있을 뿐이다(진부분 집합만 허용되는데, 4절의 각주 25를 보기 바람). 즉, 대상과 관찰 주체 사이에 반드시 일정한 거리가 있어야 한다는 것이다. (6나)의 형식은 비록 "모든 공장"의 외연이 주어와 서술어에서 동일한 표현 형식을 지니고 있지만, 어디가 시작이고 어디가 끝인지 도저히 분간할 도리가 없으므로, 더더욱 불가능하다. 그리고 (6다)는 언어 표현만으로는 특성 함수를 가리키는 듯하지만, 어떤 함수 관계를 특정하게 가리키는지 규명할 수 없기 때문에, 논의 대상이 될 자격이 없다.

이제 다시 명사와 문장의 관계를 살펴보기로 한다. 흔히 명사가 대상을 가리키고, 문장이 사건을 가리킨다고 한다. 이런 직관적 서술은 예외를 설명해 주어야 한다. "두려움"과 같은 명사는 대상을 가리키는 것이 아니며, 심적 상태를 가리킨다. 또한 "고향은 역시 고향이야!"와 같은 문장은 사건을 가리키지 않으며, 외연의미와 내포의미를 묶는 놓은 관계이다. 낱말과 문장의 관계를 다루기 위하

30] 우연히 전라북도 진안에 있는 마이산을 지나가면서, 불현듯 이 개념과 관련된 비유가 떠올랐다. 마이산 산 안에 들어가 있으면 공들여 쌓은 수많은 돌탑만 볼 수 있을 뿐, 결코 말의 귀 모습은 찾아볼 수 없다. 오직 그 산으로부터 어느 정도 떨어져 있어야만, 그 산이 말의 귀처럼 생겼음을 확실히 알아볼 수 있는 것이다.

이 개념을 가령 문법 교육에 적용해 볼 수 있다. 문법 교육의 정체성 확립은, 결코 문법 내부에서 문법만으로 자족적으로 이뤄질 수 있는 것이 아니다. 반드시 문법 영역을 하부에서 떠받치거나 문법 영역을 싸안고 있는 다른 영역을 통해서 비로소 이뤄지는 것이다. 문법의 범위에 대한 정의를 어떻게 하든지 상관없이, 형식은 내용과 관련되어야 하고, 그 내용은 다시 한 차원 확대되어 의도나 또는 배경지식의 관련 항목들을 선택하는 결정 이론과 관련되어야 한다. 궁극적으로는 우리들의 경험의 원천인 복합사건 더미들의 연결체들로 환원되어야 할 것이다.

최근 문법 교육을 국어과 교육과정 속에서 없애려고 하여 물의를 빚은 일이 있었는데, 또 다시 문제가 되고 있다. 모국어를 쓰는 학생들에게 문법 교육을 가르쳐야 하는 설득력 있는 논증을 과문하여 아직 접해 보지 못했다. 문법 교육이 일견 자명한 듯하지만, 필자는 문법 교육이 자족적이지 않고 오직 다른 영역과 관련되었을 때에만 의미가 있을 것으로 본다.

여, 일단 하나의 문장을 놓고서, 구절을 거쳐 낱말로 되어 가는 과정을 보기로 한다.

(7가) 철수가 영이를 사랑하였다.

(7가)는 하나의 단일한 사건을 가리킨다. 단일한 사건이란 서구의 수사학 전통에서 써 온 6하 원칙을 언어학적으로 맞춰 놓은 '의미 관계'의 구조로 표현한 것이다. 제2절에서, 우리가 경험하는 실세계 사건들은 복합 사건들의 연결체이고, 이를 기억 창고 속에 집어 넣기 위해서는 불가피하게 그것들을 단일 사건들의 절편^{戰片}으로 잘라놓아야 함을 지적하였다. 이는 상위 층위에 있는 사고 및 기억의 제약에서 말미암는 것으로 이해된다. 실제 세계에서 일어나는 복합 사건들의 연쇄는, 이 단일 사건 표상이 배경으로 작용하거나 또는 초점이 될 수 있다. 반드시 다른 사건들과의 연계 속에서, 하나의 단일 사건의 표상이 의미를 갖고 기능을 하게 된다. 하나의 단일 사건 표상이 어떤 얼개를 지니는지는 다음 절에서 다뤄진다. 여기서는 우선 (7가)의 사건이 '행위주' 의미역과 '대상' 의미역으로 이뤄진 하나의 사건을 가리키며, 관찰자이면서 동시에 화자인 주체가 이 사건을 직접 또는 간접적으로 경험하게 된다고 매듭 짓기로 한다.

   (7나) 철수가 영이를 사랑하였다는 것.
    다) 철수가 영이를 사랑한 것.
    라) 철수가 영이를 사랑하였음.
    마) 철수의 영이 사랑
    바) 철수의 e 사랑

사)   e   영이 사랑

아)   e   e   사랑[31]

   전통문법에 따르면, (7나, 다, 라)는 명사로 취급받는 절(명사절)이라고 불린다. (7마, 바, 사)는 명사로 취급받는 구(명사구)라고 불린다. (7아)는 명사라고 불린다. 그런데 촴스끼 문법에서는 이런 구분이 구 단위로 일관되게 통합될 수 있다고 본다. 임의의 구는 '핵어(X^0)·중간층위 핵어(X')·최종층위 핵어(XP)'와 같이 표상된다. 이런 촴스끼의 가정을 받아들이면, (7가)를 제외하고 모두 명사구로 취급될 수 있다.

   (7나)는 거의 모든 정보가 (7가)와 같지만, 문장 속에서 명사로 기능한다는 점만이 다르다. (7다)는 시제를 표시하는 요소와 관형절을 만들어 주는 요소가 한데 융합되어 있다는 점에서 (7나)와 차이가 난다. 이른바 종결어미로 일컬어지는 '-다'는 화행의 실재성을 보장해 주는 중요한 척도이다.[32] (7라)는 명사로 바꾸어 주는

31] 여기서는 사건 명사를 다루고 있으므로, 구적 낱말과 완벽한 낱말(후자는 비통사적 구성을 이룸) 사이의 차이를 따로 다루지 않는다. 구적인 낱말일수록 중의성이 깃들어 있고, 완벽한 낱말에 가까울수록 오직 고정된 의미가 깃든다. 대표적으로 '먹을거리 : 먹거리'의 대립에서 전자는 통사적 합성을 이룬 구적인 낱말의 지위에 있으므로, 뒤에 있는 비통사적 구성의 낱말보다 그 외연이 넓은 만큼 또한 중의적이다. 다시 말하여, 음식 재료에서부터, 사람이 먹을 수 있는 식물이나 동물들을 포함하여, 조리된 음식까지도 다 가리킬 수 있다. 이른바 '앞뒤 문맥(co-text)'에 의해서 여러 가지 가능한 의미들 가운데 하나가 선택된다. 그렇지만, 뒤의 낱말은 오직 조리된 음식(음식물)을 가리킬 뿐이다. 우리말에서는 낱말과 구적 낱말을 구분하기 위하여, 통사적 기제와 비통사적 기제를 채택한다. '사이시옷'이나 어근 결합 구성이 모두 '뜻이 하나로 고정된' 완벽한 낱말을 만드는 기제인 것이다(가령 '박쥐 : 눈 밝은 쥐'나 '두더쥐 : 땅 뒤지는 쥐'의 구성을 비교 바람). 낱말을 구적 낱말과 구별하는 것은 보편적일 듯하다. 영어에서는 낱말을 만들기 위해서 어순을 바꿔놓는다. 안타깝게도 맞춤법에서는 사이시옷 현상을 음운론적으로만 파악하여, 낱말의 실체 또는 구성원리를 간과하였다. 그렇지만 여전히 중요한 이 구분을 깨닫는 경우가 드문 듯하다.

32] 이른바 무색무취의 '원형 어미'로 간주되어, 사전에서 동사와 형용사를 표시할 경

형태소(현행 학교문법에서는 문장을 대상으로 할 경우에 명사화 어미로 기술하고, 낱말을 대상으로 할 경우에 접미사로 기술하고 있음)가 들어가 있는데, {-기}와 짝을 이루고 있다.[33] 문장을 대상으로 하거나 낱말을 대상으로 하거나 {-음}은 한 사건의 결과 상태를 가리키지만, {-기}는 한 사건의 과정이나 행위를 가리킨다.[34] (7나)와 (7라) 사이

우에 모두 이 어미가 들어가 있다. 그렇지만

"철수가 부산에 왔_더라 : 철수가 부산에 왔다더라"

에서는 {-다} 어미를 놓고서 유무 대립을 보인다. 이들은 뚜렷한 의미 차이가 들어가 있다. 적어도 1차적인 해석에서, 앞의 것은 관찰자이면서 화자가 부산에서 철수를 직접 목격하였음을 전제로 한다(자신이 겪은 실세계의 '사건 경험'에 대하여 이후 시점에서 말로 보고함). 곧 과거 특정 시점에서는 응당 관찰자 겸 화자가 부산에 있었어야 한다. 하지만, 뒤의 것은 동일한 시점에서 화자가 경험한 것이, 다른 사람이 하는 말을 들은 것에 지나지 않는다(말을 들었고[언어 경험], 그 말을 옳은 것으로 받아들인 뒤, 이후 시점에서 청자에게 말해 줌). 대립적으로 의미를 차이 있게 만든다면, 앞의 것은 과거 특정 시점에 화자가 반드시 부산에 있어야 하지만, 뒤의 것은 결코 그 시점에 부산에 있어서는 안 된다. 이런 차이가 바로 종결 어미 {-다}의 유무에 따라 깃드는 것이다.

33] 그렇지만 동족목적어 표현으로 된 낱말의 경우에는 '숨쉬기, 잠자기, 뜀뛰기'에서와 같이 통합 관계를 이루며, 그 역은 불가능하다(*쉬기숨, *자기잠, *뛰기뜀). {-음} 접사(=명사형 '어미/접미사'의 두 기능으로 지닌 것으로 기술됨)는 결과 상태뿐만 아니라 그 결과에 대한 평가와 심지어 그 '산물'이나 '결과물'까지 가리킬 수 있다(Levin, 1997 : 51 이하, "Making Sense of Corpus Data : A Case Study of Verbs of Sound", *International Journal of Corpus Linguistics*, 제2권 1호에서 지적하고 있는 동족목적어 구문의 6가지 특징을 참고하기 바라며, Höche, 2009, 『영어의 동족목적어 구성(*Cognitive Object Constructions in English*)』(Gunter Narr Verlag)과 Fagan, 1992, 『중간태 구성의 통사와 의미(*The Syntax and Semantics of Middle Constructions*)』(Cambridge University Press)도 읽어보기 바람). 그러나 {-기} 접사는 과정이나 행위만을 가리킨다. 동족목적어 구성은, 결국 개념상으로 오직 결과 대상에 대한 행위 과정으로만 허용된다. 행위 과정의 결과나 결과물로 되는 일은, 접사 {-음}의 의미와 중첩되므로 허용되지 않는 것이다. 그리고 이들은 내재적으로 동기(원인)가 제공되는 자발적 행위들을 요구하므로, 모두 의지를 가진 사람의 속성과 관련된다.

34] 한 단계 더 추상화시켜 올라가면, '과정이나 행위' 및 '결과나 상태'의 대립은 '부분 및 전체'의 대립과 관련된다. 행위나 과정은 전체의 어느 한 지점에 놓이거나 그런 지점을 가리킬 수 있기 때문이다. '부분 및 전체'라는 개념은 매우 근본적인 개념으로, 여러 영역에 적용된다. 가령, 양상 논리학에서 '필연성'과 '가능성'에 대해서 다루는데, 이는 전체 가능세계를 다루거나 부분 가능세계를 다루는 것으로 환원된다. 루이스(D. Lewis, 1991)의 『집합류의 부분들(*Parts of Classes*)』(Basil Balckwell)을

에는 문장을 명사와 같은 지위로 만들어 놓는다는 점에서 공통되지만, 핵어가 다른 만큼 긴 구성(ㄹ-는 것)을 이루는 핵어는, 그렇지 않은 것(ㄹ-음)보다 의미의 범위나 내포의미가 더 광범위하다. 다시 말하여, '것'에 '사실·추정·증거' 등과 같이 다른 실질 명사가 제한 없이 대치되어 들어올 수 있는 것이다.

(7마, 바, 사, 아)는 모두 핵어가 명사들로서, 명사구를 이루고 있다. 이 명사구의 핵어는 사건 명사라고 불리며, 사건 전개에 대한 정보를 부가적인 수의 성분으로 구현할 수 있다. (7가, 나, 다, 라, 마)에서는 의미역이 아무런 문제없이 동일하게 배당될 수 있다. 이들이 모두 '행위주'와 '대상'의 개념을 표시하고 있기 때문이다. 그렇지만, (7바, 사, 아)에서 공범주로[35] 표시된 논항이 없다면, 어떤 의미역이 어디에 배당되는지를 결정할 수 없다. 여기서는 공범주 논항을 집어넣고서 그런 혼란을 없애기로 한다.

그런데 공범주 요소 'e'가 의미표상에서 양화사로 표시되어야 할 것인지, 아니면 추상화 연산소의 모습으로 표시되어야 할지 결정되어야 한다. 양화사로 표시될 경우에는 다시 전칭 양화사인지, 아니면 존재 양화사인지에 대해서 결정이 이뤄져야 한다. 핵어의 의미자질이 보존되려면, 공범주로 표시된 요소는 추상화 연산소의 모습(λP : P를 만족시키는 대상들만 모아 놓은 특성 함수)을 갖추어야 한다. 그렇지 않고 전칭 양화사로 표시된다면, 핵어는 오직 추상적인 어떤 관계(두 개의 논항을 요구하는 관계에 대한 범칭)만 나타낼 뿐이다.

보기 바란다. 따라서 이는 우리의 사고나 인식이 요구하는 상위 층위의 자질로 간주하는 것이 옳을 것으로 생각된다.

35] 참스끼 언어학에서는 비록 '소리 형식이 비어 있다'는 뜻으로 공(empty)이라고 말하지만, 그 내적 자질이 모두 갖춰져 있다고 가정한다. 공범주 요소 e에는 영어 같은 언어에서 큰 공범주 대명사 PRO와 한국어나 이탈리아 어에서 작은 공범주 대명사 pro가 설정된다. 예시의 목적상 복잡한 구분이 불필요하다. 본문의 (7바, 사, 아)에서는 'e'로 표시해 두었다.

그렇다면, 핵어의 의미자질을 살리기 위해서는, 공범주 논항이 추상화 연산소를 갖추고 있는 것으로 상정할 길밖에 없다. 이는 (7아)를 다음과 같이 논리식 (7자)처럼 표상할 수 있게 해 준다.

(7자) $\lambda P \lambda Q$ LlP ↪ Ql(),()[36]

이를 쉽게 표현하면 "누군가의 누군가에 대한 사랑"을 나타낸다. 사랑은 주고받는 관계로 표시되어 있으며, 누군가에 대한 내용이 둘 모두 채워져야 함을 나타낸다.

이제 문장과 낱말의 존재 이유를 찾기 위해서, 극점에 있는 (7가)와 (7아)를 서로 대비해 보기로 한다. (7가)의 문장은 구체적인 하나의 사건(현실태)이다. 이는 털뷩^{Tulving}의 구체사례 기억$^{episodic\ memory}$ 일화 기억, 삽화 기억에 해당된다.[37] 그렇지만 (7아)는 추상화된 사건(잠재태)으로서, 그 사건의 주체와 대상이 비단 '철수'와 '영이'에만 국한되지 않고, 사랑 관계에 있는 다른 모든 사람들까지도 포함된다. 가령, 어머니가 자식을 사랑하거나, 순이가 강아지를 사랑하는 일까지도 모두 참값이 되므로, 그 치역 속에 들어간다. 이렇게 추상화된 사건은 털뷩의 일반 의미 기억$^{semantic\ memory}$과 관련된다. 만일 이를 더욱 하부구조로 환원시켜서 양화 표현으로 만들면, 현실태와 잠재태는 각각 부분과 전체에 상응하므로, 심층에서는 존재 양화

36] 추상화 연산소가 도입된 형식에는 그 형식을 만족시키는 요소들이 맨 뒤의 괄호 속에 표시되어야 하고, 그럴 때에라야 진리값 계산이 가능하다. 그리고 한 차원 높여서 아마 '사랑하다'는 관계를 추상화 함수로 만들 수도 있다. 즉, 'λL'을 도입하는 것인데, 그렇게 되면 그 안에 있는 주체와 대상은 그 차원에서는 독자성이 드러나지 않는다. 왜냐하면 이 차원에서는 여러 관계들 가운데 특정한 속성을 가진 관계를 다루어야 하기 때문이다. 다시 말하여, '$\lambda R[\Re](L)$'과 같은 형식이 되는 것이다.

37] 제5장 2절에 있는 [그림 10]과 그곳의 논의를 함께 참고하기 바란다.

사와 전칭 양화사를 기반으로 삼게 된다.[38]

이를 앞에서 다룬 수학적 사고의 추상화 과정과 관련지어 보기로 한다. '문장'이란 (3)과 (4)의 단계를 표현한다. 그렇지만 '낱말'이란 적어도 (5)의 추상화 단계를 맡는 것으로 보인다. 물론 언어에서는 적용의 융통성이 생명이며, 이것이 '상징'의 본질이다. 그렇기 때문에 붙박이처럼 필요·충분조건을 걸어서, 거꾸로 문장이나 낱말이 오직 한 단계만을 유일하게 가리키는 것으로 규정지어서는 안 된다(이른바 피어스의 '가리킴index'으로 되어서는 곤란함). 가령, 거꾸로 문장도 추상적인 진술을 맡을 수 있으며, 낱말도 구체적인 사건을 가리킬 수 있는 것이다. 두 개의 끝점 사이에 일직선이 그어져 있는데, 그 사이에서 이들의 위상이 융통성 있게 변동하는 것이다. 끝점은 한쪽이 현실로 구현된 사건과 구체사례 기억으로 이뤄져 있고, 다른 한쪽이 잠재적인 가능 사건과 일반 의미기억으로 이뤄져 있다. 어떤 상황에서 뭘 사용해야 하는지는 전적으로 언어사용자의 주관적이고 개인적인 판단에 달려 있다.[39]

38] 피어스(Pierce)와 뤄쓸(Russell)의 용어를 쓴다면, 각각 구체사례인 'token'과 일반 유형인 'type'이다.

39] 윤석민 선생님(전북대학교 국어국문학과) 토론문의 두 번째 질문에서, 일반적으로 문장이 낱말들로 이뤄진다는 점을 고려할 때에, 여기서의 주장을 따른다면 추상화된 일반 의미기억이 특정한 구체사례 기억에 선행해야 한다는 결론이 나온다고 지적하셨다. 윤 선생의 통찰력은, 인간을 제외한 피조물이 의미기억을 갖고 있고(따라서 즉물적 본능대로 행동함), 인간만이 구체사례 기억을 갖고 있다는 심리학적 관찰과 일치한다. 또한 칸트도 선험적인 범주를 먼저 상정하고, 이를 구현하기 위한 논리적 단계로서 구상력을 지닌(구체물과 관련되는) 쉐마(Schema, 스키마, 개별화해 주는 개념틀)를 도입하였다. 이런 점에서는 윤 선생님의 지적이 옳을 듯하다.

  그렇지만 필자가 여기서 논의하려는 핵심은 무엇이 먼저이냐를 다루는 것이 결코 아니다. 보편성과 개별성, 또는 일반성과 개체성의 문제는 도출관계인지 아니면 서로가 처음부터 공존해야 하는 관계인지 섣뜻 결정될 수 없는 난문제이다. 아마 원소와 집합 관계를 받아들인다면, 후자 쪽이 더 나을 듯하며, 필자가 취하는 입장이다. 문장과 낱말은 물론 여러 가지 특성들이 있다. 그 중에서 전형적으로 문장의 기능과 낱말의 기능을 대립시켜 놓고 논의를 진행해 나가고자 하는 것이다.

이런 대립적 속성을 고려하면, 핼러데이(Halliday, 1985), 『입말과 글말Spoken and Written Language』(Oxford University Press)에서 기술해 놓은 언어 현상을 다룰 수 있다. 유뤄(Ure, 1971)의 어휘 밀집도lexical density 개념을 받아들이면서, 두 양식이 차이가 나는 여러 속성들 중에서도, 입말은 병렬 접속구조 또는 병치절을 많이 취하나, 글말은 종속 내포구조 또는 하위절을 많이 취하며(제6장 4절), 입말이 '동사'군을 많이 채택하나 글말은 '명사'군을 취하는 경향이 있음(제5장 7절)을 지적하였다. 입말이 전형적으로 화자와 청자가 상황을 공유하고 있기 때문에, 병치절은 그 상황에서 선택되는 대상들이 나열되는 한 가지 자연스러운 방식일 수 있다. 글말이 전형적으로 필자와 독자 사이에 공유된 상황을 결여하거나 또는 벗어나 있기 때문에, 하위절은 그 상황에 대하여 재구성을 보장하는 정보나 또는 그 상황을 일반화시킨 진술을 하기 위해서 불가피한 측면일 수 있다.

그런데 상대적으로 왜 전형적인 입말에서는 동사가 많이 실현되고, 전형적인 글말에서는 명사가 더 많은 빈도로 나타나는 것일까? 입말은 현실태(지금 실현된 상황)에서 이용되는 의사소통 도구이다. 그런 만큼 구체적인 개별 사례들이 초점이 된다. 글말은 잠재태(아직 실현되지 않은 상황)에 이용되는 만큼, 추상화되고 일반화된 사건들을 취급하는 경향이 있다. 입말과 글말을 갈라 나누는 핵심 속

언어가 상징이라는 특성 때문에, 문장도 추상적이고 일반적인 표현을 수식어를 동원하여 나타낼 수 있고, 마찬가지로 낱말 또한 구체적이고 시공간 상으로 고정된 수식어를 거느려서 구체적인 사례나 사건을 가리킬 수 있고, 또 그렇게 되어야 '상징'의 본성을 구현하는 것이다("이가 없으면 잇몸으로 씹는다!"는 말이 형식과 내용의 관계가 변동 가능한 성격을 잘 드러내 준다). 우리의 사고와 논의가 안개 속에 휩싸여서는 제대로 이뤄질 수가 없는 것이기 때문에, 여기서는 어떤 전형적인 특성을 대립적으로 상정해 놓은 것임을 밝혀 둔다. 이런 전형적 성격 위에서 이들이 변동될 수 있다. 가령 부사 등을 이용하여 문장이 일반적인 성격을 부여받을 수 있고, 거꾸로 낱말도 시간과 공간을 나타내는 수식어를 통하여 구체적이고 개별적인 성격을 유지할 수도 있는 것이다.

성으로, 이전부터 발신자와 수신자 사이에 '의사소통 상황'이 공유되어 있는지 여부를 상정해 왔었다. 이는 현실태와 잠재태(가능태)를 나누는 한 요소이지만, 또한 더 중요한 요소로서 '정보 간격'을 줄일 수 있는 기회가 허용되는지 여부도 고려되어야 한다. 간단히 말하여, 화자의 개별 경험들이 문장 단위로 이어지며 연속적으로 전달되는 경우에, 청자와의 정보 간격이 점점 줄어들거나 좁혀지며, 궁극적으로는 그런 간격이 사라질 것이다. 이는 화자의 개별 경험이 청자와 함께 하는 '공유 경험'으로 되는 것을 의미한다(이를 '담화 기록'의 누적으로도 부름). 이렇게 언어를 통하여 새롭게 획득된 공유 경험들의 연쇄 속에는, 문학에서 추구되는 여러 가치들이 자리잡고 있다. 일관된 한 도막의 담화는 한 개인이나 그 공동체의 가치를 구현해 주므로, 공유되고 전수가 이뤄지는 것이다.

  문장과 낱말은 프레게의 생각처럼 단일 개념을 가리키는 '이름'의 속성을 지녔기 때문에 함께 묶이는 것이 아니다. 이들은 우리 삶을 이루는 복합 사건들의 연쇄(연결체)를 놓고서, 우리 인식 조건과의 관련 아래 단순한 절편들을 만들어 내기 때문에 하나로 묶이는 것이다. 그 절편도 두 축이 상정되어야 한다. 구체적인 사례의 속성을 띤 끝점과 추상적인 일반 속성을 띤 끝점이다. 문장과 낱말은 이들 사이에서 융통성 있게 변동되는 것이다. 그럼에도 불구하고, 문장은 1차적으로 어떤 구체적인 사건을 언급하기 때문에, 관찰자 겸 화자가 이를 관찰·경험하여 장기기억 속에 집어넣고 나서, 다른 사람에게 그 정보를 전달해 주기 위해서는 스스로 완결되어야 할 필수 층위가 있다(5절). 명사는 1차적으로 추상화되고 일반화되어 있는 개념을 기반으로 하므로, 이런 요구가 굳이 화용상의 필요성에 의해 요구되지 않는다면 수의적이다. 이런 특성들 때문에, 의사소통을 할 때에 서로 간에 정보 간격이 클 경우에는, 문장들을 연속적으로 산출하여 공유 경험의 토대를 점차 마련하고 확보해 나가야 한다. 반대로 서로 간에 정보 간격이 적거나 공유된 경험이 많을 적에는, 추상화되고 일반화된 명사들의 단편만으로도 충분히 서로의 의도를 알아차릴 개연성이 높아지는 것이다. 다음 절에서는 문장이 완결되기 위한 층위들을 살펴보기로 한다.

5.

우리는 삶을 이루는 실세계에서 복합 사건들의 연쇄를 단면으로 잘라내어 파악하고, 그 내용을 가치가 있다고 판단하는 것은 의식적이든 무의식적이든 장기기억 속에 저장하게 된다. 이런 대상들 가운데에서, 화자의 표현 의도에 따라서 상대방에게 그 사건 내용을 전달해 주기 위하여 문장이란 단위가 언어 단위로서 존재한다. 더욱이, 정보전달용 의사소통은 말을 주고받는 사람들 사이에서 크든 작든 많든 적든 간에 정보 간격이 있음을 전제로 한다. 그렇기 때문에, 혼자만 체험한 내용을 장기기억으로부터 인출해 내어 작업기억 창고(제5장 2절 참고)에서 문장이라는 단위로 꾸며 표현해 주는 것은 정합적인 일이다. 문장은 하나만이 오직 외톨이로 존재하는 것이 아니다. 문장들이 담고 있는 정보가 계속 이어지고 쌓이면서, 의사소통 당사자들 사이에 존재하였을 법한 정보 간격이 차츰 좁혀지거나 궁극적으로 없어지는 것이다. 이는 임의 공동체 구성원들 사이에서 공유 체험이나 경험이 넓어지는 것을 의미하며, 이런 사회적 공동체에서는 협동 작업에 의한 토대가 더 굳어지게 된다(한 공동체의 사회적 결속력이 높아짐).

그런데 하나의 문장 속에 담긴 정보가 청자에게 전달되기 위해

서는, 필수적으로 어떤 포장지에 싸여 있어야 하는 것일까? 1960년
대 초엽 촘스끼 언어학이 깃발을 높이 걸고 전 세계 언어의 밑바
닥 원리를 찾아내려고 출범하였는데, 20년이 지나자 어휘범주들이
세계 언어에 공통적으로 제약되어 있음을 깨닫게 되었다. 이어서
1980년대 말엽에서부터 기능범주들에 대한 탐구가 시작되었다.[40]
여기서 과거의 예상과는 달리 언어마다 모두 기능범주들도 비슷하
게 제약되어 있음을 알게 되었다. 그러자 기능범주에 대한 연구
흐름에서는 곧 이어 동사를 요구하는 기능범주와 명사를 요구하는
기능범주 사이에서 공통점을 찾아내려는 노력이 시작되었다.[41] 공
통점이나 일반성을 찾는 노력은 추상화 단계를 반드시 거쳐야 한
다. 달리 말하여, 이는 구체적인 세부 사항이 일부 또는 다수 무시
될 수 있다는 뜻이다.

일찍이 촘스끼 교수는 어휘범주를 '명사 속성'과 '동사 속성'을
자질로 배합하여 네 가지 범주를 얻어내었다. 이는 유아에서부터
발달하게 되는 주요 개념들에 상응한다. 곧, 대상 및 실체 개념, 과
정 및 행위 개념, 속성 및 성질 개념, 시간 및 공간 개념이다. 이들

40] Hauser, Chomsky, and Fitch(2002), "The Faculty of Language : What Is It, Who
Has It, and How did It Evolve", *Science*, 제298호, pp. 1569~1573에서 촘스끼 교수
는 언어의 가장 중요한 핵심 속성으로 recursion(반복 속성, 수학에서는 '회귀 함
수'로 번역함)을 주목한다. 이를 협의의 언어 능력(FLN)으로 보고, 진화의 흐름
속에서 유일하게 인간만이 지니게 되었다고 본다. 광의의 언어 능력(FLB)은 유인
원 등 다른 종과도 공유되는 능력이다. 그렇지만 '반복'이란 유일하게 언어의 기
본 속성만이 아님에 유의할 필요가 있다. 이 개념은 20세기 초반 수학 기초론에
서 자연수의 본성을 다루면서 처음 정립되었으며, '무한성·개체성·생성'의 개념이
전제되어 있다. 만일 반복성이 모든 형식 사고 절차에 적용되는 기본 개념이라면,
언어를 언어답게 만들어 주는 핵심 속성은 반복 속성이 아니라, 다른 속성에서
찾아져야 할 것이다. 필자는 그 해답이 앞의 2절에서 언급한 본뜻과 상징의 차이
에서 찾아져야 할 것으로 믿는다.

41] 김지홍(2010), 『국어 통사·의미론의 몇 측면』(도서출판 경진) 제6장 '동사구와 명
사구 기능범주들의 관련성'을 보기 바란다.

은 각각 명사·동사·형용사·전치사로 표상된다.

필자는 기능범주도 또한 자질 배합을 통해 일반화될 수 있을 것으로 본다. 문장에 필수적으로 나타나야 하는 기능범주는 국어문법에서 선어말어미와 어말어미로 불리는 요소이다.[42] 선어말어미는 어말어미보다 더 앞에 나온다는 뜻으로 붙여졌지만, 어말어미에 작용을 하게 되는 것이 아니라, 오히려 바로 앞에 나오는 동사구 또는 명제에 대한 것이다. 선어말어미는 〈화자, 사건〉의 관계를 표시해 주기 때문이다. 이와는 달리, 어말어미는 〈화자, 청자〉의 관계를 나타낸다. 이제 선어말어미를 'I'로 쓰고, 어말어미를 'C'로 써서, 이들 자질을 배합하면 다음처럼 네 가지 하위범주가 도출된다.

(8가) [+I, −C] 선어말어미(=시제·양태소 INFL)

　나) [+I, +C] 연결어미(=접속소 Conj)

　다) [−I, −C] 높임법어미(=성·수·대우 일치소 AGR)

　라) [−I, +C] 어말어미(=종결소 혹은 서법소 Comp)

여기서 (8다)에 주목하기로 한다. 내부자질 배합이 시제소의 역할도 없고, 종결소의 역할도 없다. 그럼에도 기능범주의 일원이 되고 있기 때문이다. 이 기능범주는 일치소[Agreement]로 불리며, 동사가 거느리는 논항과 비논항(=부가어)을 구분해 주는데, 오직 동사가 요구하는 필수 논항에만 일치 표시를 더해 놓는 것이 그 임무이다.

42] 이 용어들은 초기에 단어나 형태론 시각에서 붙여진 것이다. 구조주의에서 문장을 다루면서 '통어론(단어를 거느림)'이란 말을 쓰기도 했지만, 참스끼 문법에서 80년대에 문장의 핵어가 어미 또 문장접사(C, I)라는 자각 때문에 '통사론(접사를 거느림)'이란 말로 일반화되었고, 이를 반영하여 '문말어미' 또는 '문미어미'란 말을 쓴 경우도 있다.

그 일치 관계는 언어에 따라 고유한 매개인자가 설치된다. 한국어의 경우는 대우 일치를 구현하고 있다.[43] (8나)의 접속소는 시제소를 허용할 뿐만 아니라, 경우에 따라서 종결의 기능도 떠맡을 수 있다. "그렇게 했거든!"이나 "뭐라고?"와 같이 절단된 채 끝나는 언어 표현의 실상도 포착할 수 있게 해 준다. 접속소는 문장의 확대에 관계한다. 이는 복합 사건의 연결을 담당하게 되며, 기본적으로 2항 접속(≒종속 접속)과 다항 접속(≒등위 접속)을 허용하게 된다.[44] 이 글에서는 단일 사건으로 된 설편(說片)만을 대상으로 하고 있으므로, 일단 논의에서 제외시켜 둔다.

43] 윤석민 선생님(전북대학교 국어국문학과)의 세 번째 질문에서 '대우 일치소'의 필수적이지 않고 화용적이므로 적합한 예가 아니라고 하시고, 오히려 중세 국어의 'ㅅ : 이/의' 대립이 그 후보가 될 것이라고 지적하셨다. 우리말에서 대우는 크게 화용적인 것과 문법적인 것으로 나뉘고, 문법적인 것은 형태소로 된 것과 어휘로 된 것으로 나뉜다. 대우는 화자의 대우 의지에 의해서 실현된다는 점을 부인하지는 않는다. 그렇더라도 그 문법 형태소로서 대우가 실현되려면 특정한 위치에 특정한 형태소가 나와야 하는 것이다. 필자는 이런 점이 매우 수의적인 화용적 대우와 차이가 난다고 보았고, 이를 조금 추상화시켜서 '논항'의 배열이나 지정에 간여한다고 보았던 것이다. 더 일반화시켜서 진술한다면, 동사에 맨 처음 붙어야 하는 필수 요소는, 동사가 고유하게 거느리는 요소(Williams, 1981에서 처음 구분한 '내부 : 외부' 논항)들을 구분해 놓을 개념적 필요성을 구현해 준다고 생각하였음을 밝혀 둔다.
   그리고 중세국어에서 발견되는 'ㅅ : 이/의' 대립은, 이숭녕(1983), 「국어의 인대명사의 신분성 지배에 대하여」, 『대한민국 학술원 논문집』 22호에서 이미 최소 대립쌍이 아님이 밝혀진 바 있다. 다시 말하여, 중세 국어 자료에서 이미 'ㅅ : 이/의'라는 두 형태소가 계열 관계에 있지 않았던 것이다. 단순히 '유정물인지 여부'와 '무정물 표현의 극존칭 전용'으로 이들을 설명하기에는 예외가 너무 많은 것이다. 필자는 현대 국어의 직관에 비추어 다음처럼 짐작한다. 앞의 사이시옷은 '비통사적 구성'을 대표하는 형태소(전형적인 융합/응축 낱말로 됨)로 보이며, 통사적 구성을 이루는 뒤의 '의'는 '구적 낱말'을 만들어 주는 형태소인 듯하다. 이들은 겉보기에 계열 관계에 있는 듯이 오해될 수 있겠으나, 실상은 통합 관계를 이룰 수 있는 것이다. 이런 점을 일반화시켜 진술한다면, '의'는 외부 논항까지 묶어 줄 수 있지만, 'ㅅ'은 오직 내부 논항만을 응축시켜 완전한 하나의 낱말 지위를 만들어 놓는 것이다.

44] 접속문에 대해서는 김지홍(2010), 『국어 통사·의미론의 몇 측면』(도서출판 경진) 제7장과 제8장을 보기 바란다.

복합 사건들의 연쇄 속에서 그것을 언어로 표현해 내기 위해서는 단일 사건으로 된 절편을 만들어야 한다. 이는 동사구 VP(명제라고도 말할 수 있음)로 실현된다. 그 속에 들어 있는 비핵어[non-head](논항과 부가어)들은, 의사소통을 순조롭게 이루기 위해서 흔히 배경이 먼저 제시되고, 그 위에 초점이 제시되는 순서를 따르게 된다. 이 일이 일단락되면, 이제 기능범주가 제일 먼저 할 일은, 핵어인 동사의 논항과 비논항을 구별해 주기 위해서 언어적 표시를 해 놓는 작업이다. 서구의 언어에서는 주로 성과 수를 중심으로 일치를 부여해 주지만, 우리말에서는 대우해야 할 관계를 중심으로 일치를 부여해 준다.

핵어와 논항의 관계를 언어 기제로 표시해 두는 일이 끝나면, 그 단일 사건을 관찰자 겸 화자가 어떻게 바라보고 인식하는지에 대해서도 언어적으로 표시를 해 줘야 한다. 곧, 그 사건의 전개나 변화를 파악하고, 그 사건이 어떻게 되기를 바라며, 그 사건의 발생에 대한 확실성 여부 등에 대하여 표시를 해 주는 것이다. 앞의 내용을 상과 시제라고 부르고, 뒤의 내용을 양태(양상)라고 부른다. 간단히 말하여 이는 〈화자, 사건〉의 함수 관계를 언어상으로 표시해 주는 것이다. 특히 형식 의미론이나 논리학에서, 상과 시제는 대소 관계(시제는 점차 증가하거나 감소해 가는 자연수의 관계를 이용하며, 상은 내부에서 전개 과정을 문제 삼을 경우이며, 외부에서 전체를 볼 경우는 달리 취급됨)로 표상된다. 양태(양상)는 가능세계를 상정하여 그 범위를 양화 표현으로 나타낸다.[45]

45] 학교문법에서는 양태로, 논리학이나 철학에서는 양상이란 용어를 선호하는 듯하다. 언어학에서 다루는 양태는 특정 언어에서 관찰되는 조동사를 중심으로 논의되는 게 일반적이다. 우리나라 말은 시상과 서로 겹치는 부분이 있고, 또한 서법과도 일부 겹치게 된다. 이는 사건 하나에만 초점이 모아진 것이 아니라, 그 사건을 인식하는 방법도 긴밀히 관여되기 때문이다. 철학에서도 양태 또는 양상이 밑

마지막 층위는 〈화자, 청자〉의 관계를 표시해 준다. 서법에 대한 구획도 자질 이론을 이용하여 2분지 방식으로 제시될 수 있다. 먼저 정보 간격이 있는지 여부가 점검되어야 하며, 이는 화자로부터 청자에게 정보가 흘러갈지, 아니면 청자로부터 화자에게 정보가 흘러올지를 결정해 준다. 앞의 경우는 서술 단정문이나 감탄문을 가리킨다. 이미 알고 있는 기존 정보를 내보내는 경우에는 앞의 서법이 쓰이고, 비로소 처음 아는 정보에 대해 뒤의 서법이 쓰인다. 특이하게 화자가 스스로에게 물음을 던지지만, 이런 자문自問이 주위 사람들에게 대답을 하도록 속뜻을 갖는 경우도 있다. 머릿속으로만 물음을 던지지 않고, 그대로 그 내용을 복사하여 말로 표현하는 경우이다. 뒤의 경우는 청자에게 언어 표현을 요구할 것인지, 아니면 행위나 행동을 요구할 것인지에 따라, 다시 서법이 의문법과 청유법으로 나뉜다. 의문법은 다시 화자의 자문이 고려되어야 하기 때문에 다소 양상이 복잡하다. 그렇지만 전형적으로 화자는 자신에게 없는 어떤 정보가 청자에게 있다고 가정하기 때문에 물음이 성립되며, 이를 질문質問이라고 부른다. 이는 무엇에 대해 묻는 것과 그런지 여부를 묻는 질문으로 다시 나뉘는데, 물음이 내포문으로 들어가 있는 양상은 훨씬 더 복잡하고 심층적인 논

음 체계나 믿음 고정 방식과 관련됨을 논의해 왔고, 이 때문에 항상 경계 짓기(demarcation)가 흐려지는 경향이 있다. 범언어적 관점에서의 논의로 바이비 외(Bybee, Perkins, and Pagliuca, 1994)의 『문법 진화 : 세계 언어에 있는 시제·상·양태(*The Evolution of Grammar : Tense, Aspect, and Modality in the Languages of the World*)』(Univ. of Chicargo Press)와 홀리브뢴즈 외(Hollebrandse, et al., 2005) 엮음 『시제·상·양태의 범언어 관점(*Crosslinguistic Views on Tense, Aspect, and Modality*)』(Rodopi)과 스윗처(Sweetser, 박정운 외 2인 뒤침, 2006 : 제3장)의 『어원론에서 화용론까지』(박이정)를 보기 바란다. 우리말은 박재연(2006)의 『한국어 양태어미 연구』(태학사)를 참고하기 바란다. 논리학에서는 시제 논리의 아버지로 칭송되는 프롸이어(Prior, 1914~1969)의 3부작 중 1957년 『시간과 양상(*Time and Modality*)』(Clarendon)을 읽어보기 바란다.

의가 요구된다.

필자는 서법 또한 시제 처리와 같이 연산자로 처리되어야 한다고 믿고 있다. 촴스끼 문법에서 논항으로 처리하는 것은 문제가 있다. 논항의 숫자는 동사의 속성에 따라 변동된다. 그렇지만 시제나 서법들이 구현되는 층위는 실현되기도 하고 없어지기도 하는 것이 아니기 때문이다(이 점은 프롸이어^{Prior}의 저서에 잘 반영되어 있음). 마치 프레게가 우주 속의 개체와 대상이 언제나 수로 대응을 이룰 수 있기 때문에, 수의 개념이 모든 사고에 다 들어가야 하며, 이를 양화사로 상정한 것과 동일한 이유이다.[46] 이상의 논의를 다음처럼 도표로 만들어 보일 수 있다.

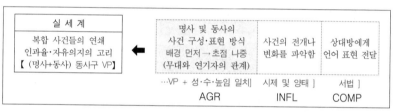

[그림 4] 문장을 포장하는 필수적 기능범주들과 그 의미

46] 여기서는 언급하지 않지만, 김지홍(2000), 「동사구와 명사구 기능범주들의 관련성에 대하여」, 『백록 어문』16호에서 동사구와 명사구 두 갈래의 기능범주가 같은 질서를 이루고 있음을 논의하였다. 필자는 이를 기능범주의 '상동성'이라고 불렀다. 동사구의 일치소(AGR)와 시제 양태소(INFL)는 사건표현 완결 요소로 통합된다. 이는 명사구에서 수량 분류사와 같이 일치소 및 시·공에 관련된 위상소와 층위가 정확히 일치한다(촴스끼 언어학에서는 여태 D로 표기되는 일치소만을 다루고 있음). 따라서 상대적으로 명사가 대상·개체와 관련되므로(늘 그런 것은 아니지만), 이들 기능범주를 대상표현 완결 요소라고 부를 수 있다. 한편 종결소(C)는 복합 사건의 연쇄를 표현하기 위해 다시 확장 관련 요소로 통합되며, 명사구와 관련된 기능범주는 접속소 및 다른 차원의 관련소들로 이뤄진다. 그렇지만 명사구에서 관찰되는 기능범주들은 수의적이라는 점에서, 동사구에서 관찰되는 것들과 현격한 차이를 보인다.

6.

　문장이란 단위를 넘어서서, 이제 더 큰 단위인 문단과 전체 덩잇글을 다뤄 나가기로 한다. 글말은 크게 문학류의 글과 비문학류의 글로 나뉜다. 전자는 흔히 네 가지 문학 갈래를 나눠 놓는다. 후자는 여러 가지 다양한 일상적이며 실용적인 글을 다루는 갈래(실무용)가 있고, 특정 목적을 위한 갈래(특정 목적용)가 있다.[47] 다시 이 하위 갈래에서 흔히 '논술'로 대표되는 학업 관련 글말은, 졸가리가 잡힌 정보를 전달해 주며, 글쓰기 교육에서 단연 으뜸을 차지한다. 여기서는 논의의 편의를 위하여, 졸가리가 제대로 잡혀 있는 정보 전달용 글을 상정하여 다뤄나가기로 한다.

　하나의 문장은 단일 사건을 나타낸다. 그렇지만 실세계의 경험은

47] '특정 목적의'라는 용어는 뤼처드즈(Richards, 2001), 『언어교육에서의 교과과정 계발(*Curriculum Development in Language Teaching*)』(Cambridge University Press)에서 빌려온 것이다. 거기서 언어교육의 발전 방향은 기본적이고 일반적인 목적(core or general purpose)으로부터, 다시 특정 목적(specific purpose)의 교과과정 도입으로 발전해 왔다고 기술하고 있다. 필자가 생각하고 있는 글의 갈래를 적어두기로 한다. 글말은 먼저 참된 실생활(authentic) 글말과 상상력(imaginary)의 글말로 나눈다. 참된 실생활의 글말은 현실 속의 사건과 인물들과 관련되지만, 상상력의 글말은 문학과 관련되고, 상상 속의 사건과 인물들을 다룬다. 앞의 부류는 먼저 실용 목적의 글말과 특정 목적의 글말로 나뉜다. 특정 목적의 글말은 직업 관련(job related) 글말과 학업 관련(academic) 글말로 나뉜다. 상상력의 글말은 전통적으로 4가지 갈래로 나뉜다.

여기서 참된 실행활 관련 글말은 주로 '표현/산출'에 초점이 모아져 있지만, 상상력 관련 글말은 '이해/해석'에 초점이 모아져 있다. 우리 국어 교육에서 강조해야 되는 것은, 낮은 수준에서 '일반 실용적 글말'의 표현에 초점이 모아지고, 높은 수준에서 특정 목적의 글말에 초점이 모아져야 한다. 실업계에서는 직무 관련 글말을 더 많이 다뤄 줄 수 있고, 인문계에서는 학업 관련 글말(특히 논술류가 으뜸임)을 더 많이 다룰 수 있다.

늘 복합 사건들의 연쇄(연결체)로 존재한다. 따라서 언어가 실세계
에 대한 것을 표상하려면 반드시 더 큰 단위로 묶여 나가야 한다.
이 과정을 주도하는 것은, 언어 산출자의 밑바닥 의도(또는 글의 주제)
이다. 문장과 문장을 묶는 방식은 cohesion(뒤의 [그림 5]에서는 '문장
묶기'로 번역)으로 불린다.[48] cohesion의 기제 가운데 가장 강력한 것
이 무엇인지에 대해서는 두 주장이 있다. 하나는 지시 표현[reference]이

---

[48] 학교 문법에서 이를 '응집성'이라고 번역하지만, 결코 엉겨(凝) 한 점에 모이는(集)
것이 아니다. 오히려 더 넓혀지고 펼쳐져 나가는 것이다. 이를 흔히 글의 전개(展
開)라고 말한다. 학교 문법에서 채택한 용어는 역방향을 가리키고 있다. 필자는
순수 언어학(통사론)에서 문장들이 묶이도록 하는 기제 가운데 대명사를 대표적으
로 쓰기 때문에, 대명사를 묶는 binding(결속)을 받아들여서 '통사 결속'이라는 말
을 써 보았다(Cook, 1989; 김지홍 뒤침, 2003,『옥스포드 언어교육 지침서 : 담화』,
범문사). 문장을 대상으로 하면 '문장 결속'이라고도 말할 수 있다. 쉽게 말하여,
문장들을 '왕자 풀'로 붙여 줘야 한다. 그 결과 '문단'이 나온다. 문단들 사이를 강력
하게 묶어 주는 것이 '강력 본드'이거나 '철사 줄'이다. 앞의 왕자 풀은 거의 언어
기제에 의해서 이뤄지지만, 뒤의 강력 본드나 철사 줄은 더 넓혀져서, 언어로 표현
되어 있지는 않지만 우리의 배경지식까지 동원되어야 하는 것이다. 최근 언어심리
학에서는 cohesion(통사 결속)과 coherence(의미 연결, 개념 연결)를 구분하지 않
고, 다만 수식어를 붙여서 local coherence(지엽적 연결)와 global coherence(전반
적 연결)이란 말을 쓰기도 한다. 그렇지만 이는 언어 해석에 비언어적 정보가 덧얹
혀져야 하는 측면을 드러내지 못한다. coherence는 학교 문법에서 '통일성'이라고
번역하였다. 하지만 이는 전반적인 '연결 상태'에 대한 평가 결과를 가리키는 용어
이다. 즉,

  coherence + evaluation = consistency (or unity)

인 것이다. 필자는 coherence를 '의미 연결' 또는 '개념 연결'로 부른다. 중요한 점
은 다음과 같다. 문장과 문장을 이어주는 경우에, 언어로 표현된 정보가 결정적인
역할을 한다. 그러나 문단과 문단을 이어주는 경우에, 언어로 표현되지 않은 내용
들이 관계한다. 위도슨(Widdowson, 2004, 제4장),『텍스트·맥락·해석 구실 : 담화
분석에서의 핵심 논제들(Text, Context, Pretext : Critical Issues in Discourse Analysis)』
(Blackwell)에서는 명시적으로 extra-linguistic information(언어로 표현되지 않은
언어 외부의 정보)라고 부른다. 따라서 대립적으로 표현하면 cohesion(편의상 '문
장 묶기'로 번역함)은 〈문장, 문장〉을 묶는 관계이나, coherence(편의상 '문단 묶
기'로 번역하지만, 반드시 이해자의 배경지식이 들어가야 함을 유의 바람)는 〈언
어 표현, 배경지식〉을 묶는 관계라고 말할 수 있다. 건스바커·기본(Gernsbacher
and Givón, 1995) 엮음,『자발적 텍스트에서의 의미 연결(Coherence in Spontaneous
Text)』(John Benjamins)에서도 기본은 Coherence(의미 연결)를 텍스트의 구조화된
정신 표상(structured mental representation)으로 정의한 바 있다. §.2-2의 각주 12
도 참고 바람.

라고 본다. 다수 연구자들이 이 견해를 지닌다. 그러나 호이(Hoey, 1991)에서는 어휘 사슬이 가장 강력하며 중요하다고 논증하고 있다.[49] 어떤 기제를 우선으로 삼든지 간에, 문장들은 언어적 기제를 통하여 서로 묶이게 된다. 이를 여기서는 잠정적으로 '문장 묶기'로 부르기로 한다. 문장을 묶는 기제는 이외에도 대치와 생략과 접속사 사용이 있다. 접속사는 초보 학습자의 글말에서 자주 관찰되며, 수준이 올라갈수록 그 사용이 줄어드는 것으로 보고되어 있다.

문장과 문장이 묶이어서 만들어진 단위를 '문단' 또는 '소단락'이라고 부른다. 문단이나 소단락도 또한 서로 함께 묶이어야 한다. 이를 coherence^{의미 연결, 개념 연결}라고 부른다. 영어의 어원은 cohesion이나 coherence나 모두 똑같이 'stick together^{함께 붙다}'라는 뜻이다. 문단과 문단을 붙여 놓는 강력 본드는, 기본적으로 이미 수립되어 있거나 수립되고 있는 덩잇글의 전개 관행이다. 연구자에 따라서 이를 '추론'이라고 이름 붙이기도 하고, '정교화 과정'이라고 말하기도 한다. 킨취(Kintsch, 1993)에서는[50] 두 단계로 나누어, 정보 덜어내기 과정과 정보 더해 놓기 과정으로 부른다. 앞의 과정은 요약하기를 가

49] 호이(Hoey, 1991), 『덩잇글에 있는 어휘 결속의 여러 가지 유형(*Patterns of Lexis in Text*)』(Oxford University Press)에서는 어휘 사슬을 통한 묶기의 상위 개념이 '반복 그물(repetition net)'이며, 덩잇글 주제 열어나가기와 주제 매듭짓기 등 객관적으로 계량할 수 있는 기제도 함께 다룬다. 정보를 가득 담고 있는 책자나 덩잇글을 놓고서, 그 난이도나 가독성 정도도 그 책자에서 다룬 개념을 통해서 계산과 예측이 가능하다. 국어교육에서 어휘를 다루는 경우에 이런 논의가 없는 듯하다. 여기서는 호이가 다루는 어휘 사슬도 문장을 묶는 기제 속에 포함되므로 이를 따로 다루지 않는다.

50] 킨취(1993), 「덩잇글 처리에서 정보 더해 놓기와 정보 덜어내기 : 추론(Information Accretion and Reduction in Text Processing : Inference)」, 『담화 처리(*Discourse Processes*)』 제16권, 193~202쪽에서 처음 주장되었다. 이런 능동적 작용이 옛 용어로는 미시명제(micro-proposition)로부터 거시명제(macro-propositions)를 만들어 가는 과정에 적용된다. 킨취(1998), 『이해 : 인지 패러다임』(Cambridge University Press)에서는 이것이 덩잇글 토대를 이루는 데 적용된다. 다음 절을 보기 바란다(또한 각주 61의 도표도 참고 바람).

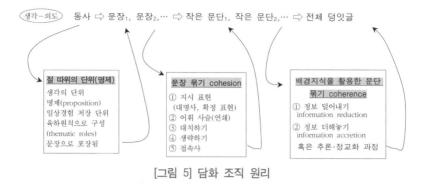

[그림 5] 담화 조직 원리

리키며, 뒤의 과정은 덩잇글의 정보에 비추어 독자의 배경지식(또는 복합 개념틀)을 더하여 새로운 상위 정보를 만들어 내는 것이다. 이제 이런 여러 단계들을 [그림 5]와 같이 나타낼 수 있다.[51]

굵은 화살표(⇨)로 된 것은 덩잇글에 대한 하위 단위들이 더 높은 단계의 단위로 바뀌는 과정을 표시해 준다. 아래에 있는 글상자는, 각 단계마다 입력을 받아들여 출력물을 만들고, 더 높은 단계의 단위로 바꿔 주는 부서들이다. 가령, 맨 처음 단위 사건 개념을 표상하기 위하여, 명제나 문장을 표상해 주는 부서가 있다. 거기에 입력물은 동사이고, 동사는 하나의 문장을 투영하면서 필요한 논항들을 거느리게 된다. 그 결과는 문장이 된다. 이제 개별 문장들은 '문장 묶기'의 부서 속으로 들어가는 입력물이다. 그 부서는 산출물로서 작은 문단을 만들어 낸다. 마지막으로 작은 문단들

51] 윤석민 선생님(전북대학교 국어국문학과)의 네 번째 질문은, cohesion 및 coherence 의 용어 이해와 관련된다. 결속구조와 결속성, 또는 응결성과 응집성 등의 번역들이 혼란만 가중시키기 때문이다. 최근 들어 언어심리학에서 이들을 local coherence (지엽적 연결)와 global coherence(전반적 연결)로도 쓰기 때문에 자칫 오해만 불러일으킬 수 있다. 이 두 개념은 간단히 대립적으로 표현할 경우에, 언어적인 기제로 묶어 가는지, 아니면 이해 주체의 배경지식이나 언어 외적 정보를 동원하여 묶어 가는지로 나뉜다. 앞의 것을 cohesion이라 부르고, 뒤의 것을 coherence라고 부른다. 앞의 각주 48에서도 밝혀 두었듯이, 이런 구분이 옳다면, 언어심리학의 용어는 타당하지 않음을 알 수 있다.

이 다시 '문단 묶기'의 부서 속으로 들어가서, 출력물로서 전체 덩잇글을 완성하게 된다. 물론 이 과정이 기계적이고 자동적인 과정은 아니다. 왜냐하면, 글 쓰기나 글 읽기 과정은 반복되면서 애초 생각을 지속적으로 수정해 나가기 때문이다.

7.

이상에서 살펴본 언어 체계는, 우리의 머릿속에서 산출(표현) 과정과 처리(이해) 과정을 거치며 구현된다. 언어의 산출과 처리 과정에 대한 연구는, 언어심리학에서 많은 진전이 이룩되어 왔다. 1980년대 이전에는 산출과 처리가 동일한 과정을 되밟는다고도 가정되었다. 곧 이해의 과정을 거꾸로 돌리면, 산출의 과정이 되는 것으로 생각하였던 것이다. 그렇지만 산출과 이해의 과정은 서로 다른 경로를 통해서 일어난다. 여기서는 언어 산출의 과정으로서 처음 명시적으로 종합해 놓은 르펠트(Levelt, 1989; 1999)의 산출 모형과, 언어 처리의 과정으로서 가장 대표적인 킨취(Kintsch, 1998)의 구성-통합(CI) 모형을 간략히 소개하기로 한다.[52]

언어 산출과 처리를 다루려면, 가장 먼저 우리 머릿속에서 일어나는 것으로 가정되는 생각의 '실체'와 그 '단위'들에 대한 가정을 살펴보아야 한다. 머릿속에서 일어나는 생각의 실체는 어떤 것일까? 여기에는 적어도 다음의 세 가지 가정이 검토되어야 한다. 제일 간단한 것이, 포더(Fodor, 1975), 『사고의 언어^{The Language of Thought}』(Harvard University Press)에서 제시된 '명제'이다. 두 번째로 킨취(Kintsch,

---

52] 르펠트(1989)는 제6장을 보기 바란다. 킨취(1998)는 제5장을 보기 바란다.

1974), 『기억에서의 의미 표상The Representation of Meaning in Memory』(Lawrence Erlbaum)과 킨취(Kintsch, 1998), 『이해Comprehension』(Cambridge University Press)에서 제시된 '명제'와 '심상'이다. 세 번째로 좐슨–레어드(Johnson-Laird, 1983), 『정신 모형Mental Models』(Harvard University Press)에 제시된 '명제'와 '심상'과 '상위의 처리기'이다. 이밖에도 다른 가정들이 있을 것이다. 그렇지만 언어 산출과 처리를 설명하는 데에는 두 번째 가정만으로 충분한 것으로 보인다.[53]

생각의 실체나 단위를 결정하더라도, 이들이 어떻게 작동하는지를 드러내 주어야 한다. 여기에는 적어도 두 가지 가정이 있다. 연산주의와 연결주의이다. 전자는 생각이라는 것이 입력과 출력의 거대한 흐름도 형식으로 작동하는 것으로 본다. 이는 튜링(Turing, 1950), 「계산 기계와 지능Computing Machinery and Intelligence」을[54] 비롯한 그의 일련의 업적으로부터 나왔다. 지능을 갖추어 생각을 하려면 '입력기·출력기·기억창고·중앙처리기'를 갖추고 있어야 한다. 이 개념은 비단 인간에게만 국한되는 것이 아니라, 우주 어느 곳에 있을 법한 지능을 갖춘 존재도 동일한 조건을 구비할 것으로 판단되므로, 이를 '보편 튜링 기계'라고 부른다.[55] 연산주의가 작동하기 위해서는 부차

53] 갤러버더·코쓸린·크뤼슨(Galaburda, Kosslyn, and Christen, 2002) 엮음, 『두뇌 가동 언어(The Language of the Brain)』(Harvard University Press)에서도 크게 언어 표상(Verbal Representation)과 비언어 표상(Nonverbal Representation)으로 나눠 다루고 있다. 필자는 이 책에서 많은 것을 배울 수 있었음을 밝혀둔다.

54] 최근에 일반 독자를 위한 책으로, 쉬버(Shieber, 2004) 엮음, 『튜링 검사 : 지능의 특징으로서 언어 행위(The Turing Test:Verbal Behavior as the Hallmark of Intelligence)』(MIT Press)를 보기 바란다. 더 깊은 논의를 개관하려면, 허킨(Herken, 1994) 엮음, 『보편 튜링 기계 : 반세기 연구(The Universal Turing Machine : A Half-Century Survey)』(Springer-Verlag)를 참고할 수 있다. 여기서 반세기의 기점은 튜링의 1937년 「계산 가능한 숫자들에 대하여 : 결정성 문제에 대한 적용과 관련하여(On computable numbers, with an application to the Entscheidungsproblem)」라는 논문이다.

55] 이 흐름에서 가장 뛰어난 설계는, '연산 층위·표상 층위·구현 층위'라는 세 층위를 갖춘 마아(Marr, 1982), 『시지각 : 인간의 시각 정보 표상과 처리에 대한 연산처리

적인 가정이 필요하다. 연산이 이뤄지는 부서들이 자의적으로 아무렇게나 오고가는 것이 아니다. 오직 순서에 따라 한 방향으로만 흐른다고 전제되어야 한다. 이는 포더(Fodor, 1983), 『정신의 단원체 속성The Modularity of Mind』(MIT Press)의 주장에 따라 '단원체 가정'으로 부른다.[56] 후자는 뤔멜하앗·머클래런드 등(Rumelhart, McClelland, and the PDP Research Group, 1986), 『병렬 분산 처리Parellel Distributed Processing』(2volume set, MIT Press)에서부터 시작된다. 매우 소박한 형태는 초기 심리학의 자유 연상관계 모형이나, 그물처럼 복잡하게 얽혀 있는 개별 단위체들이 '자극/억제'에 의해서 활성화가 확산되거나 소멸한다. 현재 이런 작동 원리를 중심으로 이들을 합치거나[57] 또는 더 수정된 모습으로 여러 갈래의 가정이 제안되어 있다.

르펠트(Levelt, 1989; 1999)는 기본적으로 언어의 산출을 연산주의 바탕 위에서 모형을 세워 놓았다. 더 쉽게 말하여 일련의 규칙 체계들에 의해서 언어가 산출되는 것이다. 그렇지만 이는 인간이 지닌 중요한 '자유의지'의 속성을 반영해 주지 못한다는 한계가 있다. 이런 점을 고려하면서 연산주의의 더 약화된 모습을 병렬 분산 처

탐구(*Vision : A Computational Investigation into the Human Representation and Processing of Visual Information*)』(Freeman & Co.)일 것이다. 우리말로 정찬섭(1989), 「시각 정보 처리 계산 모형」, 이정모 외 11인, 『인지과학』(민음사)을 읽을 수 있다.

56] 우리말로는 조명한(1989), 「언어처리 이론으로서의 단원성의 문제」, 이정모 외 11인(위의 책)을 참고하기 바란다. 포더의 책 가운데 유일하게 이영옥·정성호 뒤침(1991), 『표상 : 인지과학의 기초에 대한 연구』(민음사)가 나와 있다.

57] 절충주의 또는 혼합(hybrid) 접근으로 불리는데, 병렬 분산 처리가 음소를 바탕으로 하여 낱말들을 모두 생성해 내지 못하기 때문이다. 핑커(1999; 김한영 뒤침, 2009)의 『단어와 규칙』(사이언스북스) 제4장에서는 비규칙적 낱말 활용과 규칙적 낱말 활용이 각각 구체사례 기억에 근거하고 일반 규칙에 근거하므로, 병렬 분산 처리와 연산주의 접근에 적합하다고 결론 짓는다. 곧 두 접근이 모두 필요한 것이다. 같은 장에서 병렬 분산 처리의 한계점이 4가지 지적되어 있어 참고가 된다. 필자는 연산주의에서 '중앙처리기'를 상정하지만, 연결주의로 불리는 병렬 분산 처리 접근에서는 전혀 그런 부서를 상정하지 않는 점이 큰 차이라고 본다. 양자가 서로 조화될 수 있는 방식은 층위 또는 차원이 후자에 도입되는 길이다.

리에서 다루는 활성화 확산의 모습으로 바꾸어 '제약-만족constraint-satisfaction' 과정이라고 부른다. 킨취(Kintsch, 1998)에서는 언어 처리의 모습이 이런 바탕 위에서 이뤄진다고 가정한다.

　언어 처리 과정은 주로 읽기 연구를 중심으로 방대하게 이뤄져 왔다. 킨취의 '구성-통합(CI)' 모형에서는 세 가지 단계를 설정해 놓는다. 덩잇글에 드러난 액면 그대로의 글말 정보를 '덩잇글 표면구조surface structure'라고 부른다.[58] 이 덩잇글 표면구조는 명제 단위로 분석되면서 재구조화가 이루어진다. 재구조화는 추론 또는 정교화 과정으로 불리기도 한다. 재구조화가 일어나는 단계에서는 두 가지 일을 한다. 미시명제(소단락 주제)와 거시명제(대단락 주제)를 형성하는 것이다. 이들이 하나의 유기적 짜임을 이루게 되면, 그 결과를 '덩잇글 토대text-base' 또는 '텍스트 기반'이라고 부른다. 표면구조로부터 덩잇글 토대로 이어지는 과정은, 우리의 장기기억을 일부 빌려 작업기억으로 활용하게 된다(장기 작업기억 가정).[59] 덩잇글 토대는 마지막으로 장기기억 속으로 들어가기 위하여 '상황모형situation model'을 만들게 된다. 덩잇글 토대는 명제 단위들로 이뤄져 있지만, 상황 모형은 심상 단위들과 상위명제로 이뤄져 있다. 어떤 덩잇글을 기억해 낼 때에 우리가 인출해 내는 것이 바로 상황 모형이다.

58] surface structure(표면구조)는 촘스끼 교수가 학술 용어로 처음 썼다. 그러나 일반적인 의미로 여러 분야에서 특별한 주의 없이 쓰이고 있다. 윤석민 선생님의 다섯 번째 질문은 이 용어와 관련된 것이다. 여기서 소개한 르펠트의 '표면구조'와 킨취의 '표면구조'는 같은 낱말이지만 그 내용이 서로 다르다. 언어 산출 과정에서의 '표면구조'는 음성 형식을 갖추기 위해 중간 매개 형식이다. 다시 말하여 머릿속 단원체들 사이에서 주고받는 매개물이다. 구분을 위하여 (매개) '표면구조'라고 쓰기로 한다. 그러나 이해 과정에서의 '표면구조'는 덩잇글에 쓰여 있는 그대로의 문장들을 가리키는 것이다. 따라서 이를 '덩잇글 표면구조'로 번역하여 서로 구분해 놓기로 한다.

59] 이는 배들리(Baddeley, 1984), 『작업기억(*Working Memory*)』(Oxford University Press)에서 가정하고 있는, '음운 순환회로·공간-시지각 그림수첩·중앙처리기'로 구성된 '단기 작업기억'과 구별하기 위해 붙여진 이름이다. 제5장 2절을 보기 바란다.

이런 관점에서 보면, 정교한 이해란 입체적이고 복합적인 심상(머릿속 그림)이다. 이해력이 뛰어난 사람과 떨어지는 사람의 차이는, 어떤 덩잇글에 대한 심상이 정교하고 입체적인지, 아니면 허술하고 단편적인지로 크게 갈릴 수 있다. 또한 덩잇글 토대를 만들어 가는 과정에서, 잘못 상정된 거시명제들을 빨리 지워서 더 유기적이고 정합적인 거시명제로 대체시켜 나가는지 여부에도 달려 있다. 읽기를 다루는 연구자들은 이를 '억제기제 효율성 가설'이라고 부른다.[60]

킨취의 언어 처리 모형을 받아들일 때에, 가장 중요한 것은 '거시명제'의 형성이다. 이는 결코 저절로 만들어지는 것이 아니다. 이해 주체가 능동적으로 자신의 배경지식 속에서 일군의 후보들을 작업기억에다 인출해 놓고서, 계속 입력되어 들어오는 자료들과 비교하면서 올바른 후보를 찾아내어야 하는 것이다.[61] 이런 사실들은

60] 김선주(1998), 「글 이해 능력의 개인차 : 억제기제 효율성 가설(inhibition mechanism)을 중심으로」, 이정모·이재호 편, 『인지심리학의 제문제 Ⅱ : 언어와 인지』(학지사)를 참고하기 바란다.

61] 뵌대익(van Dijk, 1980, 제2장 4절), 『거시구조 : 담화·상호작용·인지 과정에서 전반적 구조들에 대한 복합 학문적 연구(*Macrostructures : An Interdisciplinary Study of Global Structures in Discourse, Interaction, and Cognition*)』(Lawrence Erlbaum)에서는 거시구조를 만들어 내기 위한 거시규칙(Macrorules)으로 지우기/선택하기(deletion/selection), 일반화하기(generalization), 구성하기(construction)를 다뤘다. 한편 킨취(1993 : 195), 「덩잇글 처리에서 정보 더해 놓기와 덜어내기 : 추론(Information Accretion and Reduction in Text Processing : Inference)」, 『담화 처리(*Discourse Processes*)』 제16권, 193~202쪽에서는 더 간단히 상위 범주를 '정보 덜어내기/더해 놓기'를 설정하고, 그 하위 범주를 다음처럼 제시하였다.

추론(inference)에 대한 분류

내용 종류	정보 더해 놓기		정보 덜어내기	
	인출	생성	생략	일반화
무의식적인 자동 처리	교량(bridging 연결) 추론, 연상 정교화	익숙한 영역에서 전이(transitive) 추론	덜 중요한 세부 사항들의 생략	익숙한 영역들에서 구성, 일반화
의식적으로 제어된 처리	교량(bridging 연결) 지식에 대한 탐색	논리적 추론	주요 초점들의 추출	익숙하지 않은 영역들에서 구성, 일반화

언어교육에 매우 중요한 함의들을 담고 있다.

언어 산출 과정은 언어 처리 과정과는 다른 단계를 거친다. 굳이 공통점을 찾아내려고 한다면, 두 과정에서 명제 형식들이 이용되며, 동일한 머릿속 어휘부가 이용된다는 정도뿐일 듯하다. 르펠트(Levelt, 1989)에서는 '개념 형성기·언어 형식 주조기·조음기·점검기'를 상정하였고, 르펠트(Levelt, 1999)에서는 더욱 간단히 '수사-의미-통사 체계'와 '음운-음성 체계'로만 구분하였다. 기호가 형식과 내용의 결합이라고 할 때, 앞의 체계는 내용에 해당되고, 뒤의 체계는 형식에 해당된다. 이 두 체계는 머릿속 어휘부서mental lexicon에 의해서 매개된다. 그곳에는 '통사·의미 정보값(lemma, 줄여서 '통사·의미값')'을 지닌 개별 어휘들이 들어 있다.

이 전개 과정을 차례대로 살펴보면 다음과 같다. 먼저 언어 산출 주체가 전달할 내용을 생성해 내는 단계가 주어진다. 여기서는 어떤 의사소통 의도를 따라 '언어화 이전의 전달내용preverbal message'을 만들어 내어야 한다. 이는 명제 모습으로 표상된다. 이는 거시적 설계와 미시적 설계 단계로 나뉘는데, 이는 담화 초점을 중심으로 이뤄진다. 청자와의 정보 간격을 가늠할 수 있는 모형, 외부 세계에 대한 배경지식, 표현 방식을 결정짓는 서술 관점의 선택, 수식어 선택 여부 등이 유기적으로 간여된다. 언어화 이전의 전달내용은 문법부호 입력기에 들어가서 (매개) '표면구조'를 만들어 낸다. 여기서는 언어의 형상성에 따라 어순이 고정되거나, 문장을 형성하는 여러 문법 표지들이 붙게 된다. 이를 위해 머릿속 어휘부로부터 관련된 어휘의 통사의미값lemmas들을 인출해야 한다. 이 단계까지는 화자가 의식적으로 자신의 산출 내용을 스스로 점검하며 고쳐 갈 수 있다. 뿐만 아니라 산출 단위들이 한꺼번에 완벽히 만들어지는 것이 아니라, 오히려 자족적인 최소한의 단위로서 차츰

차츰 왼쪽에서 오른쪽으로 진행되어 나간다. 이런 '점증적 산출 원리'는 역동적으로 산출 과정이 중도에서 수정되거나 바뀔 수 있을 가능성을 열어 준다. 여기까지가 '수사-의미-통사 체계' 경계이다.

완성된 표면구조는 형태-음소 부호화 장치로 들어간다. 이 이후의 단계부터는 '음운-음성 체계'에 속하며, 외현된 발화를 스스로 점검하는 단계 이전까지는 대체로 자동적이며 무의식적으로 이뤄진다. 형태-음소 부호화는 앞 단계에서 하나의 통사·의미 정보값이 선택됨에 따라 즉시 형태 부호들이 활성화되므로, 거기에 따라 형태 구성 및 음운 구성이 이뤄지게 된다. 이 구성도 또한 점증적으로 처리가 이뤄진다. 그 결과가 음운 내역phonological score이다. 이는 음절화의 표상으로부터 시작하여, 음운구와 억양구, 그리고 전체 문장의 억양에 대한 정보도 담고 있다. 즉, 음성 부호화 장치로 들어가서 조음 내역articulatory score을 산출해 준다. 즉, 조음기관으로 명령을 내려, 후두와 후두 상위 기관 등을 움직여 외현된 말소리를 산출해 내는 것이다. 임의의 발화를 맨 처음 듣는 사람은 화자 자신이다. 이 때문에 자신의 말실수나 오류를 스스로 고쳐나갈 수 있다. 만일 고치기가 일어난다면, 다시 처음 과정으로 되돌아가 다시 산출이 시작될 수 있다. 자신의 발화를 고치는 데에는 광범위한 인지 전략이 동원되며, 결코 한정된 일부 영역만 기여하는 것이 아니다.

발화 산출 과정에 대한 심리학적 연구를 통하여 언어교육에 대한 함의를 찾아내기는 쉽지 않다. 왜냐하면 언어 처리(이해)와는 달리 현재 의식적 제어 과정이 일부 단계에만 그치기 때문이다. 가령 스스로 제어할 수 있는 단계로서 전달내용을 생성하는 첫 단계를 보면, 의사소통 의도가 어떻게 생겨나며, 그 의도를 관철하는 과정들이 어떻게 전개되는지는 오직 내적 성찰을 통해서만 짐작할 수 있는 영역이다. 따라서 의사소통 의도 그 자체를 다루려면 어떤 우회적이거나 간접적인 방식을 쓸 수밖에 없다는 한계가 있는 것이다.[62]

8.

이 절에서는 '언어사용'의 문제를 다루기로 한다. 앞에서 언어에 대한 자각만으로는 절반의 성공밖에 안 된다고 보았다. 언어는 저절로 기계적이거나 무의식적으로 만들어지는 것이 아니기 때문이다. 언어를 사용하기 위해서 언어 이외의 여러 다른 기관과 단계들을 거치게 된다. 그리고 사용의 문제는, 그것이 언어이든 행위이든, 인간이 자유의지free will를 지녔음을 전제로 한다. 만일 인간이 그저 본능만으로 살아가는 존재였더라면(또는 로봇과 같은 존재였더라면), 더 이상 사용의 문제를 심각하게 제기해 놓을 필요도 없었을 것이다. 그저 자연계의 인과율을 따라서(입력된 프로그램을 따라서)

62] 이 글에서는 '의사소통 의도' 또는 일반적 '의도'를 다루지 않는다. 의도(intention)가 중심 개념으로 들어와 본격적으로 논의되기 시작한 것은 그롸이스(Grice, 1971), "Intention and Uncertainty", *Proceedings of the British Academy*, vol. #57, pp. 263~279인 듯하다. 그는 의도를 어떤 일련의 행위들과 이어진 것으로 파악하고 있다. 반면에 의도가 더 하위 차원으로 환원된다고 보는 견해도 있다. 데이빗슨(Davidson, 1986), "A New Basis for Decision Theory", Daboni et al. eds., *Recent Developments in the Foundations of Utility and Risk Theory*(Reidel), pp. 43~56에서는, 믿음 체계들 중에서 어떤 행위를 위해 모종의 선택과 결정을 내려야 하는 것으로 보았다. 곧 '결정 이론'이 먼저 고려되어야 하는 것이다. 한편 브롯먼(Bratman, 1999), 『의도의 여러 모습(*Faces of Intention*)』(Cambridge University Press)에서는, 의도를 계획 행위성(planning agency)을 중심으로 다루고 있다. 의도에 대한 연구서는 코언 외(Cohen et al. eds., 1990), 『의사소통에서의 의도(*Intentions in Communication*)』(MIT Press)와 말리 외(Malle et al. eds., 2001), 『의도와 지향성(*Intentions and Intentionality*)』(MIT Press) 등 여러 권이 나와 있다. 연구자들은 주로 철학자·심리학자·사회학자·인공지능 연구자 등이다.

적절한 자극에 대해 기대되는 반응의 연쇄들만을 기술하고, 그 기술 속에서 복잡한 행위라고 하더라도 언제나 확률이 높은 예측이 가능했었을 것이기 때문이다. 그러나 우리는 이런 기대가 사실이 아니며, 상황이 정반대임을 잘 알고 있다. 우리 인간 정신의 대립적 두 측면이, 일반화 및 추상성을 지향하면서 개별 특성들을 제거해 나가는 '과학 정신'과, 개별화 및 구체성을 지향하면서 특수한 차별성을 덧붙여 가는 '예술 정신'으로 나뉜다고 한다면, 자유의지는 이 두 축 사이를 자유롭게 오가는 것이다. 어떤 영역 위에 있든지 간에, 자유의지의 구현인 사용의 문제를 다루려면, 먼저 어떤 전형적인 모습을 세워 놓거나 어떤 제약 만족의 형식을 찾아내어야 한다. 그 틀에서 더 높은 일반성을 추구해 들어가거나, 아니면 기존의 틀을 수정하면서 새로운 틀 세우기를 시도해 나갈 수 있다.

언어는 서구의 전통에서 '진리'와 관련되어 다뤄져 왔다. 칸트Kant, 1724~1804가 우리 사고를 대표하는 진술로서 분석명제와 종합명제를 내세우고, 진리를 추구 방식은 이것 이외에 다른 것이 없다고 선언하였을 때 이는 더욱 분명한 모습을 지니게 되었다. 분석 명제는 진술 속의 언어 속성을 분석함으로써 그 진리값을 정해 줄 수 있다. 종합 명제는 외부 경험 세계에 대한 정보를 참고해야 진리값을 정해 줄 수 있다. 종합 명제는 언어 분석 위에, 다시 우리 경험 세계의 정보가 더해져 종합될 때에라야 진리값을 알 수 있게 된다.[63]

그러나 오스뜬Austin, 1911~1952은 직접 진리값을 따질 수 있는 진술

63] 콰인(Quine, 1908~2000)은 이 두 구분이 언어 전체에 대한 정보가 없으면 성공적으로 이뤄질 수 없다고 보았다. 대신 그는 총체론적 접근 방식을 주장한다. 콰인(1953; 허라금 뒤침, 1993)의 『논리적 관점에서』(서광사), 제2장 「경험주의의 두 교리」를 참고하기 바란다.

과 실행을 완벽히 이뤄냄으로써 진리값이 확보되는 진술로 나뉨을 깨달았다. 전자를 진리값 진술constative로 부르고, 후자를 수행 진술performative로 불렀다. 그러나 단정이나 선언을 하는 전자의 진술도 어떤 행위를 수행하고 있는 것이다. 이들은 모두 언어 행위로 묶인다. 그런데 언어 행위를 다루기 위해서 그는 진실성 조건을 상정하였다. 그렇지만 반어 표현과 같은 반례에서 보듯이 모든 언어 표현이 진실성의 조건과 잘 맞아떨어지는 것은 아니다.

좀더 역동적인 언어사용의 모습은 그라이스Grice, 1913~1988에 의해서 다뤄진다. 그의 유작 3권 가운데 1989년 『화용 원리/낱말들의 사용법에 대한 연구Studies in the Way of Words』(Harvard University Press)에 언어사용에 관련된 글들이 다 수록되어 있다. 그는 언어사용이 선택을 전제로 하기 때문에 가치를 내재하고 있으며, 그 가치의 궁극적인 뿌리는 '죽음'이라는 인식을 하고 있었다(그라이스, 1991, 『가치에 대한 개념화The Conception of Value』, Clarendon). 또한 우리가 합리적으로 사고하고 행동할 수 있는 근거를 다루면서, 순수이성과 실천이성의 두 측면도 궁극적으로는 같은 뿌리를 공유한다고 보았다(그라이스, 2001, 『이성의 여러 측면Aspects of Reason』, Clarendon).

그라이스는 전형적인 언어사용을 드러내기 위하여 상식에 바탕을 두고 '대화 규범maxim'을[64] 상정한다. 질과 양이 적절해야 하고,

---

[64] 칸트의 실천이성 또는 윤리에서 다뤄진 것으로서, maxim(행위 규범이나 준칙)에 대한 일본인들의 번역 용어 격률(格律)은 '격언과 같은 지위의 법률'의 뜻으로 풀이될 수 있다. 그런데 격언과 법률은 강제성 측면에서 정반대이며, 서로 같이 뒤섞일 수 없는 개념으로 판단된다. 그리거(Gregor, 1996 영역)의 『칸트, 실천철학(I. Kant, Practical Philosophy)』(Cambridge University Press)에 있는 '윤리의 형이상학에 대한 토대' 73쪽의 역주를 보면, "A maxim is the subjective principle of acting, and must be distinguished from the objective principle, namely the practical law (개인의 행위 규범은 행동에 대한 주관적 원칙이다. 그러므로 객관적 원리, 곧 실천이성과는 반드시 구별되어야 한다"라고 하여, 개인이 결정한 행위 규범이나 준칙임을 알 수 있다. 여기서는 '대화 규범'으로 번역해 둔다.

앞 뒤 말이 관련되어야 하며, 기존의 방식으로 말을 해야 하는 것이다.[65] 그런데 이 규범은 준수될 수도 있고 위배될 수도 있다. 따라서 언어사용에서 화자가 어떤 의사소통 의도를 표현을 하게 되면,[66] 상대방에서는 언어 표현을 통하여 그 의도를 찾아내는 것이 핵심이 된다. 언어 행위가 서로 협동하며 진행되기 위해서는, 매 순간 화자는 청자가 자신의 의도를 알아차렸음을 확인하는 절차가 필요하다. 또한 청자는 화자의 의도를 알아차렸음을 적절히 반응으로 표현해 주는 일이 필요하다. 즉 언어사용이 적어도 '언어 표현 층위·담긴 의도 찾아내기·서로 반응 인식하기·받아들이기' 사이의 순환 과정인 셈이다.[67]

65] 칸트에게서 선험적 범주와 감각기관으로부터 받아들인 지각 내용 사이에 연관을 짓는 판단의 초월적 얼개로서, '양·질·관계·양태(quantity, quality, relation, and modality)'를 상위범주로 상정하고, 각 범주마다 세 가지 하위범주를 배당해 놓았었는데, 그롸이스는 이를 응용한 것이다.

66] 표현에서는 늘 어떤 속뜻(implication)이 깃드는데, 초기에는 언어 표현 관례에 따라 깃드는(conventional) 속뜻과 대화 상황에 따라 깃드는(conversational) 속뜻으로 나누었다가, 후기에는 이들이 '의도 인식'이라는 상위 개념으로 통합된다.

67] 우리가 매일 경험하는 언어 상황을 이용하여 이를 직관적으로 표현하면 다음과 같다. ①우리는 어떤 사람의 언어 표현을 듣는다. ②그 표현을 들으면서 그 사람의 저의(底意)나 의중(意中)을 탐색하거나 파악한다. ③더 나아가 이런 과정을 통해서 우리는 상대방의 인품까지도 평가하게 된다. 중립적인 인식이 약한 인식이라면, 가치 평가는 좀더 강한 인식을 나타낸다. 이런 점에서 다소 차이가 나지만, '표현→의도→인식'의 단계별 과정과 일치한다. 이런 인식의 결과 청자가 어떻게 반응할지는 전적으로 청자의 자유의지에 달려 있다. 만일 청자가 반응할 가능성이 무한하다고 가정한다면, 의사소통의 모습을 제대로 다룰 수 없다. 따라서 반응의 무한한 가능성을 제약하기 위하여, 불가피하게 청자와 화자 사이의 '협동'이라는 개념 장치를 도입하는 것이다. 협동은 청자의 반응 가능성을 제약하는 측면이 강하며, 소박하게 청자가 기대대로 반응한다고 화자가 믿도록 만든다. 만일 청자가 화자의 의도를 오해하거나 곡해할 경우에, 청자의 체면을 보호하기 위하여 청자의 의미파악을 화자가 수용하거나, 아니면 청자가 오해하였다고 말하면서 정정해 줄 수도 있다. 클락(1996; 김지홍 뒤침, 2009) 제7장 5절에서는 청자의 몫을 고려하면서 애초의 화자 제안을 청자가 어떻게 의미파악하고 받아들이는지를 놓고서 여섯 가지 유형을 구별해 놓았다. ①인정된 의미파악, ②수정된 의미파악, ③좁혀진 의미파악, ④교정해 놓은 곡해내용, ⑤탐지되지 않은 곡해내용, ⑥청자 선택에 맡긴 의미파악이다. 이 중에서 ④의 경우만 원래 화자가 고쳐 놓은 행

한편, 이런 측면을 클락(Clark, 1996; 김지홍 뒤침, 2009)에서는 의사소통 과정에서 세 차원의 영역이 들어 있는 것으로 보았다. 청자와 화자가 의사소통을 하는 현장 상황 층위level가 있고, 이를 점검하는 점검 경로track가 있으며, 청자와 화자가 협력이 잘 이뤄지는 경우에 새로운 층렬layer이 도입된다. 현장 상황 층위에서는 다음 네 가지 일이 동시에 일어나거나 또는 일부 겹쳐서 일어난다.

① 화자 제안 : 청자 고려(최상위 층위임)
② 화자 신호 : 청자 인지(차상위 층위임)
③ 화자 제시 : 청자 확인(차하위 층위임)
④ 화자 실행 : 청자 주목(최하위 층위임)

점검 경로는 이들을 대상으로 하여 이뤄진다. 이들은 점층적 단계이므로 더 윗단계가 만족되면, 이전 아랫단계는 이미 만족된 것으로 간주된다. 점검 결과가 만족스럽다면, 화자는 새로운 상황을 도입하여 새로운 내용을 언급하게 될 것이다.

모형을 어떻게 세우든지, 언어 표현은 의도를 담고 있고, 그 의도를 제대로 가늠하였는지를 확인하는 일로 이뤄지는 것이다. 다시 말하여 의사소통의 중심에는 의도(의사소통 의도)가 있고, 그 의도를 청자가 제대로 가늠해 내고, 화자 또한 제대로 자신의 의도를 청자가 깨달았음을 확인할 필요가 있다. 이는 반어 표현을 하는 경우에 대화 규범을 일부러 어긴다면, 대화 상대도 이 점을 곧 알아차릴 수 있도록 제반 조치를 해 주어야 함을 의미한다. 그렇지 않을 경우에 '숨겨진 의도' 또는 '숨은 의도'를 쉽게 찾아내지 못할

위로 이어지고, 나머지는 모두 원래 화자가 청자의 파악내용을 그대로 받아들이게 된다. 이것이 또한 화자가 기여해야 하는 중요한 협동과정의 일부가 된다.

것이다. 숨겨진 의도를 찾아내는 방식은, 오직 대화 상대와의 상호 작용 경험을 누적시키거나, 대화 상대의 언어 행위를 겹쳐 읽는 일 (높은 차원의 해석)을 통해서만 가능하다.

초기 그롸이스의 관심은 화자와 의도와 언어 표현에 쏠려 있었 지만, 후기의 관심은 청자와 의도된 반응 이끌어내기 여부(그런 관 찰을 할 수 있는 실세계 경험)에 더 모아져 있다. 이는 의사소통에 대 한 '자연주의화' 또는 '외재주의에로의 전환'이라고 부를 수 있다. 아무리 제멋대로 상징과 자유의시를 구가하여 임의의 의사소통 도 구를 이용하여 신호를 보낸다고 하더라도, 상대방으로부터 기대된 적절한 반응을 얻어내지 못하고 실패한다면, 차라리 그런 시도를 하지 않음과 별반 차이가 없을 것이다. 이런 측면에서는, 의사소통 에서 첫 출발점도 실세계에 있는 청자이고, 마무리도 또한 실세계 에 있는 청자가 되는 듯하다. 의사소통이 일어나기 위한 전제가 청자와의 '의사소통 간격'이며, 의사소통 완결이 화자 자신의 의도 를 청자가 깨달았다는 신호를 확인하는 일이기 때문이다. 이를 청 자 중심의 의사소통 모형이라고 부를 수 있다.[68]

이런 시각에서 의사소통 실패가 극복되거나 회복되는 열쇠는 청 자에게 있으며, 청자로부터 기대되는 반응을 이끌어내고 확인하는 일에 달려 있는 것이다. 이 점은 '실세계'를 경험하는 여느 일과 동 일 지평에 속하는 것이다. 의사소통 도구의 자연성과 비자연성의 통합도 이런 바탕 위에서 이뤄지는 것이다. 따라서 후기의 언어사

68] 필자는 학생들에게 이를 깨달을 수 있도록 더 쉽게 다음처럼 말해 준다. 겉보기 에 말하기는 화자로부터 시작하고, 화자에게서 끝이 난다. 그러나 참된 모형의 말하기는 청자로부터 시작하고, 청자에게서 끝이 난다. 듣기 또한 마찬가지이다. 피상적으로 듣기가 청자로부터 시작되고, 청자에게서 끝이 난다. 그렇지만 참된 모습은, 듣기가 화자로부터 시작하고(화자의 의도를 간파해 내어야 함), 화자에게 서 끝이 난다(파악된 의도가 맞는지 여부를 화자로부터 추인받아야 함).

용 모형에서 그 초점은, 청자가 화자와 공통 영역 속에 들어가 있기보다는, 오히려 청자가 따로 실세계의 영역 속에 들어가 있는 것이다. 그런 점에서 청자는 중의적인 역할을 떠맡고 있는 셈이다. 청자와 화자가 의사소통을 이루려면, 상호주관적으로 청자와 화자가 동일한 존재임을 전제해야 한다. 그라이스는 이를 다음처럼 삼각형 관계로 표현한다.

실세계 경험

의사소통 도구　　　　　　사고-믿음 체계

　청자와 화자는 모두 머릿속에서 삼각형으로 이뤄진 대응 관계를 내재화하고 있다. 그런 점에서 화자와 동일한 영역 속에 들어 있다. 서로 감정이입empathy이 될 수 있는 존재인 것이다. 그렇지만 화자가 내보낸 의사소통 의도를 청자가 알아차렸음을 확인하기 위해서, 화자의 삼각형에서 청자는 다시 실세계의 영역 속에 들어가 있어야 한다. 청자로부터 나온 특정한 반응을 확인해야 할 실세계의 대상으로 간주되기 때문이다. 따라서 언어사용이 일차적으로 화자를 중심으로 일어나는 듯하다. 이는 일방적인 의사소통의 경우에만 그러하다. 만일 의사소통을 제대로 매듭짓기 위해서는, 반드시 청자의 축이 심각하게 고려되어야 하는 것이다.[69] 이는 화자에게

---

[69] 필자는 일상언어 철학(ordinary language philosophy)에서 기여한 주요 공적이, 언어가 행위이며, 그 행위의 이면에 깔린 화자의 의도를 명시적으로 다룰 수 있게 해 준 점으로 본다. 이는 불가피하게 논의의 초점을 화자에게 집중해 놓은 측면이 있다. 상대적으로 청자의 중요성이 간과된 것이다. 그렇지만 심리학자 클락(1996)에서는 의사소통이 협동과정으로서 청자가 결정하는 몫이 적잖음을 크게 부각시켜 놓았다.

언제나 청자의 반응을 살펴보면서 자신의 의도를 가늠하였는지 여부를 판정해야 하는 의무를 부과해 놓는다. 언어교육에서는 이런 측면을 포괄적으로 '난관 타개하기'로 부른다.

9.

마지막으로 언어교육에서 다뤄지는 언어사용의 네 가지 측면 가운데에서, 다만 예시를 위하여 말하기 영역을 언급하기로 한다. 특히, 말하기 영역에서 대화 능력을 높여 주기 위하여 과제를 등급으로 나눠 주는 소략한 원리에 대하여 생각해 보기로 한다.[70] 여기서는 옥스포드대학 출판부(2003년 범문사 번역 출간)에서 나온 의사소통 중심 「옥스포드 언어교육 지침서」의[71] 내용과 필자가 생각하는 내용을 한데 아우르기로 한다. 그 언어교육 지침서의 밑바닥 원리는 매우 간단하다. 정형화된 언어 형식을 연습한 뒤에, 문제가 생기는 상황에서 어려움을 이모저모로 타개해 나가는 일인데, 그 과정에서 정형화된 방식이란 존재하지 않는다. 더 쉽게 말하면, 모방을 먼저

70] 언어교육에서 처음으로 스코틀랜드 토박이 중학생 화자들을 대상으로 하여 '정보 전달용' 말하기를 등급화해 놓는 원리가 Anderson, Brown, Shillock, and Yule (1984), *Teaching Talk : Strategies for Production and Assessment*(Cambridge University Press)로 출간되었다. 이는 20년이 넘은 지금까지도 과제 중심 언어교육(TBLT)에서는 중요한 업적으로 인용되고 있다. 난이도를 줄이고 높여 가는 자세한 등급화 원리는 그 논의를 참고하기 바란다. 의사소통 중심 언어교육(CLT)의 최근 흐름으로 과제 중심 언어교육(Task-Based Language Teaching)이 부각되고 있는데, 이는 영국의 모국어 교육 모형에 뿌리를 두고 있다. §.2-1의 각주 10과 §.3-2의 각주 5와 6도 참고 바람. 이 글에서는 다만 어떤 영역을 다뤄나가야 할지를 놓고서 다뤄나갈 것이다.

71] 범문사에서 『발음』, 『문법』, 『어휘』, 『담화』, 『듣기』, 『말하기』, 『읽기』, 『쓰기』, 『평가』, 『언어 학습에서의 교사와 학습자의 역할』, 『효과적인 수업을 위한 교실 상호작용』, 『Syllabus의 구성과 응용』 등 모두 12권이 번역 출간되었다.

하고, 창조를 해야 한다는 말에 다름 아니다. 이런 상식을 좀더 학술 용어답게 쓰기 위해서 언어교육 지침서에서는 'routines(정형화된 투식 연습)'와 'negotiations(난관 타개하기)'를 만들었다.[72] 정형화되어 있는 언어 투식이란, 화자와 청자 사이에 전혀 정보 간격$^{\text{information gaps}}$이 많지 않고, 따라서 대화 전개 과정이 누구에게나 충분히 예상 가능한 부류들을 말한다.

이런 내용이 연습을 통해서 제대로 체득된 뒤에는, 정보 간격이 들어가 있는 것들을 연습해 나가야 한다. 정보 간격을 메우기 위해서는 서로 긴밀히 상호작용을 해야 한다. 그 과정에서 여러 가지 해결책들이 동원되고 시도되어야 한다. 이를 의사소통 간격을 줄여 나간다고 말한다. 입말 의사소통은 이런 해결 과정에서 시간 상의 압박감$^{\text{time pressure}}$(제 시간에 응대를 잘 해 냄)이 더 들어가 있는 연습 활동이다. 정보 간격과 시간상의 압박감은 서로 공모 관계에 놓여 의사소통 과제를 더욱 어렵게 만들어 간다.

[그림 6]에서 대화 능력을 나누어 놓는 두 가지 영역은 브라운·율(Brown and Yule, 1983)을 받아들인 것이다. 그리고 왼쪽에 있는 칸은 정형화되어 있는 투식들을 가리키며, 오른쪽은 어려움 타개해 나가기 활동을 가리킨다. 「옥스포드 언어교육 지침서」에서 특별한 설명이 없이 도입된 개념이다. 전자에는 대화 전개 과정들이 충분히 화자와 청자 사이에 예측 가능한 사례들이 들어 있는 것이다. 이 경우 평가의 잣대는 정확성 쪽으로 기울 수 있다. 그렇지만, 후자에는 정보 간격이 얼마만큼이든 반드시 들어 있기 때문에, 처음 해야 할 일은 그 정보 간격이 무엇인지를 화자가 미리 잘 가늠해 내거나, 아니면 청자와의 대화를 통해 그 간격을 탐색하여 알아내

72] 또한 §.1-4의 각주 44를 참고하기 바란다.

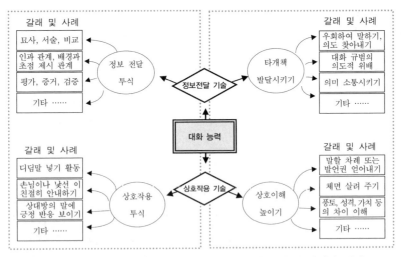

[그림 6] 말하기에 대한 단계별 지도 내용 (산출 연습의 갈래와 위계)

는 일이다. 이어서 화자는 그 간격을 줄이거나 좁히기 위해서 어떤 방향으로 시도해야 할지를 결정해야 한다. 이 과정은 결코 기계적인 과정이 아니다. '시도·좌절·재시도'의 반복 과정이며, 그 진행이 여러 가지 방식으로 이뤄져야 한다. 평가의 잣대는 문제 해결 능력에 관련된 내용이거나, 아니면 응용력으로 모아져야 할 것이다. 이를 통칭하여 능통성 또는 유창성이라고 부른다.

각 칸 속에 들어 있는 '갈래와 사례'는 두 가지 진행 과정을 선택할 수 있다. 하나는 용수철을 세워 놓은 것과 같이, 칸들이 하나씩 연결되면서 계속 진행되어 더 높은 과제들로 나아갈 수 있다. 다른 하나는 한 칸의 경우만을 대상으로 하여 집중적으로 더 세분화되고 심화된 과제들을 연습할 수 있다. 여기서 저자가 '기타…'라고 표시한 것은 오직 예시를 위해 몇 가지만 들어 놓았음을 나타낸다.

여기서 비록 머릿속으로 과제를 위계화하기 위한 이런 단계들을 얼개 형식을 빌려 엉성하게 짜놓았지만, 실제로 가장 중요한 것은 학생들의 언어 행위에 대한 교사들의 반응이다. 교사의 적절한 반응이야말로 학습자의 동기를 북돋우고 도전 정신을 키워 주는 원천이요, 원동력이기 때문이다. 이를 염두에 두면, 비록 어떤 고정된 얼개가 미리 갖추어져 있다고 하더라도, 학습자 반응에 따라서 능대능소 그 얼개에 변형을 가할 마음의 준비를 하고 있어야 할 것이다. 교육과 학습이 기계적이거나 본능에 기초한 것이 아니기 때문이다. 교육 현장에서는 미리 변동의 폭을 어느 정도 예상을 할 수 있지만, 개별 학습자들의 반응을 정확히 예상해 놓을 수는 없다. 학습자의 반응 또한 자유의지의 산물이기 때문이다. 이런 이유로 말미암아, 학습자의 자발성과 동기에 초점을 모으고, 교사와 급우를 향하여 두 방향의 상호작용이 활발히 일어나도록 하며, 그 과정에서 스스로 많은 것을 깨우칠 수 있도록 하는 일이 언어교육 현장에서 중요하게 고려되어야 할 것이다. 이런 방향으로 교육과정과 교재들이 마련되려면, '과제 중심' 언어교육(TBLT)에 대한 논의가 고려되어야 한다.

1. 제7차 개정 교육과정에서 '담화교육'의 도입

2007년 교육인적자원부의 고시 제2007-79호 [별책 05]에 고시된 '국어과 과정'에서 외견상 두드러진 변화는 하위 영역에 '7. 매체 언어'를 도입하고, 내용 서술에서 '담화 또는 글'이라는 상위 개념을 도입한 점으로 보인다. 명시적으로 '담화'를 덩잇글과 맞서는 '입말'에 한정 짓는 것이 온당하다고 볼 수 없으나, 모국어 교육을 담화 교육과 동일시하는 올바른 견해를 따라가려고 하는 노력은, 뒤늦었지만 바람직한 개선으로 판단된다. 그럼에도 불구하고, 담화교육이 의사소통의 모든 과정에 관여하는 것이므로, 응당 상위 개념으로 자리잡도록 했어야 옳다. 현재 제시된 모습대로 단지 지엽적인 것으로만 치부하는 것은 앞으로 빨리 고쳐져야 할 것이다.

언어교육에서는 일반적으로 담화를 언어 표현을 산출하는 과정으로 간주하고, 텍스트를 언어 표현을 이해하는 과정으로 간주한다. 특히 후자의 전통은, 독일에서 추상적이고 관념적인 철학에 반발하여 나온 딜타이의 해석학이나 후설의 현상학 등에 뿌리를 두고 있으며, 텍스트의 범위를 우리 삶과 문화에로까지 확대하기도 한다. 언어의 산출과 이해를 포괄하는 상위 용어로, 연구자에 따라 담화를 택하기도 하고 텍스트를 택하기도 한다. 따라서 '담화'라는 용어를 쓸 때에는 미리 그 외연을 정해 주는 것이 순서이다. 여기서는 하의어와 상의어를 포괄하는 쪽으로 써 나갈 것이다.

영국에서는 1980년대 말에 국가급 교육과정을 처음 정하면서 모국어 교육과정에서 모국어 교육이 곧 '담화교육'이라고 선언한 바 있다. 이는 담화에 대한 입체적인 시각을 담고 있다. 여기서는 이런 노선에 따라서, 담화가 무엇이며, 담화교육이 어떻게 이뤄져야 하는지를 같이 생각해 보기로 한다.[1]

2. 의사소통 교육에 대한 개관

인간의 의사소통은 '언어'만으로 이뤄지는 것이 아니라 '담화'로 이뤄진다. 일부에서는 담화discourse라는 개념을 입말과 관련짓고, 텍스트text란 개념을 글말과 관련짓지만, 이런 치우친 태도보다는 담화를 의사소통을 위한 언어 산출과정과 관련짓고, 텍스트를 언어 이해과정과 관련짓는 쪽이 역동적인 의사소통 과정을 잘 포착함을 앞에서 언급하였다. 따라서 교육에 대한 응용에서도, 언어 산출과 이해를 함께 다루는 관점이 학습자들을 위하여 훨씬 나은 환경을 제공해 줄 수 있을 것이다. 담화 영역에 대한 관심이 어떻게 생겨났고, 어떤 이유 때문에 담화가 중요하게 자리를 잡았는지 알아보

1] 이 책의 제2장 「언어와 언어사용에 대한 자각」과 제4장 「언어 산출과 이해의 심리학적 과정」을 참고하기 바람.

기 위해, 먼저 역사 문화적인 흐름을 살펴보기로 한다.

언어에 대한 연구와 언어교육에 대한 연구는 20세기 들어 너비와 깊이에서 많은 진전이 이뤄졌다. 언어에 대한 연구는 소쉬르 (1857~1913)의 『일반 언어학 강의』로부터, 1960년대의 참스끼(1928~)의 코페르니쿠스 전환에 이어,2] 자연 언어의 기계론적 처리에 이르기까지 매우 심도 있는 연구들이 계속 쌓여 왔다. 이런 연구의 밑바닥에는 '기계도 사람처럼 생각할 수 있다'는 튜링Turing, 1912~1954의 생각과 마아Marr, 1945~1980의 두뇌 처리작용에 대한 뛰어난 업적들이 깔려 있다.3] 이들 업적은 지금까지도 인간 정신 또는 인지 과학을 연구하는 기초를 제공해 주고 있다.

일반적인 관점에서 보면 '언어교육'에 대한 연구 또한 1970년대에 중요한 전환을 맞는다. 이어서 유럽통합에 따라 공동 연구들이 오랜 기간에 걸쳐 계속 진행되고 있다. 언어교육은 특히

① 참스끼의 형식언어학에 반발하여 나온 하임즈(Hymes) 등으로부터 시작된 '사회언어학' 흐름

② 영국의 초중등 모국어 교육을 비판한 불럭 보고서(Bullock, 1975)로부터 싹 튼 흐름

③ 유럽 통합에 따른 언어교육을 위한 공통 얼개의 확정4]

2] 소쉬르 책은 최승언 뒤침(1990), 『일반 언어학 강의』(민음사)를 참고하기 바란다. 참스끼의 생각은 제1장 「내재주의 언어철학에 대하여」와 김지홍(2000a), 「참스키 교수의 내재주의 언어관에 대하여」, 『배달말』 27호를 보기 바란다.

3] 필자 누리집 '1999년도 1학기 과목'에 튜링 글을 번역하여 올려놓았다. 마아의 생각은 이정모 외 11인(1989), 『인지 과학 : 마음·언어·계산』(민음사)에 있는 정찬섭 교수의 글 「시각 정보 처리 계산 모형」을 읽어보기 바란다.

4] Council for Cultural Co-operation, Eduction Committee, Modern Language Division (2001), 『언어를 위한 유럽공통 참고얼개 : 학습·교수·평가(Common European Framework of Reference for Languages : Learning, teaching, assessment)』(Cambridge University Press)이다. 독일어 판본이 김한란 외(2007), 『언어 학습, 교수, 평가를 위한 유럽 공통 참고

등에 의해 가닥이 잡히었다. 이는 오늘날 담화를 대상으로 삼는 '의사소통 중심 언어교육(CLT)'으로 이어져 오며,[5] 이를 교실수업의 과제로 실천하기 위하여 세계 도처에서 현재 '과제 중심 언어교육(TBLT)'으로[6] 다뤄지고 있다고 요약할 수 있다.

기준』(한국문화사)로 번역되었다. 이 얼개와 관련하여 뵈넥·트륌(J. A. Van Ek and J. L. M. Trim), 『길나서기 1990(*Waystage 1990*)』(1998), 『문턱 1990(*Threshold 1990*)』(1998), 『조망 지점(*Vantage*)』(2001, 3권 모두 Cambridge University Press)도 함께 참고해야 한다.

5] 의사소통 중심 언어교육을 초기에 옹호하는 사람들이 다음 책들을 펴냈다. Munby(1978), *Communicative Syllabus Design*, Cambridge University Press(이하 CUP로 줄임); Widdowson(1978), *Teaching Language as Communication*, Oxford University Press(이하 OUP로 줄임); Brumfit and Johnson eds.(1979), *The Communicative Approach to Language Teaching*, OUP; Littlewood(1981), *Communicative Language Teaching*, CUP(안미란, 2007, 『의사소통 교수법』, 한신문화사).

그렇지만 30년이 흐른 지금 세계 모든 곳으로 확산되고, 그 내용도 현지 문화와 상황에 따라 조금씩 달라져 왔다. 따라서 초기 문헌과 지금 적용되는 내용 사이에 경정이 있음에 유의할 필요가 있다. 다음 각주에서 소개된 현행 과제 중심 언어교육(TBLT)으로 계승된 내용을 제외한다면, 의사소통 중심 언어교육(CLT)에 대하여 다음 책들을 읽어보기 바란다. 이들을 발간 연도별 배열하겠는데, 특히 미국 쪽에서 해석하는 내용에 대해서는 ⑥을 참고하기 바란다.

① Nunan(1988), *The Learner-Centerd Curriculum*, CUP
② Widdowson(1990), *Aspects of Language Teaching*, OUP
③ James and Garrett eds.(1992), *Language Awareness in the Classroom*, Longman
④ Cook and Seidlhofer eds.(1995), *Principles and Practice in Applied Linguistics : Studies in honour of H.G. Widdowson*, OUP
⑤ van Lier(1996), *Interaction in the Language Curriculum : Awareness, autonomy, and authenticity*, Pearson Education
⑥ Savignon ed.(2002), *Interpreting Communicative Language Teaching : Context and Concerns in Teacher Education*, Yale University Press

6] 과제 중심 언어교육에 대한 주요 문헌은 다음 9권이다. 이 중에서 ①과 ⑧은 필자가 학부생에게 읽히는 교재이며, 특히 스끼언이 쓴 책 ③이 기본서로서 자주 인용된다. 가장 포괄적인 독본은 ⑨이다.

① Anderson, Brown, Shillock, & Yule(1984), *Teaching Talk*, CUP
② Candlin and Murphy eds.(1987), *Language Learning Task*, Prentice-Hall
③ Skehan(1998), *A Cognitive Approach to Language Learning*, OUP
④ Johnson(2003), *Designing Language Teaching Tasks*, Palgrave
⑤ Ellis(2003), *Task-based Language Learning and Teaching*, OUP
⑥ Nunan(2004), *Task-Based Language Teaching*, CUP
⑦ Branden ed.(2006), *Task-Based Language Education : From theory to practice*, CUP

이 글에서는 소략하게나마 언어에 대한 연구를 살펴보면서, 언어교육이 응당 넓은 뜻의 '담화교육'으로 지향해 나가야 한다고 결론을 지을 것이다.

3. 언어란 무엇인가

먼저 가장 기본적인 물음에서부터 시작해 나가기로 한다. 언어란 무엇일까? 왜 언어를 상징이라고 말하는 것일까? 이런 궁극적인 물음을 본격적으로 제기한 이들은 오늘날 모두 '기호학semiotics'의 창시자로 일컬어진다. 소쉬르는 언어가 궁극적으로 기호의 구현이라고 보았고, 피어스Peirce, 1839~1914도 인간 정신이 기호의 작용이라고 보았다. 이들은 모두 인간 정신작용이 어떻게 이뤄지는지에 관심을 가졌었으며, 그것을 기호의 운용과정이라고 이해하였던 것이다. 만일 언어가 기호의 진부분 집합에 속한다면, 정작 우리가 물어야 할 질문은 다름 아닌 '기호란 무엇인가?'이다.

기호는 감각할 수 있는 사물이나 대상이 아니다. 기호는 추상적인 어떤 관계를 가리킨다. 그 관계는 형식과 내용, 또는 껍데기와 속살로 이뤄진 두 층위 사이의 관계이다. 그런데 형식과 내용이라는 두 층위는, 필연적인 관계로 묶여 있기도 하고, 필연적이 아닌 관계로 묶여 있기도 한다. 이를 구분해 주기 위하여 서로 다른 이름을 붙이기로 한다.

형식과 내용이 필연적인 관계를 지니는 경우는 두 가지가 있다.

⑧ Willis and Willis(2007), *Doing Task-based Teaching*, OUP
⑨ Branden, Bygate, and Norris eds.(2009), *Task-based Language Teaching : A Reader*, John Benjamins

하나는 대상을 그대로 사진과 같이 본떠 그려 주는 것이다. 이를 '본뜸' 또는 'icon'이라고 부르기로 한다. 이들의 관계는 대상(곧 이 것이 내용이 되며, 때로 '사실fact'로 언급됨)과 본뜸(곧 이것이 형식이 되며, 때로 '표현'으로도 언급됨) 사이에 1 : 1로 대응이 되고, 시각적 동일성 이 들어 있다는 점이다. 가장 손쉽게 떠오르는 예는 사진이나 그 림(사생화)이며, 좀더 나아가 종교의 상징물도 포함된다.

그렇지만 시각적인 동일성이 전혀 없이 대상과 표현 사이에 1 : 1 대응이 이뤄지는 경우도 있다. 교통 신호등의 경우를 보면, 빨 강 신호(=형식)는 우리들에게 멈춤(=내용)이라는 약속된 정보를 말 해 준다. 그렇지만 빨강색과 멈춘다는 일 사이에는 어떤 시각적 동일성도 들어 있지 않다. 이런 경우를 가리키기 위하여 피어스는 '가리킴' 또는 'index지표. 색인'라는 말을 붙였다. '본뜸'과 '가리킴'은 모 두 형식과 내용이 1 : 1 관계에 있으며, 이들 사이에 필연적인 관계 나 인과율에 의해 묶인다.

이들 이외에도 매우 중요한 현상이 있다. 형식과 내용, 또는 표 현과 실세계 사이에 어떤 관계가 있지만, 결코 1 : 1의 대응으로는 포착할 수 없는 현상이다. 다시 말하여, 형식과 내용 사이의 관계 가 '1 : 다多', 또는 '다多 : 1'로 되거나, 이들이 합쳐져 '다多 : 다多'으로 되는 경우이다. 이런 경우를 '상징' 또는 'symbol'이라고 말한다. 상 징이란 결국 형식과 내용의 결합이 필연적 인과율에 의하여 설명 되지 않는 실세계 현상을 가리킨다. 이런 결합 관계는 아주 다양 하게 불려진다. 자연적이지 않다고 하여 '비자연적' 결합이라고 하 거나, 필연적이지 않다고 보아 '우연성'이라고도 하고, 아무렇게나 결합된다고 하여 '자의성'이라고도 하며, 또는 사회에서 규정한 '사 회적 관습'이라고도 한다. 이렇기 때문에 상징은 반드시 그 비자연 적인 결합 관계를 '해석'해 주어야만 하는 것이다.

상징이란 언제나 '형식 : 내용' 사이의 결합을 해석하는 일이다. 그런데 그런 상징을 해석하려면, 해석의 지침을 어디서 찾아야 하는 것일까? 그 해석이 이뤄지는 바탕은 우리들의 삶의 경험 속에 들어 있다. 상징은 '기호 표현'과 '실세계'의 결합 관계를 찾아내는 일이지만, 그 관계는 언제나 우리의 실생활 경험에 의해서만 찾을 수 있는 것이다. 상징이 상징으로 될 수 있는 것은, 결국 우리가 공통된 세계 경험을 공유하고 있기 때문이다. 이를 '공통기반'이라고 부르는데, 매우 중요하지만 흔히 잊어버리기 일쑤인 핵심 개념이다.

우리가 살아가는 실세계는 대상(또는 사물)과 대상들의 작용들로 이뤄진 세계이다. 이를 흔히 복합 사건들의 연속체로 이뤄진 세계라고 부른다. 사건은 사건과 관련된 대상들이 전제되어 있기 때문에, 대상보다는 더 포괄적인 개념이다.[7] 모든 피조물은 사건을 경험하면서 살아간다. 여러 사건들이 뒤엉켜 복합적으로 이어진 '복합사건 덩어리'가 곧 우리들의 삶이 되는 것이다. 그런데 그 복합사건 덩이들은 두 가지 원리에 의해서 일어나고 사그라진다. 하나는 자연계의 인과율이며, 다른 하나는 인간의 자유의지(또는 더 좁혀서 인간의 '의도')이다. 이 두 개념은 모두 사건을 이어 주는 고리가 되지만, 서로 혼동되어서는 안 되는 중요한 개념이다.

앞에서 기호가 크게 두 가지로 나뉜다고 하였다. 하나는 형식과 내용이 1:1로 대응되는 기호이고, 다른 하나는 그런 대응을 찾을 수 없는 기호이다. 전자는 '본뜸'과 '가리킴'으로 불렸고, 후자는 '상

7] 일원론적 접근(monism)을 추구하는 쪽에서는 '사건'이 모든 이론적 구성물의 실체가 되고, 대상 또는 사건 속에 자리잡게 된다. 수학에서는 '사건'의 대응물이 집합(set)이고, 언어학에서는 '동사'이다. 이런 질서에 토대를 둔 논리학을 '술어논리'라고 부른다. 술어논리는 상항(constants)만으로 구성되면 모순을 만나지 않지만, 변항(variables)을 도입하면 자기모순을 만나게 된다.

징'으로 불렸다. 그런데 왜 꼭 상징을 따로 나눠 놓아야 하는 것일까? 이는 우리의 실세계 경험에서 해답이 찾아진다. 우리가 경험하는 실재가 모두 인과율로만 되어 있었더라면, 오직 '본뜸'이나 '가리킴'만으로도[8] 모든 것을 해결해 낼 수 있었고, 복잡한 내용도 전혀 없었을 것이다. 모든 것이 오직 자연계의 인과율에 의해서 돌아가기 때문이다.[9] 그렇지만, 우리의 실세계 경험은 자연계 인과율뿐만이 아니다. 자연계의 인과율로는 설명할 수 없는 자유의지에 의한 복합 사건의 고리들이 많이 있는 것이다. 이것이 바로 우리의 세계 경험을 바탕으로 하여 복합 사건들의 고리를 엮어가는 일이며, 이를 '상징'이라는 간단한 말로 표현하고 있다. 이를 대립적으로 표현하면, 자연과학에서는 오직 사건들의 인과율만을 추구하지만, 인문과학에서는 의도에 의해 일어나는 복합 사건들의 관련성을 다루어 왔다고 말할 수 있다.

이상의 논의를 요약하면 다음과 같다. 인간이나 인간 집단은 공

8] 피어스는 자연과학의 글들을 모두 index의 거대한 사슬이라고 지적한 바 있다. 필자가 참고하는 피어스의 글은 Houser 외(1992, 1998), 『피어스 필수독본(*The Essential Peirce : Selected Philosophical Writings*)』(2 volume set; Indiana University Press)인데, 제2권 제2장 "What is a Sign?"을 보기 바란다.

9] 자연계 인과율이 살아 있는 생명체에 적용될 경우에는 '본능'이라고 말한다. 한때 옛 소련의 유물주의 심리학이나 미국의 행동주의 심리학에서 자극과 반응의 연쇄로 이를 설명하려고 시도한 적이 있었다. 그러나 그런 단순한 연결 고리로는 자유의지를 가진 인간의 행위를 거의 설명할 수 없음을 깨닫게 되었다. 그렇다면 인간의 행위를 무엇으로 어떻게 설명해야 하는 것인가? 이는 학문 분야에 따라 접근이 달라질 수 있는 것이지만, 인간이 머릿속에 내재화해 두고 있는 가치체계나 삶의 태도나 지향하는 목적 따위를 중심으로 다뤄질 수밖에 없을 것이다. 그런 것들 중에는 선천적인 것도 있지만, 후천적인 것도 있을 것이며, 후천적인 것이 선천적인 것을 결정해 가는 것(특히 이 분야는 '후성학(後成學)' epigenetics으로 불림)도 있을 것이다. 이런 주제는 여기서 다루기에 너무 복잡한 논의거리이지만, 어떤 현상을 다루든지 '경험주의 : 합리주의' 또는 '개별성 : 일반성' 또는 '기억 인출 : 기호 규칙 적용'과 같은 근원적인 문제와 만나게 된다. 아마 심리학에서는 인간(살아 있는 개체)의 품성과 자연의 이치를 포괄적으로 다루지만, 품성이 먼저 나온 까닭은 자유의지라는 속성이 자연계의 인과율에서 찾아질 수 없는 독특한 것이기 때문이 아닐까 싶다.

통된 세계 체험들을 공유한다. 이 체험들 가운데 비단 자연계의
인과율만이 아니라, 인간 의지에 의해 일어나는 복합사건 덩어리
들에 대해서도 깊이 눈여겨보아야 한다.[10] 그런데 후자의 사건 고
리들이 형식을 갖추어 표현될 경우에 상징이라고 부른다. 상징은
결국 우리의 체험을 반추하면서 어떻게 해석되어야 하는지를 가늠
해야 할 정신작용인 것이다.[11] 인간의 자유의지가 전제가 되고 나
서, 비로소 상징이 그 텃밭에서 싹을 틔우는 것이기 때문이다. 상
징은 두 가지로 구현된다. 하나는 언어로 대표되는 관습적인 형식
을 지니며, 다른 하나는 몸짓·얼굴 표정·손짓 등과 같이 언어 이외
의(비언어적) 형식을 지닌다. 이들을 해석하는 종착점은, 언제나 상
징 산출 주체의 의지나 의도이다. 그리고 상징을 산출하기 위해서

10] 2백만 년 전에 인류의 턱뼈 근육세포가 다른 원인들보다 1/3로 작아졌고, 15만년
전에 입술과 혀 근육을 움직이는 Fox-P2 유전자(forkhead box P2 gene, 제7염색체
에 들어 있음)가 돌연변이에 의해 나타나고(Stroud, J. C. et als, 2006, "Structure
of the forkhead domain of FOX-P2 bound to DNA", *Structure*, #14 : pp. 159~166.
또한 핑커(2002; 김한영 뒤침, 2004 : 98 이하)의 『빈 서판』(사이언스북스)과 핑커
(1999; 김한영 뒤침, 2009 : 613~616)의 『단어와 규칙』(사이언스북스)도 참고하기
바람), 성대가 하강(1살 전후에 일어남)이 이뤄진 뒤로, 비로소 언어 형식을 입말로
갖추게 된다. 크로마뇽인이 나타나기 한참 이전에서부터 유인원들은 부단히 의사
소통의 필요성을 느꼈을 것이고, 그런 필요성은 pidgin(피진) 형식으로 구현되었다.
완벽한 통사 형식을 갖춘 creole(크뤼오울) 형식이거나 pidgin(피진) 형식이거나
상관없이, 의사소통의 목적은 실세계의 복합사건 연속체들을 가리키기 위한 것이
다. 복합사건 연속체들을 놓고 우리 인간의 인지 구조는 낱개의 단위 사건들로
분해하여 기억하고 이해한다. 따라서 언어 형식도 여기에 따라 '단위 사건'들을
나타내기 위해 마련되며, 한 사건의 내부구조를 파악해야 사건들의 연속체를 이어
갈 수 있기 때문에, 6하 원칙과 비슷한 개념들을 언어 내부에 구현해 놓게 되었다.
철학에서나 심리학에서는 이를 '명제(proposition)'라는 말로 표현하고, 자연언어
전공자들은 절 유사(clause-like) 단위라고 부른다. 비록 다양한 용어로 불리지만,
핵심은 실세계에 있는 낱개의 사건(단위 사건)을 가리키는 것이다.

11] 상징을 이용하는 정신작용은 단순하지 않고, 매우 많은 두뇌 기관들이 동시에 협업
을 한 결과 생겨나는 것이다. 기억만 하더라도 구체사례를 기억하는 일화기억과 이
를 일반화해 놓은 의미기억이 간여하며, 이들을 실체 자극과 매개해 주기 위해 작업
기억에서 절차지식 기억도 이용해야 한다. 또한 낯선 것과 익숙한 것을 처리하는 두
뇌 부서들이 다르다는 주장을 받아들인다면, 상징 작용은 낯선 것을 익숙한 것을 통
해 지시하는 일이므로, 두뇌의 좌우반구가 모두 간여할 소지가 있다.

준수해야 하는 것은 공동체의 체험에 대한 '공통기반'이다. 관습적인 표현 형식은[12] 크게 '그림·도표·언어'로 나눌 수 있겠지만, 이 글의 목적을 위해서는 여기서는 오직 언어만을 그 대표 형식으로 삼아 논의해 나가기로 한다.

4. 언어의 산출과 이해에 대한 심리학적 과정

소략하게나마 여기서는 언어의 산출 과정과 언어의 이해 과정을 각각 르펠트(Levelt, 1989; 김지홍 뒤침, 2007)의 『말하기 : 그 의도에서 조음까지』(1~2권, 나남)와 킨취(Kintsch, 1998; 김지홍·문선모 뒤침, 출간중)의 『이해 : 인지 패러다임Comprehension : A paradigm for Cognition』(나남)을 중심으로 언급하기로 한다. 이 두 저서가 언어 산출과 언어 이해에 대한 심리학적 과정을 다루는 데에 '정상과학normal sciences'의 자리를 차지하고 있기 때문이다.[13]

말하기 산출 과정은 단선적이지 않고 복선적이며, 복합적이다. 먼저 의사소통 의도를 결정하는 과정이 있어야 한다. 이는 우리의 의식적이며 반성적인 사고를 필요로 하며, 의사소통 목표를 상정하고, 거기에 따른 하위 목표들도 함께 마련되어야 한다. 이들 사이에는 청자의 반응을 점검·확인하면서 다시 수정이 일어날 수 있다.

일단 의사소통 의도가 언어 산출의 목표로 정해진다면,[14] 르펠

12] 더 형식적인 표현으로는 인간이 '정보를 가공하는 방식'이라고 말할 수 있으며, 세 가지 부류인 '그림·도표·언어'가 모두 체계적으로 범주 및 구조를 내재화하고 있다.

13] 더 자세한 것은 각각 제6장과 제5장을 참고하기 바란다.

14] 더마지우(Damasio, 1994; 1999; 2003) 교수는 의사결정 과정에 순수히 이성적 부분만 관여되는 것이 아니라(전두엽의 활성화 작용뿐만 아니라), 최종적으로 반드

트Levelt에서 규명된 언어 산출의 흐름을 따라, 언어형식 주조기와 음성형식 주조기로 차례차례 들어가야 한다. 언어형식 주조기에서는 먼저 머릿속 어휘부에서 한 낱말의 통사·의미값(lemma : 통사·의미 정보값)이 인출되어 문장으로 구성되어야 한다. 이 산출물을 음성형식 주조기로 들어가서 음운 변화를 모두 반영한 다음에, 운동 신경에 명령을 내려 날숨의 산출을 일으키게 된다. 이때 자신의 말소리는 화자 자신이 제일 먼저 듣게 되며, 이 과정에서 자신의 말실수도 깨닫게 된다(그럴 경우 스스로 고치기가 일어남).

하나의 언어 표현이 입말로 산출되었다면, 그것으로 끝나는 것이 아니다. 반드시 청자의 반응을 점검하고 확인해야 한다. 다시 말하여, 화자가 내보낸 언어 표현을 통하여 청자는 화자의 의도를 제대로 파악하였는지 점검하고 확인해야 하는 것이다. 만일 이 과정에서 어떤 착각이나 잘못이 있다면, 화자는 다시 그런 내용들을 고쳐 가는 작업을 이어가야 한다.[15]

덩잇글 이해의 과정을 규명하는 일에 40년 이상 헌신해 온 킨취

시 감성 부분이 관여되어 일어난다(2차 뇌에 속하는 대상뇌 부분의 활성화 작용도 일어나야 함)는 사실을 그의 3부작 저서에서 강조한 바 있다. 더마지우(1994; 김린 뒤침, 1999), 『데카르트의 오류』(중앙문화사); 더마지우(2003; 임지원 뒤침, 2007), 『스피노자의 뇌』(사이언스북스); 더마지우(1999), 『일어나는 바에 대한 느낌 : 의식이 생겨나는 데에서 몸과 감정(*The Feeling of What Happens : Body and Emotion in the Making of Consciousness*)』(Harvest Book)을 보기 바란다.

15] 이런 복합 과정이 우리 머릿속에서 어떻게 가동되는지에 대한 뇌 생리학적 연구가 아직 제대로 이뤄지지 않았다. 다시 말하여 산출 과정을 뒷받침하는 작업기억(working memory)이 어디에 얼마나 있고 어떻게 연결되어 작동되는지에 대한 연구가 더 진행되어야 한다. 현재 작업기억은 단지 이해의 과정을 모의해 주는 데에서만 논의되고 있다. 이 상황을 게더코울·배들리(Gathercole and Baddeley, 1993 : 99), 『작업기억과 언어(*Working Memory and Language*)』(Psychology Press)에서는 "작업기억과 언어 산출 사이의 관련성에 대하여 직접적인 증거는 상대적으로 거의 없다(there is relatively little direct evidence concerning the relationship between working memory and language production)."고 명시적으로 언급하였다. 좀더 자세한 것은 제5장 2절을 참고하기 바란다.

는, 덩잇글을 이해하는 일이 우리의 머릿속에서 장기기억을 일부 빌려 작업기억working memory으로 이용하는 일임을 밝혀내었다. 곧, 장기 작업기억long-term working memory의 넓고 좁음이 곧 이해 주체의 능력이 된다고 가정한다(똘똘한 사람과 띨띨한 사람에 대한 구분). 이런 시각에서는, 학습이란 스스로 자신의 장기 작업기억을 넓혀 가는 일이 되는 것이다. 임의의 덩잇글에 대한 이해는 다음 세 가지 층위가 서로 긴밀히 얽혀 작동하는 과정으로 이뤄진다.

> 표면구조(surface structure)
> 덩잇글 기반(text-base)
> 상황모형(situation model)

특히 이들은 차례차례 이어지는 것이 아니라, 동시에 가동되는 부서들임에 유의하기 바란다. 더 구체적으로 말하여, 읽기 과정이 진행될수록 표면구조는 작업기억에서 사라지고, 덩잇글 기반을 중심으로 상황모형이 재구성되다가, 마침내 상황모형이 완성되면 장기기억으로 보낸 뒤 작업기억을 다 비우게 된다. 즉, 우리 장기기억 속에 저장되는 것은 마지막 단계에서 구성되는 상황모형이다. 여기서 두 층위를 매개해 주는 '덩잇글 기반'은, 임의의 덩잇글에서 정보를 덜어내고, 다시 정보를 더해 놓는 작업에 의해서 만들어진다. 이를 '구성-통합(CI)' 모형이라고 부른다. 구성하기는 요약하기와 요약 내용 '재구성하기reconstruction'로 이뤄지며, 통합하기는 배경지식을 이용하여 짐작하기와 내 경험을 재구성 내용에 덧붙여 놓기로 이뤄진다.

앞에 제시된 세 가지 부문도 결국 두 측면의 접합으로 볼 수 있다. 하나는 언어 표현을 그대로 붙들어야 하는 측면이다. 이는 표면구조 형성 및 덩잇글 기반 만들기 과정에 긴밀히 작용한다. 다른 하나는 비언어적 내용을 활용하기 측면이다. 이는 이해 주체의 체험 내용이나 배경지식을 해당 덩잇글에 적용하는 과정을 말한다. 언어로 붙들린 부분과 비언어적 부분이 서로 밀접하게 맞물려 들어가 있는 셈이다.[16]

담화란 한마디로 언어 및 비언어(또는 인지)의 맞물림이라고 할 수 있다. 그렇다면 담화교육은 언어를 만들어 내거나 이해하는 데에 비언어(인지) 부분을 제대로 활용할 수 있도록 연습을 시키는 일도 같이 포함시켜 놓아야 한다.

5. 담화란 무엇인가

언어는 99.999…%가 상징이다. 의성어나 의태어도 자연 그대로를 본뜬 것이 아니라, 전적으로 상징 체계 속에 우연히 공동체에서 그렇게 고정시켜 놓은 것이다. 고작 무의식적으로 지르는 비명 소리 정도가 '본뜸icon'이나 '가리킴index 지표, 색인'에 해당될 뿐이다.

언어는 형식만을 따질 때에 말과 글로 나눈다. 비록 표현 형식이 다르며, 따라서 이용하는 감각 기관도 다르지만, 이들이 분절되는[17] 방식은 거의 비슷하다. 이들을 다음처럼 표시할 수 있다.

16] 핑커(1997; 김한영 뒤침, 2007)의 『마음은 어떻게 작동하는가』(동녘사이언스) 448쪽에 어떻게 시각 정보와 명제 정보가 서로 통합되어 한 대상의 실체를 표상하게 되는지를 그림으로 나타내었다. 시각 정보일수록 전체적인 정보를 제공해 주며, 명제 정보일수록 내적 속성 정보를 한다발 제공해 주는 것이다.

17] 왜 언어가 분절되어 있는가에 대한 상위 물음(meta-query)은 아마도 두 가지 측면으로 접근되어야 할 것이다. 하나는 복합 사건 덩어리로 이뤄진 실세계의 체험이 더 작은 단위들로 나뉠 수 있다는 점이다. 다른 하나는 그런 복합 사건 덩어리를 수용하는 감각 주체의 뇌 구조가 뉴런으로 불리는 단위와 그 단위들의 조합으로

(1) 언어 표현의 분절 단위(작은 것에서부터 더 큰 쪽으로 나아감)

　말 : 낱개의 소리 ⇨ 형태 ⇨ 낱말 ⇨ 구와 절 ⇨ 발화 ⇨ 발화 덩이

　　⇨ 덩잇말

　글 : 낱개의 철자 ⇨ 음절 ⇨ 낱말 ⇨ 구와 절 ⇨ 문장 ⇨ 문단 ⇨

　　덩잇글

이 가운데에서도 가장 중요한 분절 단위는, '낱말'과 '발화/문장'과 전체 '덩잇말/덩잇글'이다.[18] 여기서는 편의상 더 쉽게 다룰 수 있는 양식인 '글'을 중심으로 살펴보기로 한다.

　왜 언어는 언제나 어떤 경우에나 낱말과 문장이란 단위를 갖고 있는 것일까? 이는 중기 구석기 시대 이후로 추정되는 모든 인류에게 공통된 단위이며, 유전자의 조작이 없는 한, 지구가 없어질 때까지 동일하게 관찰될 현상이다. 이 물음에 답하기 위하여, 낱말과 문장의 속성이나 기능을 살펴보아야 할 것이다. 문장은 시간과 공간 속에 일어나는 하나의 사건을 표시한다. 이를 구체적인 '개별 사건'이라고 부르기로 한다. 우리가 실세계에서 경험하는 것은 복합적인 사건 덩어리들이다. 문장은 이런 사건들을 개별적인 하나의 사건으로 자르고 나누어 놓은 것이다. 그 사건들은 우리 머릿속의 장기기억에서 구체적인 '개별사건 기억' 또는 'episodic memory'로

이뤄져 있다는 데에서 찾아져야 할 것으로 생각된다. 다시 말하여 하나는 실세계의 존재론이고, 다른 하나는 인지 주체의 구성적 특성이다.

18] 만일 분절 단위를 '개별항목 암기 : 기호 규칙 적용'으로 대분하면, 개별사례 기억 (episodic memory)과 의미기억(semantic memory)의 구분과 대응되며, 각각 '낱말 : 구'로 구현된다. 단, 후자 구(phrase)는 촴스끼 문법에서 XP(임의 범주의 구)를 나타낸다. 언어 사용과 관련하여 두뇌 영상 촬영 자료에서는 측두엽·두정엽이 개별항목의 암기와 관련이 있고, 전두엽·피질 아래 기저핵이 일반 규칙 적용과 관련되어 있다고 한다(핑커, 1997; 김한영 뒤침, 2009, 『단어와 규칙』, 사이언스북스 제9장을 보기 바람).

들어 있다. 구체적이고 개별적이란 말은, 우리가 그 문장이 가리키는 바를 도로 체험하여 그 내용을 재확인할 수 있다는 뜻이다. 문장은 복합 사건 덩어리를 분절해 놓은 '단위 사건'에 해당한다.[19]

그렇다면 낱말이란 단위는 왜 꼭 있어야 하는 것일까? 이를 알아보기 위하여, 하나의 문장에서 절이나 구를 거쳐 낱말로 되어 가는 과정을 살펴보기로 한다.

> **(2가)** 황진이가 서화담을 사랑했었다/사랑한다/사랑할 것이다.
> **나)** 황진이가 서화담을 사랑했던/사랑하는/사랑할 것.
> **다)** 황진이가 서화담을 사랑함/사랑하기
>
> **라)** 황진이의 서화담 사랑
> **마)** 황진이의   사랑
> **바)**   사랑

(2가)는 하나의 문장이다. 비록 시제 표현이 서로 다르지만, 실세계에서 일어났거나 일어나는 중이거나 일어날 어떤 사건을 가리키고 있다. 그 사건의 참과 거짓은, 우리가 또한 직접적으로 또는 간접적으로 추체험하여 확인하거나 확정지을 수 있는 것이다. 다시

19] 이는 매우 중요한 내용이다. 언어가 단위 사건을 나타내기 위해 진화론적으로 발달되었다면, 왜 우리는 꼭 복잡한 언어 요소들을 갖고 있는 것일까? 왜 단위 사건과 언어 표현이 그대로 대응되도록 발달시키지 않고, 굳이 언어 표현이 더 작은 하위단위들로 쪼개어지도록 진화되어 온 것인가? 이 질문은 매우 중요하지만, 잘 제기되지 않는다. 필자는 단위 사건의 내부 구조를 들여다보기 위한 필요성 때문에, 언어 표현이 하위단위들로 쪼개어진다고 믿고 있다. 그렇게 쪼개어지는 방식은 자의적인 것이 아니라, 누구에게나 공통적으로 궁금한 '6하' 원칙 정도의 범위 내에서 이뤄짐에 유의하기 바란다. 더 자세한 논의는 김지홍(2010)의 『국어 통사·의미론의 몇 측면』(도서출판 경진)에 있는 의미역 구조(thematic structures)들에 대한 글들을 참고하기 바란다.

말하여, 특정 시간과 특정 공간(장소)에서 하나의 사건의 진위에 대하여 언급할 수 있는 것이다. 이것이 바로 문장이 하는 역할이다. 그런데, (2나, 다)에서는 명사와 같은 기능을 갖는 절로 표현되어 있으며, (2라, 마)에서는 구로 표현되어 있다.[20] (2바)는 낱말 하나만이 있다. 하나의 문장은 절로도 줄어들 수 있고, 구로도 줄어들며, 마지막으로 낱말 하나로도 줄어들 수 있다.

이렇게 다른 단위로 바뀔 적마다, 문장이 지니고 있는 정보들이 달라진다(점차 줄어듦). (2가)와 (2마)를 비교할 때 무엇이 달라졌을까? 시간·공간 표현만이 아니라, 사랑하는 대상도 들어 있지 않다. 다시 말하여, (2마, 바)에서 남아 있는 '사랑'은 황진이의 '서화담 사랑'도 사랑이며, '매화 사랑'도 사랑이며, '가을 사랑'도 사랑인 것이다. 비어 있는 항목에 여러 가지가 들어가도 아무 어려움 없이 의미가 통한다. 이런 측면을 가리켜 우리는 일반화 또는 추상화되었다고 말한다. 그렇다면 (2바)로 표현된 낱말은 비단 황진이만이 아니라, 다른 주체의 사랑도 포함됨을 알 수 있다. 부모의 자식 사랑도 '사랑'이며, 돌쇠의 '난초 사랑'도 사랑인 것이다. 등등. 이런 추상적인 내용이나 일반화된 내용은 이 세계·저 세계·그 세계의 대상에 차별 없이 모두 적용된다. 심리학에서는 우리 머릿속의 장기기억에서 '의미론적 기억' 또는 'semantic memory'로 저장되어 있다고 말한다.[21]

20] 촘스끼 문법에서는 구(phrase)와 절(clause)과 문장(sentence)이 동일한 형식 XP(임의 범주의 구)로 표시되어, 형식상 구분이 이뤄지지 않는다. 굳이 구분을 하려면 핵어 X가 무엇으로 채워지는지를 가려내야 한다. 문장은 종결소 또는 서법 어미 C가 핵어이며, 절은 서술기능을 지니므로 시제소 I가 핵어이며, 전통적으로 써온 구는 명사 속성이나 동사 속성을 지닌 핵어에 의해 투영된다. 여기서는 이런 흐름을 잠시 보류하고, 전통적인 논의 방식을 따르기로 한다.

21] 흔히 심리학에서 흔히 인간의 기억을 감각기억·단기기억(작업기억)·장기기억·영구기억으로 나눈다. 장기기억은 다시 서술지식 기억과 절차지식 기억으로 나뉘

이제 우리는 문장은 구체적인 '개별 사건'을 나타내고, 낱말은 추상적인 '보편 사건'을 나타낸다고 말할 수 있게 되었다. 그러나 가야 할 길이 더 있다. 문장이 모여서 작은 문단을 이루고, 다시 문단들이 전체 덩잇글을 이루기 때문이다. 만일 문장이 하나의 개별 사건을 나타내기 위한 단위로서 언어에 존재하는 것이라면, 문장들이 모이거나 얽힌 문단들은 개별 사건들이 모임이나 얽힘이라고 말할 수 있다. 사실 앞에서 우리가 체험하는 실세계의 경험이 복합 사건들의 덩어리라고 말했던 것은, 이런 문단들이 표현하는 내용에 대략적으로 대응한다고 정리할 수 있다. 그렇지만 문단에 대응되는 복합 사건 덩어리는 크게 중요하지 않다. 이는 거쳐 가는 과정에 지나지 않고, 언어 단위로 더 큰 '전체 덩잇글'이 있기 때문이다. 그렇다면 우리가 질문을 던져야 할 것은 "왜 전체 덩잇글이 언어 단위로 존재하는 것인지?"에 대한 것이다. 1980년대 이후 언어학에서는 이들을 다루는 영역을 담화 또는 (외래어로) 텍스트라고 부르는데, 이 글에서는 '담화'라는 용어만을 쓰기로 한다.[22] 이제

며, 서술지식 기억은 일화기억과 의미기억으로 세분된다. 학습 현상과 관련해서는 작업기억과 장기기억이 특히 중요하다. 킨취(Kintsch, 1998), 『이해 : 인지 패러다임(*Comprehension : A paradigm for cognition*)』(CUP)에서는 학습이 장기기억의 일부를 작업기억으로 전환해 나가는 과정이라고 주장하였다. 호킨즈(Hawkins, 2004), 『지능에 대하여 : 두뇌에 대한 새로운 이해가 어떻게 참된 지능 기계의 창조로 이끌어 갈 것인가(*On Intelligence : How a new understanding of the brain will lead to the creation of truly intelligent machines*)』(Henry Holt)에서는 대뇌 피질에 분포하는 기억의 본질이 일련의 유형(patterns)들에 대한 저장과 인출임을 알 수 있다.

22] 이 용어는 중학교 1학년, 『생활 국어』, 제6단원에 소개되어 있다. 그곳 122쪽에 "대화나 연설과 같이 한 문장 이상으로 이루어진 말의 단위"라고 규정해 놓고 있다. '문장을 넘어선' 언어 단위로서의 정의 방식을 따르든지 거부하든지에 상관없이(교과서의 정의 방식은 잘못임), 담화는 우리 일상적인 언어생활을 모두 포괄하는 개념이다. 달리 말하여 담화는 말을 담는 가장 큰 도가니(또는 보자기)라고 말할 수 있다. 언제나 담화에는 비언어적 정보가 들어가 있다. 한자어로 담화는 '譚話'를 써야 옳으며, '談話'는 다른 내용을 가리키는 표현이다. 담(譚)은 담론(譚論)에서와 같이 일관되게 이어져 있는 큰 단위의 말이지만, 담(談)은 잡담에서와 같이 평상적인 말(平淡之語)을 가리키기 때문이다. 허신(許愼)의 『설문해자』에

절을 달리 하여 담화에 대하여 살펴보기로 한다.

*　　*　　*

일단 하나의 문장은 우리가 경험하는 실세계에서 절편載片(나누고 쪼개어 하나의 단위로 만듦)으로 만들 수 있는 '하나의 단일 사건'에 대응한다고 가정하기로 한다. 실제로 우리가 경험하는 내용은 '복합 사건 덩어리'들이다. 여기서 하나의 사건과 복합 사건 덩어리를 구분하는 것은, 전자가 우리의 인지 조건과 관련하여 가공된(재구성된) 머릿속 실체이며, 실세계와 간접적으로 대응한다는 믿음 때문이다.

종이와 종이는 풀로 붙인다. 나무와 나무는 왕자풀로 붙인다. 언어와 언어는 무엇으로 붙일까? 그 방식은 언어에 의해서 이뤄지는데, 이를 '문장 연결' 또는 'cohesion'이라고 부른다. 문장이 붙어 만들어진 문단은 어떻게 다른 문단과 붙일 수 있을까? 이는 우리 머릿속에 들어 있는 개념 관계에 의해 이뤄진다. 이를 '문단 연결' 또는 'coherence'라고 부르기로 한다.[23] 여기서는 문장 연결과 문단

보면 담(譚)의 어원은 '말씀 언 言 + 짤 함 鹹 + 도타울 후 厚'인데, 이런 구성 방식을 통해서 말맛이 있게 크게 이어진 말임을 짐작할 수 있다. 이 글에서 담화는 상의어로 쓰고 있다.

23] 학교 문법에서는 각각 '응집성'과 '통일성'으로 번역하였지만, 모두 잘못된 용어이다. 문장과 문장이 이어지면서 문단으로 되는 방식을 글의 '전개'라고 말한다. 이는 더 넓게 펼쳐 나가는 것이다. 그렇지만 '응집'은 한 점으로 엉겨(凝) 모이는(集) 것이다. 결과적으로 우리가 말하는 것과는 정반대의 방향으로 되어 버렸다. 통일성 또한 잘못된 용어이다. 문단과 문단이 이어진 다음에, 그 결과물을 놓고서 '일관되다'느니, '통일되어 있다'느니 평가할 수 있는 것이기 때문이다. 직관적인 생각을 바탕으로 용어를 만든다면, 오히려 '일관되게 문단 엮어가기'나 '모순 없는 문단 연결' 정도가 될 것이다. 여기서는 편의상 글만을 대상으로 다루고 있으므로, '문장 연결'과 '문단 연결'로 부르기로 한다. 영어의 어원은 모두 '서로(together)+붙다(stick)'이다. 더러 언어심리학자들은 이들을 각각 지엽적 연결(local coherence)과

연결을 간략하게 살펴보기로 한다.

문장 연결을 처음 명시적으로 심도 있게 다룬 글은 핼러데이·허싼 (Halliday and Hasan, 1976), 『영어에서 문장 연결^{Cohesion in English}』(Longman) 이다. 그곳에서는 다음 다섯 범주가 다뤄졌다.

① 대용 표현으로 지시하기(=지시표현)
② 대치하기
③ 생략하기
④ 접속사 이용
⑤ 어휘 사슬 만들기

성인들의 경우에, 문장과 문장을 연결하는 방식에서 가장 많이 쓰이는 방식은 ① 지시 표현 및 ⑤ 어휘 사슬 만들기를 이용하는 것이다. 지시 표현을 이용하는 일이란 가령,

(3가) 철수가 진주에 왔다.
　나) 그가 영이를 찾았다.

라는 문장이 서로 앞뒤로 이어져 있을 때에, 우리는 두 개의 문장이 복합 사건의 고리임을 즉시 깨닫는다. 왜 그럴까? 뒤에 있는 문장의 대명사가 앞 문장의 주어를 가리킨다고 생각하기 때문이다. 이를 지시 표현을 이용한 문장 연결이라고 말한다. 영어에서는 (3

전반적 연결(global coherence)라고 부르기도 한다. 필자는 이런 접근이 잘못이라고 본다. 이 두 개념은 적용 영역의 좁고 넓음에 따른 차이가 아니기 때문이다. 전자는 언어 형식에 대한 정보만으로 구성될 수 있다. 그러나 후자는 결코 그러하지 않다. 언어 외적인 정보(비언어적 정보)가 더 얹히어야만 하는 것이기 때문이다.

나)처럼 외현적 대명사를 써야 하지만, 우리말에서는 공범주 대명사(zero 대명사)를 쓰는 것이 바람직하다.

그런데 호이(Hoey, 1991), 『덩잇글에서 어휘 연결 유형Patterns of Lexis in Text』(OUP)에서는 문장들을 연결해 주는 방식으로 가장 압도적인 것이 '어휘 사슬'임을 실증적으로 논의하고 있다. 즉, 어휘들이 지니는 상의어·하의어 관계나 유의어 관계들을 번갈아 가면서 문장들 속에 널리 퍼뜨려 놓는 방식이다. 윗단락에 있는 예문을 계속 이어서 다음과 같이 말할 수 있다.

(3다) 그러나 <u>애타게 그리던</u> 사람은 없었다.

이때 '애타게 그리던 사람'은 '영이'를 가리키고 있음을 알 수 있다. (3나)에 있는 사람 이름은 한 대상의 명칭을 나타낸다. 그렇지만 (3다)에서 제시한 구절은 그 대상의 속성을 가리킨다. 이것이 '어휘 사슬'의 예이다. 이와는 달리, 앞의 (3나)에 이어서 곧

(3라) 그가 온 동네를 <u>구석구석 돌아다녔다</u>.

라는 문장이 뒤이어질 수도 있다. 이 경우 '찾다'라는 낱말이 '구석구석 돌아다니다'라는 낱말로 바뀌었다. (3라)가 오직 홀로 쓰일 때에는 축자적으로 고유한 의미를 지니겠지만, (3나)에 이어지는 자리에 놓인다면, 그 축자적인 의미를 넘어서서 다른 의미가 더 들어 간다. 곧, 지속적으로 찾는 과정을 가리키는 것이다. 이 또한 동사의 '어휘 사슬'을 만들어 복합 사건의 진행을 가리켜 주고 있는 것이다.

문장과 문장을 연결하는 방식은 기본적으로 언어를 이용한다.

따라서 그런 언어 형식들은 명시적인 징검다리 역할을 하는 셈이다. 그렇지만 문장들이 이어져서 문단이 되고, 문단과 문단을 연결시키는 경우에도 그런 명시적인 방식이 있을까? 안타깝게도 대답은 부정적이다. 이를 더 쉽게 표현하면, 문단들에 있는 작은 주제문들을 모아서 기계적으로 전체 덩잇글의 큰 주제문을 추리하거나 추론해 놓는 명시적인 방식은 없다.[24] 대신 문단을 연결시키는 관습적인 기존의 방식이 중요한 역할을 한다. 가령, 우리가 논문을 쓸 때에는 '서론·본론·결론'의 형식을 준수하거나, '도입·실험 자료

24] 더러 논리적 전개 방식에 따라야 한다고 말하는 경우도 있지만, 이는 하나만 알고 정작 둘을 모르는 주장이다. 논리 전개방식은 고전 논리에서는 귀납적 접근과 연역적 접근 밖에 없었다. 그러나 미국의 철학자 피어스가 abduction(배경지식을 추가하여 추론하는 방식이며 '가추법'이나 '외삽법'으로 번역하기도 함)도 인간의 중요한 추론 방식임을 주장한 이래, 전형적으로 세 가지 접근법을 논리 전개방식으로 말한다. 흔히 일상적 대화에서는 어느 언어에서나 두괄식 전개 방식이 선호된다고 알려져 있다. 즉, '주장/단정+근거/입증'과 같은 형식이다.

그렇지만 이런 논리 유형은 우리말의 본질 규명에 아무런 도움도 못 된다. 가령, 흔히 언급하는 '-아서'와 '-니까'의 구분을 예로 들어 보기로 한다.

"철수가 떠나서 영이가 슬퍼한다 : 철수가 떠나니까 영이가 슬퍼한다"

는 우리말 표현이 서로 뭐가 다른 것일까? 논리적 접근에서는,

①두 사건 P와 Q가 있으며,
②이들이 시간적 계기로 이어졌을 뿐만 아니라,
③또한 앞의 사건 P가 뒤의 사건 Q의 원인이다

는 정도 이외에는 아무런 말도 할 수 없다. 이런 정보가 두 문장 사이에 차별성 또는 변별성을 조금도 드러내 주지 못한다. 왜 그럴까? 논리적 설명에서는 맹목적으로 사건들 사이에 찾아지는 관계에만 골몰하기 때문이다. 청자나 화자의 관계와 그들이 공유한 공통기반이나 공유되지 못한 정보 간격에 대해서는 전혀 거론조차 할 수 없다.

우리말 '-니까'로 실현된 연결은, 화자가 판단하기에 청자가 두 사건의 인과성에 대해 전혀 알지 못하거나 잘못된 인과관계를 믿고 있음을 전제로 한다. 따라서 상대적으로 '-아서' 연결 구문이 중립적이라면, '-니까' 연결 구문은 청자에게 잘못된 인과 믿음을 시정하려는 기도를 드러내어 주는 것이다. 따라서 개별 언어에서 관찰되는 사건들의 연결에 대한 위상이 제대로 관찰되고 찾아져야 한다. 미시적 차원의 연결에서도 이러하거니와, 거시적 차원의 연결에서는 더욱 더 사회-문화적 요인에 따라 전개 방식과 설득 구조가 달라질 수 있음에 유의해야 할 것이다. 이를 담화 차원의 문법 또는 화용 차원의 문법으로 부른다.

나 도표 제시·해석·결론'의 형식을 준수하거나, 또는 다른 많은 틀들이 있다. 문단을 연결하는 방식은 여러 가지 이름으로 불리는데, 추론하기·정교화하기·대형명제 만들기·골자/주제 추리기·중심내용 파악하기 전략 등이다. 서구에서는 수사학에서 이런 문제가 다뤄져 있다.

문단 연결에는 단지 문단이란 형식만 작용하는 것이 아니다. 문단 이외에도 중요하게 우리의 배경지식에 들어 있는 어떤 경험 단위가 또한 입력물로 들어가야만 한다. 다시 말하여 언어의 외적인 extralinguistic25] 정보가 반드시 필요한 것이다. 그렇다고 언어 외적 정보라는 것이 결코 매우 어렵거나 특이한 것은 아니다. 가령,

(4가) 순이 생일이 이번 토요일이다.

나) 철수가 카드를 샀다.

라는 문장이 차례대로 놓여 있다고 해 보자. 철수가 카드를 산 이유는 (4가)에서 찾아질 것이다. 그런 추리 가운데 하나로, 우리는 철수가 카드 속에다 자신의 마음을 적어 놓을 것이라고 생각할 수도 있다. 이런 생각은 해석자가 자신의 배경지식을 활용함으로써 가능해지는 것이다. 이런 해석만이 유일한 것일까? 절대 그렇지 않다. 여러 가지 해석들이 가능하다. 그렇다면 아무런 해석이라도 괜찮을 것인가? 아니다. 맥락이나 상황에 맞는 어떤 '가능한 해석 범위'가 있을 것이다. 그런 범위를 어떻게 결정할 수 있을 것인가?

25] 이 용어는 위도슨(2004), 『덩잇글·맥락·해석 지침 : 담화 분석에서 중요한 논제들 (*Text, Context, Pretext : Critical Issues in Discourse Analysis*)』(Blackwell)에서 썼다. 기본 (Givón, 1995)에서는 덩잇글의 구조화된 정신 표상이란 말을 썼다(Gernsbacher and Givón eds., 1995, 『자발적 텍스트에 있는 의미 연결성(*Coherence in Spontaneous Text*)』, John Benjamins). §.2-6의 각주 48도 참고하기 바람.

이는 우리로 하여금 또 다른 세계를 탐구하도록 한다.

 문장과 문장은 언어 형식에 의존하여 연결이 이뤄지는 반면, 문단과 문단은 덩잇글 관례와 언어 외적인 정보가 동원되어야 연결됨을 소략하게 살펴보았다. 이 두 영역의 자세한 내용은 매우 중요한 것이다. 여기서는 다만 언어교육에서 모든 학습자들이 그 내용을 확실히 터득해야 될 것임만을 지적하고서 넘어가기로 한다. 그런데 언어를 벗어나거나 언어 속에 숨어들어 있는 언어 표현 외적인 내용들은 어떻게 찾을 수 있으며, 어떻게 드러낼 수 있을 것인가? 절을 달리하여 이를 인간 자유의지의 하위 개념인 '의도'의 문제로 다뤄나가기로 한다.

*　　*　　*

 (1)에서 제시한 언어 분절 단위의 제일 큰 모습은 덩잇글이었다. 그렇지만 그 단위에 특정한 이름을 붙였다고 하여 일이 다 끝나는 것은 아니다. 덩잇글에서 찾아내도록 요구하는 '주제'는 도대체 어디에다 자리잡는 것일까? (1)에 표현된 단위들에서는 주제가 깃들 터전이 없다. 주제는 언어로 표현된 단위보다 더 높은 자리에 있거나, 또는 표현 속에 숨어들어 있기 때문이다. 일관되게 논리성을 갖춘 한 편의 덩잇글에서, 우리는 그 주제/주제문을 찾는 일이 항다반사이다. 그 주제는 좀더 포괄적으로 화자 또는 발신자의 '의도'라고 불린다. 결국 우리가 의사소통을 하는 과정에서 찾아내고자 하는 것이, 의사소통이라는 행위를 지속시켜 가는 바로 그 의도이다. 만일 우리가 의도를[26] 확실히 찾아낸다면, 앞으로의 상대방 산

26] 일상생활에서는 '저의(底意)를 파악하다', '의중(意中)을 떠 보다'라는 말을 자주 쓴다. 이 말에는 겉으로 드러난 말(언어 표현)만으로는 뭔가 모자란 것이 있다는

출 행위도 예측 가능하며, 따라서 여러 가지 내용들을 미리 대비할 수 있는 것이다.

그렇지만 그런 의도를 어떻게 알아차리고 붙들 수 있을 것인가? 이 물음에는 매우 복잡하고 어려운 개념들이 들어 있다. 때로 의도가 직접 지각되거나 관찰될 수 없으므로 기본적으로 불확실성이 들어 있다고 상정되기도 한다.[27] 그렇지만 나·너(우리)가 똑같이 어떤 의도를 지니고서 말로 소통하거나 행위를 한다는 점을 근거로 하여, 의도가 신비 속에 갇혀 있는 것이 아니라, 개연성을 지니고서 어느 정도 설득력 있게 다뤄질 수 있다는 가정을 따르기로 한다. 이를 '상호 주관성'이라는 개념으로 나타내는데,[28] 상호 주관

뜻이다. 곧, 겉으로 표현되어 있는 것과 표현되지 않고 잠재되어 있는 것 사이의 관련을 표현하는데, 그 관련이 직접적이지 않고 간접적이거나 또는 전혀 다른 것일 수 있음을 가리킨다. 그러나 여기서 '의도'라고 말하는 것은, 직접적인 관련이나 간접적인 관련뿐만 아니라, 역설 또는 반어 표현과 같은 정반대의 경우(언어 표현과 의도가 정반대의 방향으로 놓임)까지 포괄하는 상의어로 쓰고 있다.

27] 아마 그롸이스(Grice, 1971), 「의도 및 불확실성(Intention and Uncertainty)」, 『영국 학술원 발표 논문집(Proceedings of the British Academy)』, #57에서 본격적으로 논의되는 듯하다. 그뢴트(Grant, 2007)의 『불확실성 및 의사소통(Uncertainty and Communication)』(Palgrave)에서는 불확실성에 대한 종합적인 개관을 하고 있어 참고가 된다. 불확실성은 언어가 상징이라는 특성에서 내재적이며, 한 걸음 더 나아가 남을 속이려는 의도를 갖고 말을 할 수 있기 때문에, 의도를 포착하는 데에 더욱 복잡해질 소지가 있는 것이다. §.2-7의 각주 62도 참고하기 바란다. 한편, 정보처리 관점에서 새넌·위버(Shannon and Weaver, 1949; 1963) 『정보소통의 수리 이론(The Mathematical Theory of Communication)』(University of Illinois Press)에서도 불확실성을 줄이는 수리적 방법을 논의하지만, 정작 언어 내용에 대한 분석은 논외로 하여 다루지 않았다.

28] 객관성과 주관성의 갈등을 해소하는 대안으로 현상학에서 제시된 상호 주관성(intersubjectivity)의 개념은, 뷧건슈타인의 이른바 '삶의 양식을 공유하는 일'에 해당된다. 삶의 양식을 공유하는 일이 과학의 발전에서 어떻게 적용되어 나왔는지에 대해서는 톨민(Toolmin, 1972), 『인간의 이해 역량 : 개념의 집단적 사용과 진화(Human Understanding : The Collective Use and Evolution of Concepts)』(Princeton University Press)를 보기 바란다. 어떤 용어를 쓰든지 간에, 더 중요한 것은 이 개념이 더 밑바닥에서 감정이입(empathy)에 의해 뒷받침되어야 한다는 점이다. 감정이입은 1살 미만의 아기에게서부터 관찰되는 중요한 개념이다. 아기가 비로소 시각이 고정되기 시작하면, 말을 배우거나 하기 이전에라도, 마주보는 상대방의

성이란 너와 내가 공유하는 체험 내용을 가리킨다. 이는 19세기 '현상학'이라는 흐름에서부터 객관성이라는 개념의 모순을 극복하기 위하여 수립되었다. 절대성이나 객관성이란 개념은, 1931년 괴델의 '2차 논리(고등 논리)'의 불완전성에 대한 증명이 널리 받아들여지면서 피해야 할 대상이 되기 시작하였다. 그럼에도 불구하고 너와 내가 서로 통한다는 점을 드러낼 필요가 있었고, 그 일을 이 용어가 떠맡고 있다.

상호 주관성의 근거는 도대체 무엇일까? 어떤 근거로 너와 내가 서로 소통(또는 의사소통)을 하는 것일까? 전통적인 언어학에서는 이를 언어가 개별성과 사회성을 동시에 지닌다고 설명함으로써 문제의 본질을 해소시키려고 하였다. 사회성이, 곧 너와 내가 말을 매개로 하여 소통이 성공적으로 이뤄지도록 보장해 주는 것이다. 그렇지만, 만일 우리가 사회성과 개별성 가운데 어떤 개념이 우선되는지를 묻는다면, 닭과 알의 우선성 물음과 같이 오리무중에 빠져버린다.[29] 사회성이 먼저 수립되면, 더 이상 개별성이 자리잡을 길이 없다. 반면에 개별성이 먼저 수립되면, 혹 개별성의 부분적 교집합이라는 개념을 확립할 수 있겠지만, 전체적인 사회성이 객관적으로 확립될 길은 찾을 수 없다.

이 아리송함의 해법은 무엇일까? 필자는 상호 주관성의 근거를

얼굴 표정에 대해 민감하게 반응을 보인다. 그렇지만 이런 감정이입에 관련된 심리학적 기제에 대해서는 제대로 논의된 바가 없다.

29] 아마 이와 유사한 물음이 보편성과 개별성의 물음, 전체와 부분의 물음에서도 찾아진다. 이때 보편성과 전체의 물음은 기본적으로 '무한성'의 개념에 토대를 두고 있어야 한다. 무한의 정의 방식 또한 몇 갈래로 나뉠 수 있다. 수학에서는 열림/닫힘과 조밀함/엉성함과 같은 개념을 복합적으로 사용한다. 특정 종교에서는 구체적인 대상물을 놓고서 안/밖을 안과 밖을 관찰하거나 상정할 수 없을 경우로 본다. 만일 무한성의 본질 또는 속성을 '반복'으로 상정한다면, 임의의 반복을 하나의 개체로 보고, 반복의 지속을 무한으로 볼 수도 있다.

다음처럼 상정함으로써 이 문제를 해결할 수 있을 것으로 본다. 먼저 언어로 의사소통을 하든지 언어가 아닌 다른 행동으로 의사소통을 하든지 상관없이,[30] 의사소통을 하려면, 의사소통 주체가 먼저 어떤 실세계 체험을 해야 한다. 실세계에서 체험의 대상은 '복합사건 덩어리'이다. 이 사건 덩어리를 어떻게 분할하여 내재화 하든 간에, 가장 기본적인 첫 출발점은 우리가 모두 실세계의 체험을 한다는 점이다. 너도 체험하고, 나도 체험하며, 그도 체험하는 것이다(비록 다시 직접적인 체험과 간접적인 체험으로 나뉘더라도). 실세계 체험은 의사소통 간여 주체들의 장기기억 속에 저장되어 있어야 한다. 이렇게 장기기억 속에 자리잡는 과정을 피어스[Peirce]는 '믿음의 고정' 과정이라고 부르며, 고정된 결과 이를 흔히 배경지식이나 개념틀이나 각본이나 믿음의 그물 등 다양하게 십수 가지 이름으로 부른다.

의사소통 주체는 그 장기기억들 속의 유관 요소들을 재조합하여, 어떤 특정한 의사소통 의도를 지닐 수 있다. 이 의도는 먼저 상대방(의사소통 상대방과의 정보간격)이 전제되어 있어야 하며, 의도의 실현 방식은 언어와 행위의 두 가지 길밖에 없다. 여기서는 논

30] 기호의 표현 방식은 크게 언어와 비언어, 또는 언어와 행위로 나뉜다. 아마 이런 구분이 순수이성과 실천이성을 나누는 칸트의 전통에서 나오는 것이 아닌가 생각된다. 여기서 행위는 특히 목표·계획·하위계획 등의 연결체로 다뤄나간다. 그렇지만 필자의 생각으로는 언어로 의사소통을 하는 과정과 크게 다르지 않다고 본다. 둘 모두 밑바닥에 어떤 의도가 있어야 하기 때문이며, 수시로 그 의도가 상대방에게 제대로 인식되는지를 점검하면서 그 의도 구현 방식들을 부분부분 고쳐 나가는 과정이기 때문이다. 굳이 차이점을 생각해 본다면, 언어에서는 말실수가 어느 정도 쉽게 고쳐지고 용인될 수 있지만, 행위에는 엄격히 책임이 함께 수반되어 언어의 의사소통보다 실행상 더 경직되고 더 조심스런 측면을 상정할 수 있을 듯하다. 이는 각각 실행 결과를 평가하는 강한 관점과 약한 관점으로 나눌 수 있을 것이다. 서구에서는 자유의지가 주로 책임(responsibility)과 관련되어 논의되어 왔다. 이런 책임성은 특히 행동에 초점이 모아져 있는 것이다. 언어에 대한 실수는, 오히려 체면 손상이나 신뢰감 상실 등과 긴밀히 관련된다.

의의 초점을 모으기 위하여 일단 언어로만 포장된다고 상정하기로 한다. 언어 포장 방식은 앞에서 살핀 '낱말·문장·덩잇글'의 단위로 되어 있다. 이것이 한쪽의 의사소통 주체에 의해서 입 밖으로 내보내어져서, 실세계에서 체험할 수 있는 대상인 '말소리'로 구현될 때에, 이 대상은 첫 출발점으로 삼았던 실세계 체험의 일원으로 간주된다. 다시 말하여, 의사소통 주체의 정신 구조나 인지 구조도 실세계의 체험에 의존하고 있지만, 어떤 의사소통 주체가 생산한 대상물인 말소리도 실세계 체험의 원소가 되는 것이다. 상호 주관성이란, 곧 실세계 체험을 놓고서 계속 순환되는 과정에 다름 아니다. 그 순환을 일으키는 밑바닥 동인은 의사소통 주체의 '의도'이며, 의도는 인간 자유의지의 구현물이다. 이제 우리는 의사소통이 '나·너·그'의 실세계 체험을 바탕으로 하여, 다시 어떤 의도에 의해서 말소리로 나옴으로써, 그 말소리를 매개로 하여 그 실세계 체험이 거듭 순환되는 '추체험追體驗'의 과정임을 매듭지을 수 있다.

여기서 의사소통의 밑바닥에 실세계 체험과 추체험이 깔려 있음이 전제된다. 또한 복합사건 덩어리로 이뤄진 그 체험을 단일 사건으로 나눠 놓는 방식이 누구에게나 비슷하게 고정되어 있다고 가정된다. 언어만을 대상으로 할 때에, 의사소통 주체의 인식 구조는 세 종류의 거르개를 지니고 있다. '낱말·문장·덩잇글'인 것이다. 이를 더욱 간략히 말하면, 복합사건 덩어리의 분할 방식(복합 사건을 단일 사건으로 만드는 방식)은 육하원칙에서 '왜'를 뺀 5가지로 이뤄진다고 할 수 있다. 분할된 이런 단일 사건들을 부류로 모으고, 시간 선상으로 이어 놓는 일은, 우리 장기기억 속에 있는 '절차 지식'이 맡은 몫이다. 의사소통 의도란 구체사례 기억 및 일반 의미기억으로 이뤄진 장기기억 속에 들어 있는 단일 사건들을 임의로 재조합해 이어 놓은 것이다. 이 조합 과정에서 단일 사건들은 어떤 일관된 지향 목표를 지닌다. 결국 의사소통에서 찾아내어야 할 대상은, 그런 조합을 해 놓는 주체인 '의도'이며, 의도의 표현은 '낱말 선택·문장 표현·덩잇글 짜임'으로 이뤄지는 것이다. 만일 이를 일직선으로 배열한다면, 산출하는 쪽에서는

'실세계 체험 → 의사소통 의도 → 언어 표현'

이며, 처리하는 쪽에서는

'언어 표현 → 실세계 체험 → 추체험'

으로 나타낼 수 있다. 그러나 맨 앞의 (1)에서 보인 내용은 이 선적인 배열에서 오직 '언어 표현'에만 국한된다. 여기에 언어로 드러나지 않은 부분들이 더 들어 있다. 담화는 언어 표현과 언어로 표현되지 않은 이들 영역까지도 함께 다룬다. 그렇지만 언어로 표현되지 않은 부분을 어떻게 명시적으로 다룰 수 있을까?

＊　　＊　　＊

언어 표현이 단순히 참과 거짓에 대해서 어떤 진술을 하는 것만이 아니라, 세 가지 단계로 나뉜 어떤 행위를 하는 것이라는 깨달음이, 20세기에 '일상언어 철학'이란 흐름을 열게 만들었다. 옥스퍼드 철학자 오스뜬Austin, 1911~1960은[31] 어떤 언어 표현이든지

31] 우리말로는 장석진(1987) 뒤침, 『오스틴 : 화행론』(서울대 출판부); 김영진(1992) 뒤침, 『말과 행위』(서광사)를 참고하기 바란다. 또한 오스뜬의 제자인 써얼(Searle)의 책으로 이건원(1987) 뒤침, 『언화 행위(*Speech Act*)』(한신문화사); 심철호(2009) 뒤침,

(5) 언표 → 언표 속에 깃든 속뜻 → 이행완료

   (locution → illocution → perlocution)

라는 단계로 나뉘어야 함을 처음 깨달았는데,[32] 이를 언어 행위^{speech}

act이라고 부른다. 이는 언어가 쓰이는 맥락을 '화자·청자·시간·공

간' 속에서 살펴보는 화용론^{pragmatics}과 뜻이 통하므로 서로 큰 구분

없이 같이 쓰이고 있다. 이름이 언어 행위이든 화용론이든 간에,

『지향성 : 심리철학 소론』(나남); 심철호(2000) 뒤침, 『정신·언어·사회』(해냄)도 참
고하기 바란다.

32] 클락(1996; 김지홍 뒤침, 2009), 『언어사용 밑바닥에 깔려 있는 원리』(도서출판
경진)에서는 특이하게도 예비 단계까지 더 설정하여 다음처럼 네 가지 수준으로
취급한다(그 책의 제7장 참고). 구체적인 언어 표현의 분석과는 별도로 의사소통
주체들은 동시에 다음의 네 가지 수준을 서로 긴밀히 협동하며 실천하고 있는 것
이다.

언어 표현 주고받기의 복합 수준

위쪽 지향 수준	화자 행위	청자 행위
제4수준	제안하기	수용(고려)하기
제3수준	신호(의미)하기	인식(이해)하기
제2수준	제시하기	확인하기
제1수준	실행하기	주목하기

이런 복합 수준의 의사소통은 반드시 두 가지 경로를 통해서 구현되어 나간다.
하나는 정보전달이나 유대감 쌓기와 같은 실무용 경로이며, 다른 하나는 화자가
표현하고 있는 바를 청자가 제대로 파악하고 이해하도록 도와주고 그 반응을 점검
확인하는 점검용 경로이다. 소략하게 말하여 두 방향 입말 의사소통은 실무용 경로
와 점검용 경로가 동시에 작동하며, 실무용 경로는 언어 표현에 의지하되, 점검용
경로는 비언어 요소들에 의지하는 경우가 많다. 특히 후자의 경로는 인간이 언어를
획득하기 이전에 유인원 시절에서부터 pidgin(피진) 의사소통 단계들과 계속 이어
져 있다는 점에서 진화론적 차원의 언어 발달에서 매우 중요한 몫을 차지하고 있다.
   진화론 상의 언어 발달에 대해서는 제킨도프(Jackendoff, 2002; 김종복·박정
운·이예식 뒤침, 2005)의 『언어의 본질』(박이정)을 보거나, 가장 탁월한 전문가
인 비꺼뜬(Bickrton, 1990)의 『언어와 인류 종(*Language and Species*)』(University of
Chicago Press), 비꺼뜬(1995)의 『언어와 인간 행동(*Language and Human Behaviour*)』
(University of Washington Press), 또는 토마쎌로(Tomasello, 1999)의 『인간 인지의
문화적 기원(*The Cultural Origins of Human Cognition*)』(Harvard University Press), 토
마쎌로(2003)의 『언어를 구성하는 일(*Constructing a Language*)』(Harvard University
Press), 토마쎌로(2008)의 『인간 의사소통의 기원(*Origins of Human Communication*)』
(MIT Press)을 보기 바란다.

언어 표현마다 어떤 잠재적인 속뜻이 들어 있다는 전제는 둘 모두 동일하다. 가령,

(6가) 아휴, 춥네!

라는 언어 표현(발화)은 발화자의 신체 감각 내용만을 표현하는 것이 아니다. 이는 하나의 단서일 뿐이다. 가령, 어떤 강의실의 냉방 장치가 너무 상하게 돌아갈 때에 이런 발화를 했다면, 그 속뜻은 냉방기를 끄도록 ① 바라거나, ② 제안하거나, ③ 간접적으로 명령하는 것일 수 있다. 만일 간접 명령의 뜻으로 이 말을 했다면,

(6나) 미안하지만, 당신에게 명령하는데, 이 방의 냉방기를 끄시오!

라는 명시적 표현과 의미가 같을 것이다. 이런 뜻을 곧 알아차리고 이어 상대방이 냉방기를 끄게 된다면(껐다면), 그 언어 표현은 이행이 완료되어 매듭이 지어진다.

그렇지만 (6가)의 표현을 (6나)처럼 해석하고 이해하는 일이, 무의식적이고 자동적인 것은 아니다. 짐작이나 추측을 먼저 해야 하고, 그 내용의 확인 과정을 거쳐야 하는 것이다. 언어로 확인을 할 경우에는

(6다) 그렇다면 냉방기를 끌까요?

라고 다시 반문할 수도 있다. 언어 표현 속에 들어 있는 속뜻^{illocution}을 짐작하고 확인하기 위해서는, 반드시 의사소통에 간여하는 사람들 사이에 긴밀한 협력과 협조가 있어야 한다. 다시 말하여, 결

코 언제나 의사소통 의도가 명백하게 한줌 차착도 없이 포착되는 것은 아니다. 의사소통 의도가 제대로 전달될 수 있도록 의사소통 관련자—화자 및 청자—들은 서로 긴밀히 협동을 해야 하는 것이다. 그만큼 어떤 의사소통에도 오해의 소지가 있는 것이고, 그런 오해를 줄이고 없애려는 노력을 서로 간에 해 나가야 한다는 뜻이다. 이를 그롸이스Grice, 1913~1988는 '협동 원리'라고 부른다.

그렇지만 뭘 어떻게 협동해야 할까? 지면의 제약으로 깊이 논의할 수 없지만, 이 물음에 그롸이스Grice는 '질·양·방식·관련성'의 측면으로 협동해야 한다고 말한다.[33] 화자는 이런 각 범주의 규범에 따르거나 또는 따르지 않을 수 있는데, 어떤 선택을 하든지 상대방 청자로 하여금 그 준수 여부를 혼동하지 않도록 단서를 함께 전달해 주어야 하는 것이다. 비로소 여기서 반어나 풍자에 대한 설명이 가능해지게 된다. 반어나 풍자는 화자가 위의 규범을 일부러 어그러뜨리는 것이며, 청자 쪽에서 그 규범이 확실히 위배되었음을 알 수 있게 되는 경우이기 때문이다. 예를 들어, 여름 방학이다 끝나고서 어느 학생이 학과 자료실에서 친한 친구를 만났을 때에, 반가운 얼굴 표정으로 다음처럼 말한다.

(7가) "야, 문디! 그간 어떻게 지냈네?" (진주 사투리)

  나) 축자 해석 : 문둥이를 문둥이로 부른다.

  다) 반어 해석 : 반갑고 친한 사람을 가리키려고 가장 험하거나 나쁜 표현(극성 표현)을 골라 쓴다.

물론 (7가)를 축자적으로 해석하는 사람은 없을 것이다. 왜 그럴

33] 이 네 가지 범주의 기원은 칸트에게서 나왔다. §.2-8의 각주 64와 65를 보기 바란다.

까? 이미 (7가)를 말하는 맥락이나 상황이 그런 축자 해석의 가능성을 막아 버린 것이다. 이처럼 작은 단위의 언어 표현이거나 긴 덩잇글이거나를 막론하고, 임의의 언어 표현을 해석하기 위해서는 반드시 상황이나 맥락을 고려해야 한다. 여기서 상황이나 맥락은 실세계 체험의 일부이다. 곧, 실세계 체험이 입력물이 되어서, 우리는 어떤 의사소통의 의도를 탐색해 나가게 되는 것이다. 언어 표현이 낱말이 되든, 문장이 되든, 또는 긴 덩잇글이 되든, 그 언어 표현의 이면에는 의도가 자리잡고 있으며, 이런 의도를 잘 붙들어 내어야 한다.

이런 점에서 보면, 말하기 과정은 단지 화자 자신에게만 국한되는 것이 아니다. 배경지식으로부터 어떤 의사소통 의도를 마련하면, 그 의도를 전달하기에 적합한 언어 표현을 선택해야 하고, 그 언어 표현을 입 밖으로 내보냈을 때에, 청자가 제대로 화자 자신의 의도를 인식하는지 여부를 확인해야 하는 것이다('청자 인식'에 대한 확인). 만일 청자가 화자의 의도를 제대로 인식하지 못하였다면, 다시 그 의도를 구현해 주는 다른 언어 표현을 선택하고서 말을 해야 할 것이다. 청자 또한 수동적이거나 피동적으로 가만히 있는 존재가 아니다. 화자의 언어 표현을 놓고서 그 속에 들어 있는 의도를 찾아 나가는 적극적이며 능동적인 자세를 갖고 있어야 하는 것이다.

그런데 이런 의도는 무한대로 아무렇게나 만들어지는 것일까? 그렇지 않다. 의도는 우리 머릿속에 있는 배경지식(또는 장기기억에 담아 둔 세계 경험 지식 꾸러미)에 의해 닫혀 있기 때문이며, 배경지식은 우리가 어릴 때에서부터 습득하거나 얻어온 실세계의 복합 사건들을 반영해 주기 때문이다. 이런 고리는 의사소통의 밑바닥에 있는 감정이입이나 상호 주관성의 근거가 되는 것이다. 그렇지만 이를 다루는 일은 다시 한 층위 더 높은 차원, 즉 인간 정신의 개

념화 및 범주화에 대한 논의로 맞물려 들어간다.[34]

6. 담화교육을 어떻게 시행할 것인가

영국에서는 모국어 교육을 한마디로 '담화교육'이라고[35] 규정한
다. 1970년대에 이미 영국에서 참된 실생활 자료를 이용해야 한다
고 지적되었다. 유럽에서는 이것이 개념·기능notional-functional 언어교
육으로 발전하고, 오늘날 언어교육에 대한 유럽 공통 얼개common
framework가 마련되기에 이르렀음은 이미 앞에서 지적하였다. 뿐만
아니라, 참된 실생활 자료를 이용하는 담화교육을 위하여 갈래에

34] 개념에 대한 접근 또는 개념화 방식에 대한 연구는 크게 아리스토텔레스에서부터
시작된 '고전적 개념화'와 오직 약한 유사성만으로 흐릿하게 개념들을 읽어간다는
'원형 개념화'로 나뉜다. 전자는 대상이나 개체들에 대한 엄격한 정의가 가능하다
는 주장이지만, 후자는 가장 좋은 대표적 표본만이 그러하며 점차 범위를 넓히면
흐릿하고 불분명해진다는 주장이다. 이런 접근의 심층에도 각각 합리주의와 경험
주의 시각이 반영되어 있다. 특히 후자는 뷧건슈타인의 family resemblance(약한
유사성, 가족끼리 닮음)를 개념화에서 확립한 롸슈(Rosch)의 글들(원형 이론)이 많
이 참고되며(특히 롸슈, 1988, "Coherence and Categorization : A Historical View"
in F. S. Kessel ed., 『The Development of Language and Language Researchers』, Lawrence
Erlbaum에 있는 개관과 반성을 먼저 보기 바람), 언어학에서는 '인지 언어학'이란
이름으로 알려져 있다(Taylor, 1989; 조명원·나익주 뒤침, 1997, 『인지 언어학이란
무엇인가?』, 한국문화사를 보기 바람). 한편, 심리학 논의를 깊이 다루면서 우리
말로 읽을 수 있는 것으로는 신현정(2000)의 『개념과 범주화』(아카넷)가 있다. 제
1장의 각주 12를 보기 바람.

35] 쿡(Cook, 1989; 김지홍 뒤침, 2003), 『옥스퍼드 언어교육 지침서 : 담화』(범문사)
가 쉬운 안내서이다. 또 페어클럽(Fairclough, 1995, 이원표 뒤침, 2004), 『대중매
체 담화 분석』(한국문화사)도 참고하기 바란다. 특히 미국에서 교육용으로 마련
된 그뢰이써·건스바커·골드먼(Graesser, Gernsbacher, and Goldman, 2003) 엮음,
『담화 처리 소백과(Handbook of Discourse Processes)』(Lawrence Erlbaum)는 훌륭한 길
잡이다. 뿐만 아니라 독일 쪽에서 시작된 텍스트 언어학도 그 범위가 상당 부분
겹쳐 있다. 텍스트 언어학과 관련해서는 번역서뿐만 아니라, 연구서들이 이미 많
이 나와 있다(고영근, 1999, 『텍스트 이론 : 언어·문학 통합론의 이론과 실제』, 아
르케). 그런 연구들도 참고하기 바란다.

대한 논의도 함께 이뤄져 있으며,36] 현실 생활(또는 생활세계)에서 담화의 밑바닥에 깔린 의도들을 비판적으로 분석하는 '비판적 담화 분석(CDA)'도37] 언어교육(특히 고급 수준의 모국어 교육)에서 중요하게 이용되어야 할 것이다.

우리 국어 교육의 터전에서는 아직 언어사용 능력이 단지 학습자에 맞춰진 텍스트를 내어 주는 일보다 두 방향 의사소통을38] 통해서 더 높이 향상된다는 평범한 진실을 제대로 자각하지 못하는 듯하다. 두 방향 의사소통은 짝끼리, 모둠에서, 전체 학급을 대상으로 이뤄질 수 있다. 이는 의사소통 중심 언어교육(CLT)이 20년 넘게 시행되어 오며 얻어낸 결론이다. 이를 받아들인다면, 더 이상 학습자에게 상투적인(기계적인) 국어 교재가 주어질 것이 아니라,

---

36] 스웨일즈(Swales, 1990), 『갈래 분석(*Genre Analysis*)』(CUP)를 참고하기 바람.

37] 언어교육 쪽에서는 페어클럽(Fairclough)에 의한 일련의 작업들이 있다. 1989(2001 제2판), 『언어와 권력(*Language and Power*)』(Pearson Education), 1995, 『비판적 담화 분석(*Critical Discourse Analysis*)』(Pearson Education), 2003, 『담화 분석하기 (*Analysing Discourse*)』(Routledge). 또 중요한 논문들이 툴런 엮음(Toolan, 2002), 『비 판적 담화 분석(*Critical Discourse Analysis*)』(Routledge) 4권과 포터(Potter, 2007) 엮음, 『담화와 심리학(*Discourse and Psychology*)』(Sage) 3권에 모아져 있다. 뵌대익(van Dijk, 1997) 엮음, 『사회적 상호작용으로서의 담화(*Discourse as Social Interaction*)』, 『구조와 과정으로서의 담화(*Discourse as Structure and Process*)』(두 권 모두 Sage)에서는 사회 내적 편견에 대한 비판을 다룬다. 응당 언어사용이 의도적으로 깔고 있는 어떤 부당한 가치나 이념에 대해 비판적으로 깨달을 수 있도록 고급 학습자들에게 풍부한 자료들을 제공하면서 가르쳐질 필요가 있다.

38] 두 방향 의사소통은 기본적으로 교사와 학습자, 그리고 학습자들끼리 이뤄진다. 이런 측면을 가리키기 위하여 '상호작용(interaction)'이란 용어도 쓰이고, '난관 타개(negotiation)'이란 용어도 쓰인다. 의사소통 중심 언어교육(CLT)에 대해서는 린취(Lynch, 1996), 『언어 교실 수업에서의 의사소통(*Communication in the Language Classroom*)』(OUP)과 헤쥐(Hedge, 2000), 『언어 교실 수업에서 가르치는 일과 배우는 일(*Teaching and Learning in the Language Classroom*)』(OUP)이 쉬운 안내서이다. 또한 앞의 2절에 있는 각주 5에서 소개한 책 중, 뵌리어(van Lier, 1996), 『언어 교육과정에서의 상호작용 : 자각·자동성·참된 실생활 자료(*Interaction in the Language Curriculum : Awareness, autonomy, and authenticity*)』(Pearson Education)와 새뷔농(Savignon, 2002) 엮음, 『의사소통 중심 언어교육의 해석(*Interpreting Communicative Language Teaching*)』(Yale University Press)도 참고하기 바란다.

학습자들이 두 방향 의사소통을 통해서 상호작용을 해 나갈 입력물들이 제공되어야 할 것이다.

그런 입력물은 언어(또는 담화)로만 되어 있지 않고 그림이나 도표로도 제공될 수 있으므로, 언어교육에서는 이를 차별화하기 위하여 '입력물^{input}'이라는 용어를 쓰고 있다. 문제 풀이를 위해 주어지는 입력물도 흥미와 동기를 북돋우기 위하여 관찰된 학습자의 수준보다 조금 어려운 내용이 들어가 있어야 하며, 이를 풀기 위한 활동을 난관 타개^{negotiation}이라고 부른다. 이런 활동은 다른 교과목에서 내세우는 '문제 해결 능력' 향상 목표들과도 유기적으로 들어맞는다. 이런 활동을 진작하려면, 의식적이든 무의식적이든 행동주의 교육 방식

PPP (제시 → 연습 → 산출)

를 천편일률적으로 묵수하고 있는 현행 국어 교과서 제시방식

길잡이 → 본문 → 연습 및 보충 심화

이 하루 속히 폐기되어야 한다. 이런 단계가 더 이상 두 방향의 의사소통을 보장해 주는 것이 아니기 때문이다. 대신 학습자들이 수행할 과제들이 범주별로 등급화되어 있어야 하며, 그런 활동을 할 경우에 평가가 어떻게 이뤄지는지에 대한 구성물·명세내역(명세표)가 매번 과제들과 함께 학습자들에게 주어져야 한다. 평가 명세표가 제시되는 경우, 학습자들의 상호작용이 자의적으로 아무렇게나 이뤄지지 않고, 서로 함께 협력하여 도달해야 할 목표를 학습자들이 능동적으로 세워 나갈 수 있게 되는 것이다.

마지막으로 윌리스 부부(2007), 『과제 중심 언어교육 실행하기Doing Task-based Teaching』(OUP)에서 지혜를 빌려오기로 한다. 언어교육에서 이용되는 자료는 '참된 실생활' 자료이다. 여기에는 학생들이 산출한 결과물도 포함된다. 이 책에서는 과제 연속물a sequence of tasks이란 중요한 개념이 도입된다. 이들은 다음과 같이 예시된 몇 가지 단계로 나뉘어 진행되며, 제시 과제에 따라 융통성 있게 여러 단계들이 상정되거나 다시 조절될 수 있다. 과제 활동 종류 및 과제 범주들은 학습자 수준에 따라 다양하게 차이가 날 것이다.

① 예측 과제 연속물의 단계

1단계 : 예측에 대한 점화 ⇨ 2단계 : 예측 과제 제시 ⇨ 3단계 : 학급에 보고할 준비를 하기 ⇨ 4단계 : 보고하기 ⇨ 5단계 : 본 과제 읽기 ⇨ 6단계 : 언어 형식에 초점 모으기 ⇨ 7단계 : 평가

② 조각맞춤 과제 연속물의 단계

1단계 : 예비과제 풀기 ⇨ 2단계 : 이야기를 모아 맞춰 놓기 ⇨ 3단계 : 학급에 보고할 준비를 하기…. 이하 위 단계와 동일하게 진행됨

③ 질문 주관자로서의 학습자를 키우는 과제 연속물의 단계

1단계 : 덩잇글/덩잇말 선택하기 ⇨ 2단계 : 모둠별로 10가지 질문 마련하기 ⇨ 3단계 : 다른 학습자들이 해당 질문들에 답을 적어 넣기 ⇨ 4단계 : 언어 형식에 초점 모으기

④ 원형이 훼손된 덩잇글을 복원하는 과제 연속물의 단계(크게 사실적 공백 채우기와 언어적 공백 채우기로 나뉨)

〈사실적 공백이 들어 있는 과제〉

1단계 : 예비과제 풀기 ⇨ 2단계 : 개인별로 읽기 과제를 풀기 ⇨ 3단계

: 모둠별로 해결책을 공유하기 ⇨ 4단계 : 계획하기와 보고하기 ⇨ 5단계
: 해결책들을 점검하고 비교하기

〈언어적 공백이 들어 있는 과제〉

1단계 : 점화하기 ⇨ 2단계 : 읽기 과제 풀기 ⇨ 3단계 : 보고하기와 해결책
비교 점검하기 ⇨ 4단계 : 후속활동으로 기억 여부에 대한 도전

⑤ 새로 순서 짓기 과제 연속물의 단계

1단계 : 이야기 소개하기 ⇨ 2단계 : 순서가 뒤범벅이 된 덩잇글(부분)을
새로 정렬해 놓기 ⇨ 3단계 : 학습자 재구성 순서를 같이 검토하기 ⇨
4단계 : 전체 덩잇글을 함께 구성해 보기

⑥ 모둠별 받아쓰기 과제(원래 덩잇글 재생 과제) 연속물의 단계

1단계 : 전지에다 덩잇글의 부분들을 차례로 카드에 옮겨 적고 핀으로
고정시켜 교실 벽에 붙여 놓기 ⇨ 2단계 : 모둠별로 받은 종이 위에 원래
덩잇글을 재구성하기 위해, 구성원 한 사람씩 읽고 와서 다른 구성원들에
게 말해 주기 ⇨ 3단계 : 덩잇글 재생이 끝나 교사에게 제출되면, 교사는
재생에 걸린 소요 시간과 재생의 오류들을 지적해 내기

과제 연속물은 언어 사용 또는 문제 해결을 위한 참된 실생활
자료들이다. 그 주제나 소재가 학습자들에게 흥미를 불러일으킬 경
우에, 듣고 말하고 읽고 쓰는 네 가지 기술을 동등하게 연습시킬
수 있다. 그런 만큼 통합 활동을 촉진하는 것이다. 그렇지만 학습자
들은 '혼자 스스로 활동·짝끼리 활동·모둠 활동·학급 전체 활동' 등
을 순환해 가면서 연습 내용을 점차 심화시켜도, 난이도가 변동되
지 않거나 또는 과제 해결에 대한 간이 평가표(또는 평가 명세표)가
주어지지 않는다면, 자신의 향상 과정에 대하여 되돌아볼 수 없으

므로 낙담스러울 것이다. 따라서 과제가 등급화되는 척도와 평가 명세표가 주어져서 제대로 활용되고, 학습자들이 그 내용들을 잘 깨달을 수 있게 만들어야 한다. 과제 등급화 원리는 더 많은 논의가 필요하다. 평가 명세표는 바크먼·파머(Bachman and Palmer, 1996) 『실용적인 언어 시험 실시하기(*Language Testing in Practice*)』(Oxford University Press)에서 제안한 구성물construct; 구성 영역 정의를 받아들여 응용할 수 있다. 특히 그곳에서는 ① 조직화 지식으로 문법 지식과 텍스트 지식을 나누었고, ② 기능적 지식으로 화용 지식과 사회언어학 지식을 나눈 바 있는데, 학습자의 수준에 따라 임의의 영역들이 더 세분화되거나 추가될 수 있을 것이다.

언어교육은 결코 언어만으로 이뤄지지 않는다. 언어뿐만 아니라 언어를 사용하는 방식도 깊이 관련되어 있기 때문이다. 우리는 이를 언어에 대한 자각과 언어사용에 대한 자각이라고 부를 수 있다. 만일 언어가 소재라면, 언어사용은 소재를 부리는 주인인 셈이며, 이 사용의 문제를 통하여 언어뿐이 아니라, 그림·춤·몸짓 등에 대한 소재도 포괄적이며 종합적으로 다룰 수 있다. 언어교육을 제대로 실행하기 위해서는, 이런 배경을 고려하면 언어의 본질에 대해서뿐만 아니라, 언어사용 과정에 대한 심리학적 모습도[1] 제대로

---

* 이 글은 전북대 교과교육연구소, 『교과교육 연구』 제1호(2009년 12월), 55쪽~95쪽에 실림.

1] '심리 모습'이 아니라 '심리학적 모습'이라고 울타리를 친 이유는, 필자가 직접 심리 실험을 시행할 수 있는 전문가가 아니기 때문이다(2차적 응용분야 전공자일 뿐임). 필자는 다만 현재 언어심리학에서 받아들여지고 있는 논의의 핵심을 파악하려고 하는 것이다. 이 책의 제2장에서는 어떤 사실들이 올바르게 파악되어야 하는지를 살펴본 적이 있다. 언어사용에 대한 입체적이고 심층적인 논의는 일상언어철학·논리학·사회학·심리학의 흐름들을 포괄적으로 엮어 놓은 클락(1996; 김지홍 뒤침, 2009)이 압권이다. 특히 언어 및 비언어적 매체로 된 중층의 신호를 매개로 하여 실무 내용을 전달하는 경로와 그 전달이 제대로 이뤄지는지는 점검 확인하는 경로가 언제나 화자와 청자 사이에 깔려 있음이 논의되었는데, 자세한 것은 제7장

이해할 필요가 있는 것이다. 특히 언어 산출과 처리를 놓고서 제시된 심리학적 단계들에 언어교육과 긴밀히 맞물려 있어야 할 것이다. 전통적으로 언어교육에서는 표현과 이해라는 용어를 쓰고 있으나, 심리학에서는 이런 입력·출력의 과정이 비단 언어에만 국한되는 것이 아니라, 언어 이외의 대상에 대해서도 적용된다고 가정하므로, 이 글에서도 산출과 처리라는 용어를 상의어로 써 나가기로 한다. 이런 산출과 처리 과정에 대한 기본적인 이해가 없다면, 아마 언어교육은 단지 준비운동만을 연습시키다가 그만 두는 꼴이 될 것이다. 정작 본 운동의 여러 단계들에 대한 진단과 처방이 전혀 이뤄질 수 없을 것이기 때문이다. 이 글에서는 현시점에서 정상과학^{normal science}의 지위에 있는 언어 산출 및 언어 처리에 대한 연구를 비판적으로 살펴보기로 한다.

1. 몇 가지 어려운 문제

심리학이 엄격한 학문으로 대접을 받기 시작한 것은 불과 20세기 초반에 들어서면서부터이다(S. Stevens, 1975, 『심리 물리학^{Psycho-Physics}』, Transaction Books 등 참고). 자연과학의 방법론을 채택하여 심리적 현상을 계량화하고, 인간의 심리와 관련된 원리나 법칙을 상정하여 다룸으로써, 객관적인 척도를 공동체 구성원들 사이에서 논의할 수 있게 되었다. 그런데 뛰어난 수학자들과 과학 기술들의 발달에 힘입어 심리적 과정을 포착하기 위한 표기 체계가 갖춰지고, 두뇌가 작동하는 단층 사진들을 얻게 됨에 따라, 인지 과학^{cognitive sciences}

을 참고하기 바란다.

이 새로운 영역으로 부각되면서, 거의 모든 학문들을 통합하여 가장 촉망되는 학문으로 거듭 나게 되었다. 비유하여 말하자면, 오래 달리기에서 꼴등하던 녀석이 이제 막 제1등으로 올라선 것이다. 그런데 제1등으로 올라선 심리학(또는 더 크게 인지 과학)은 더 이상 고독하게 혼자서 연구하고 논문을 쓰는 분야가 아니라, 여러 분야의 학자들이 다각도로 거대한 공동 작업을 하는 '공룡 학문(?!)'으로 바뀌어 버렸다.

단기간의 눈부신 발전에도 아랑곳하지 않고 가장 초보적인 문제들이 여러 가지 풀리지 않은 채 남아 있다는 것은 일견 이해되기 어려운 역설(또는 자기모순)이다. 본론에서 언어의 산출과 처리 과정을 다루기에 앞서서, 미리 근원적인 난문제들 몇 가지에 대해서 합의하는 것이 이 글의 논의 전개에 도움이 될 듯하다. 말해질 수 있는 것과 말해질 수 없는 것, 진위를 알 수 없지만 임시 마치 확립된 듯이 서술해 놓는 것을 구별해야 하기 때문이다.

1.1. 몸과 마음의 문제 또는 '심신 인과' 문제

몸과 마음의 구분은 일견 자명한 듯하다. 심리철학에서는 이 구분을 명시적으로 주장한 공을 데까르뜨에게 돌린다. 데까르뜨는 물리적 세계는 접촉에 의해서 영향을 받지만, 심리적 세계는 접촉이 없이도 영향을 주고받는다고 보아, 서로 구분되어야 함을 주장하였다. 오늘날 이를 심신 이원론이라고 부른다. 소박하게 이런 주장은 우리의 느낌과도 일치한다. 일상세계에서는 늘 몸과 마음을 분리하여 생각하기 일쑤이기 때문이다. 그러나 이원론의 근거는 사실 뉴튼의 자연과학에서부터 무너지기 시작하였다. 뉴튼은 물리적 세계가 서로 영향을 주고받는 광막한 힘의 밭field이 있다고 가정하였다. 그런 밭 속에서 크고 작은 힘들로 영향을 주고받는다. 이 개념(특히 중력)은 천체의 움직임을 설명하는 기본 모형으로 받아들여졌다.

만일 이원론을 주장하는 근거가 잘못이거나, 이원론이라는 개념 자체가 잘못이라면, 그럴 듯한 다른 선택은 일원론밖에 없을 것이다. 맑시즘의 성행과 더불어 일원론은 미국에서 행동주의 또는 경험주의라는 이름의 사조로 급격히 대두되었다. 외견상으로 실제 존재하는 듯한 '정신' 또는 '마음'은 철저히 물리적/생리적 기반으로 환원되어야 한다고 보았다. 따라서 일원론은 달리 (소박한/천진난만한) 환원주의라고도 불린다. 우리 정신/마음은 뇌 생리학적 기반으로 모두 재진술되어야 하는 것이다.[2]

우리는 이제 뇌의 생리학적 기반을 엄청나게 많이 이해하고 있다. 뇌는 머클레인Paul D. MacLean의 3겹 두뇌의 형태학적 구분에 따라, 뉴런으로 불리는 뇌세포들로 구성되어 있고, 뉴런들은 서로 복잡하게 그물처럼 연결되어 있으며, 이들 사이에 단백질 덩어리라는 화학 물질로 정보를 주고받는다. 특히 신생뇌인 회백질의 대뇌는 6겹으로 되어 있고, 각 층위마다 뉴런의 모습들이 외형상 특화되어 있다. 그렇지만 우리들이 스스로 자각하는 정신/마음 현상들이 모두 남김없이 뇌세포들의 그물짜임이나 시냅스로 불리는 연결 고리들 사이에 주고받는 호르몬 덩어리들로 환원할 수 있겠는가? 심리철학자 포더Jerry Fodor는 25억 광년 뒤에나 혹 가능한 일이라고 대답한다. 오늘날의 우리의 상상력이나 기술로는 엄두조차 낼 수 없

2] 처칠랜드 부부의 책이 번역되어 있다. 폴 처칠랜드(P. Churchland, 1988; 석봉래 뒤침, 1992)의 『물질과 의식 : 현대 심리철학 입문』(서광사), 패트리셔 처칠랜드(P. Churchland, 1986; 박제윤 뒤침, 2006)의 『뇌과학과 철학 : 마음-뇌 통합과학을 위하여』(철학과현실사).

다는 뜻이다. 이런 입장은 최근 인간의 의식을 집중적으로 다뤄온 철학자 써얼John Searle 또한 마찬가지이다.[3]

　이원론도 기댈 수 없고, 그렇다고 일원론도 마뜩하지 않다면, 대체 뭘 의지해야 하는 것일까? 영국 수학자 튜링Allan Turing이 사고/생각이 연산이라는 논의를 하면서 현대적 모습의 컴퓨터가 자리를 잡고, 그의 생각을 모방하여 굳은모와 무른모를 동시에 고려해야 한다는 주장이 나왔다. 이를 심신 수반론이라고 부른다. 굳은모는 무른모가 없다면 무용지물이고, 그 역도 참이다. 일견 그럴 듯한 접근법이지만, 굳은모와 무른모를 작동시키는 주체가 없다면 이는 아무런 진전도 없는 생각이다. 대형 할인 마트에 삼성 컴퓨터와 윈도 비스타가 진열되어 있는 것에 지나지 않기 때문이다. 누군가 그 상품을 사서 전기를 꼽고 제대로 써야 컴퓨터 구실을 하는 것이다. 뇌와 정신이 서로 맞물려 들어야 하는 것을 어려운 말로 '심신 인과관계'라고 부른다. 누구나 심신 인과관계가 주어져 있기 때문에 몸과 마음이 하나로 작동한다고 수긍할 수 있다. 그렇지만 여태 심신의 인과관계에 대한 핵심은 불명확한 채로 남아 있다.

　한편으로, 이 문제는 자연세계 또는 우주를 지배하는 인과율을 적용하여 결정론적으로 우리 인간 행위를 예측할 수 있느냐는 물음과 긴밀히 관련된다. 인문학의 전통에서는 불가능하다고 여겨 왔다. 왜냐하면 인간은 본능으로만 사는 것이 아니기 때문이다. 본능은 주어져 있는 것이고, 그 위에 인간적인 생활과 삶이 다양하게 전개되는 것이다. 이를 붙들기 위하여 인문학에서는 '자유의지'라는 말을 즐겨 써 왔다. 적어도 인간과 인간 행위에 대한 내용은

3] 포더(Foder, 2000)의 『마음이 그런 방식으로 작동하는 것이 아니다(The Mind doesn't Work that Way)』(MIT Press)와 써얼(Searle, 2004)의 『마음 : 개관서(Mind : a brief introduction)』(Oxford University Press)를 보기 바란다.

결정론적인 인과율로는 설명될 수 없다. 만일 설명이 가능하다면, 그것은 이른바 본능으로 이름 붙은 내용에 지나지 않는다. 우리는 본능만으로 살아가는 것이 아니다. 거기에 덧붙은 것이 더욱 인간적이고 더욱 높은 가치를 지닌 것으로[4] 관념하기 때문이다.

마아(David Marr, 1982), 『시지각 : 인간 시각 정보의 표상과 처리에 대한 연산주의적 탐구Vision : A Computational Investigation into the Human Representation and Processing of Visual Information』(W. H. Freeman and Company)에서 '시지각'을 임의의 대상에 구현할 수 있는 모형을 제시하여 주었는데, 인간의 정신/마음도 다음과 같은 세 가지 차원의 층위가 긴밀히 맞물려

'표상 층위 → 연산 층위 → 구현 층위'

심신 인과관계를 일으키게 된다고 상정할 수 있다. '표상 → 연산 → 구현'이라는 세 가지 층위를 심신 인과라는 두 가지 영역으로 줄인다면, 언어학자 촘스끼Noam Chomsky가 즐겨하듯이

'표상-연산 층위 → 구현 층위'

사이의 관계로 표현할 수 있다(촘스끼는 표상-연산 층위만을 다룸). 이를 단순히 두 영역 사이의 함수 관계로만 본다면 문제는 간단해진다. 그렇지만 함수 관계를 설정하는 하나의 영역을 제약할 수 없다면, 함수 관계를 상정할 수 없거나 또는 매우 제약적인 함수 관

4] 인문학은 궁극적으로 가치를 다루게 마련이다. 가치는 우리 생활에서 선택 속에 깃들어 있다. 그롸이스(Grice, 1991)의 『가치가 만들어져 나오는 과정(The Conception of Value)』(Clarendon)에서는 우리가 죽음을 의식하기 때문이라고 보았다. 결국 인문학은 몰가치 또는 일반성을 추구해 나가는 과학으로 환원될 수 없다. 그 까닭은 개별성이나 선택 대상에 특정한 가치를 부여하는 것이기 때문이다.

계만을 설정해야 할 것이다. 다시 말하여, 표상-연산 영역을 지배하는 원리가 '자유의지'라면, 자유의지를 규정할 절대적 개념은 찾을 수 없다는 난점이 있기 때문이다. 자유의지를 정의하는 것은, 스스로 자가당착에 빠져드는 것이다. 자유의지가 정의된다면, 그 즉시 그것은 더 이상 자유의지가 아니기 때문이다.

이 글에서는 비록 궁극적인 환원의 문제를 제대로 다룰 수는 없겠지만, '자유의지'라는 개념이 이미 주어져 있고,[5] 그 하위 개념인 '의사소통 의도'도 당연한 개념으로 치부하여, 논의를 진행시켜 나갈 것이다. 이는 결코 심신 인과의 문제를 해결하는 방식이 아니다. 그렇지만 자유의지가 심신 인과의 근원으로 가장 심층에서 작동하고 있다고 상정함으로써, 잠정적으로 심신 인과의 문제를 현재의 논의에서 벗어날 수 있는 것이다. 자유의지라는 '마음'이 언제든 '몸'을 작동시키는 힘이나 잠재력을 지니고 있다고 상정해 놓았기 때문이다.

1.2. 기억의 물리적/생리적 기반에 대한 문제

다음으로 우리가 전혀 합의에 이르지 못한 것으로, 두뇌 속에서의 '기억'의 기제/기전에 대한 문제가 있다. 1960년대의 인지 혁명의 결과 인간의 인지가 자연스런 연구의 대상으로 부각되었고, 아울러 우리의 기억에 대한 심리학적 논의도 깊이 있게 진행되었다.

5] 자유의지에 대해서는 케인(Kane, 2002)의 『자유의지에 대한 옥스퍼드 소백과(*The Oxford Handbook of Free Will*)』(Oxford University Press)를 참고할 수 있다. 우리말로는 왓슨(Watson, 1982; 최용철 뒤침, 1990)의 『자유의지와 결정론』(서광사)과 안건훈(2006)의 『자유의지와 결정론』(집문당)을 읽을 수 있다. 철학 쪽의 논의는 주로 행위에 대한 '책임성'과 관련되어 있다. 의사소통 의도와 관련되기 위해서는 응당 조금 수정될 필요가 있다. 필자는 개인적으로 우리가 지닌 '재귀의식'으로부터 재구성될 수 있을 것으로 믿는다.

기억에 대한 초기 논의는 매우 소박하게 기억에 대한 분류로부터 시작되었다. 우리의 고등정신을 뒷받침하기 위한 기억은, 적어도 감각 기억으로부터 단기 기억을 거쳐 장기기억과 영구 기억이 있어야 한다는 것이다. 이들은 서로 유기적으로 연결되어 있으며, 단기 기억은 ¼초 동안 작동한다(또는 2초 이내에서 작동한다)고 가정되었다. 그리고 장기기억과 영구 기억은 우리가 일상생활을 영위해 나가도록 중추적 역할을 맡는 기억인데, 영구 기억은 자기 자신에 대한 정체성 기억과 관련되어 있지만, 자질한 일상생활에서는 내 자신에 대한 정체감이 이미 당연한 듯이 주어져 있는 것이기 때문에, 자기 상실감과 같은 특정한 상황을 제외한다면, 영구 기억은 우리 논의에서 긴밀성이 훨씬 뒤로 밀리게 된다. 특히 내성적으로 살필 때, 우리 인간의 고등정신과 관련하여 여러 기억 범주들을 상정해 놓는 일을 전문용어로 '여러 층위(=다중) 기억 가정'이라고 부른다(다른 피조물들은 머클레인의 제1뇌와 제2뇌를 기반으로 하여 기억을 가동시키지만, 제3의 신생뇌를 지닌 인간의 기억 모형을 다른 피조물에 대해서도 적용할 것인지에 대해서는 잘 알 수 없고, 아직 합의된 바도 없음).

필자는 기억에 대한 중요한 전환은 영국의 심리학자 배들리[Alan Baddley]에 의해 주도된 '작업기억' 개념의 정립이며, 캐나다 심리학자 털뷩[Endel Tulving]이 명시적인 서술 지식을 저장하는 장기기억이 적어도 구체사례[episodic] 기억과 의미론적[semantic] 기억이라는 두 가지 범주로 나뉘어야 하고, 명시적으로 자각되는 서술 지식은 묵시적인 절차 지식에 의해서 저장되고 인출된다는 주장으로 본다. 일찍이 가정되었던 단기 기억의 역할은, 자극물[qaulia 감각자료]이 감각 기억을 거쳐 들어오면 작업기억에서 처리와 재구성과 여과기의 역할을 맡으므로 작업기억으로 불리기 시작하였다. 배들리(Baddley, 1986), 『작업기억[Working Memory]』(Clarendon Press)에 따르면, 복잡함을 물리치고 검박

하게 상정된 작업기억은

　　공간-시지각 그림수첩[Visuo-spatial scratch-pad]
　　중앙 처리기[Central executive]
　　조음 순환기[Articulatory loop]

로 구성되며,[6] 이들을 거쳐 장기기억으로 자극물이 넘겨져 보관된다. 이런 가정에서는, 학습이란 긴밀히 작업기억 및 장기기억과 관련되어 있다. 극단적으로 말하면, 학습이란 어떤 개념이 부호화되어 두뇌 속에 저장되었다가 인출되는 기억 행위의 산물에 지나지 않는 것이다. 이 전통은 미국 심리학에서 특히 강하며, 카네기 멜른 대학의 심리학자 앤더슨(John R. Anderson, 1995, 『학습 및 기억[Learning and Memory]』, John Wiley & Sons)에서는 두 용어를 동일시한다. 현재 작업기억의 개념은 불과 순식간에 작동하는 단기 기억으로는 종합적인 인지 작용을 뒷받침할 수 없기 때문에, 1990년대 동안에 이 개념이 더욱 확장되어 장기기억을 이용하여 작업기억으로 전환하는 일이 더 중요한 것으로 가정되고 있다. 특히 콜로라도 대학의 심리학자 킨취[Walter Kintsch]는 이를 장기기억을 이용한 작업기억[long-term working memory] 또는 '장기 작업기억'이라고 부르는데, 특히 덩잇글 처리에서 핵심적인 역할을 하고 있다.

　1970년대에는 튜링의 연산주의 가정을 토대로 한 퍗넘[Hilary Putnam]의 기능주의가 여러 가지 논의에 영향을 끼치던 시기이다. 우리가

6] 잠시 생경한 배들리의 용어를 괄호 속에 집어넣고 이를 더 명시적으로 대립시켜 보면, 작업 기억 모형에서는 적어도 '시각·청각·언어 정보'가 역동적으로 긴밀히 처리된다고 요약할 수 있을 듯하다. 만일 더욱 단순하게 만든다면 오직 5가지 감각 정보와 추상적 정보만이 존재한다. 이 초기 모형은 조금 수정되는데, 자세한 것은 3절의 논의와 제5장 2절의 관련 논의를 보기 바란다.

일상적으로 실현하는 생각이나 사고는 연산의 흐름도로 표상할 수 있으며, 그 구현은 인간의 두뇌 세포 말고도 여러 가지 다른 방식으로 구현 가능하다는 것이다. 좐슨레어드(Philip Johnson-Laird, 1988; 이정모·조혜자 뒤침, 1991), 『컴퓨터와 마음 : 인지과학이란 무엇인가』(민음사)는 기억을 기억창고 속에 기억 더미stack를 쌓거나 덜어내는 일로 모형화하여, 두뇌 세포인 뉴런들이 서로 연결되는 시냅스 속에서 일어나는 일을 모의해 주었고, 또한 인간이 만든 기계로 이를 구현하여 보여 줄 수 있있다.

기억창고 속에 기억 더미들을 쌓거나 빼내는 일은 기억의 저장과 인출을 명시적으로 보여 줄 수 있지만, 기억의 중요한 또 다른 속성은 전혀 구현해 줄 수 없다. 우리가 내성적으로 느끼는 한, 기억은 강화되기도 하고 희미해지기도 한다. 이를 전문용어로 기억의 강화와 해리라고 부른다. 이를 위해서는 활성화 확산 개념을 중심으로 한 기억의 그물 짜임 방식이 1980년대 중반에 제안되어 정상과학의 지위를 향하여 급격히 세력을 뻗어 나가기 시작하였다. 이른바 '병렬 분산 처리parallel distributed processing'로서 오늘날 흔히 연결주의로 부르는 착상이다. 이 모형의 밑바닥에는 심리학의 초기에서부터 이용해 온 연상의 개념이 자리잡고 있다. 연결주의에서는 우리의 기억은 그물 짜임의 형성과 확산에 의해서 인출되고 강화된다. 뉴런의 연결체인 시냅스 사이에서 주고받는 정보는 활성화를 확산하는 목적으로만 이용되는 듯하다.[7] 더욱이 호킨즈(Jeff

---

[7] 병렬 분산 처리 또는 연결주의 접근이 특히 낱말의 규칙 활용과 불규칙 활용에 적용되어, 우리가 일상적으로 쓰고 있는 출력물이 나오는지 여부로써 여러 차례 검증이 이뤄졌다. 핑커(Pinker, 1999; 김한영 뒤침, 2009)의 『단어와 규칙』(사이언스북스) 제4장과 500쪽, 521쪽, 591족에 보면, 연결주의 접근은 암기에 바탕을 두는 불규칙 활용에만 적절하다고 지적한다. 즉, 암기에 근거한 유형 연상 또는 연상주의의 결함을 그대로 지니고 있는 것이며, 제4장에서 네 가지 한계점을 지적해 놓았다. 그렇다면 규칙 활용은 어떻게 나오는 것일까? 핑커의 대답은 기호(범

Hokins 2004), 『지능에 대하여 : 두뇌에 대한 새로운 이해가 어떻게 참으로 지능을 갖춘 기계의 창조로 이끌어 갈 것인가On Intelligence : How a new understanding of the brain will lead to the creation of truly intellectual machines』(Heary Holt)에 따르면, 명함 두께의 6겹 층위를 지닌 신생뇌(=대뇌)에서 기억을 모의하기 위한 여러 가지 접근에서는 뇌세포인 뉴런들이 연결되는 그물 짜임(=신경망)으로 구현해 나가는 것으로 보인다.

그렇지만 우리가 직관적으로 느끼는 기억의 여러 특성들을 단순한 그물 짜임의 확산으로만 설명할 수 있을 것인가? 필자는 가끔 혼자 적막한 시간을 가질 때면 이전에 미처 깨닫지 못한 아스라한 기억들이 살아나는 일을 경험한다(연결강도와 무관함). 이는 두뇌 속 어딘가에 분명 그 기억이 파묻혀 있었음을 암시해 준다. 이를 전문용어로 '처리의 깊이'라고 말하며, 연결주의에서는 이런 여러 층위의 기억에 대한 처리를 모의할 수 없다. 그리고 잠재의식이나 무의식 속에 깃들어 있는 막연한 기억이 우리의 행위와 판단들에 강력한 영향을 끼친다는 심리치료학의 주장도, 그물 짜임의 경로와 그 연결강도만으로 제대로 설명될 수 없을 듯하다.

더욱 심각한 문제는, 스스로 우리는 자신의 기억이 매우 정확하다고 믿고 있지만, 심리학적 연구들에 따르면, 많은 기억들의 많은 부분이 기억 주체의 관련성을 중심으로 재구성된 것에 지나지 않는다. 이는 우리가 대상을 파악할 때에 전면적으로 그 대상을 기억하는 것이 아니라, 특정한 유형들patterning 형태들만을 선별적으로 인식하고 기억하게 된다는 기억의 특성을 그대로 반영해 준다. 달리

주·차원·변수 등)를 운용하는 연산주의 방식으로부터 나온다. 따라서 핑커는 연결주의와 연산주의 접근이 둘 모두 고유한 영역에 적용되어야 한다고 결론을 짓는다. 연결주의를 활성화 확산 과정으로 부르는 논의는 제5장 1절의 각주들을 보기 바란다.

말하여 기억을 강화하는 과정에서 알게 모르게 우리는 기억 대상을 유형으로 파악하고, 그 유형을 의미 연합 수준으로 재구성하여 장기기억 속에 저장한 뒤, 그것을 참되게 믿게 됨을 함의한다(특히 단순한 시지각 기억의 왜곡이 우심함이 지적되어 왔음). 이런 지적과 관찰이 사실이라면, 병렬처리로 활성화 확산을 구현하는 뇌세포 그물짜임은 단일한 속성만을 갖고 있는 것이 아니라, 연산주의 기반 위에서 다양하게 가정하였던 상징적 표상 체계로서[8] 어떤 기억의 모습을 어디에선가는 받아들여야 하거나, 그런 구현 모습들을 모두 도출해 낼 수 있음을 보여 주어야 할 것이다.[9]

한 마디로 줄이면, 아직은 우리가 두뇌 속에서 작동하는 기억의 기제에 대해서 장님들이 코끼리를 더듬어 진술하는 정도에 이른

8] 인간 정신을 상징적 표상 체계로 구현해 놓은 뉴얼(Newell, 1990; 차경호 뒤침, 2002), 『통합 인지 이론』(아카넷)이 가장 대표적인 저작물로 거론된다. 병렬 분산 처리(연결주의)는 지금도 확대 적용이 진행되고 있으므로, 최초로 PDP 연구 모임에서 펴낸 3권의 저서가 기본적인 저작물로 평가되고 있다. 뤔멜하앗·머클래런드·병렬분산처리 연구모임(Rumelhart, McClelland, and PDP Research Group, 1986), 『병렬 분산 처리 : 인지의 미시구조에 대한 탐구(*Parallel Distributed Processing : Explorations in the Microstructure of Cognition*)』, 2 volume set(MIT Press), 머클래런드·뤔멜하앗(1988), 『병렬 분산 처리의 탐구(*Explorations in Parallel Distributed Processing*)』(MIT Press). 현재 언어의 산출과 처리 과정을 모의하는 데에는 밑바닥의 기본가정이 튜링의 연산주의를 받아들이되, 활성화 확산의 착상을 부분적으로 수용하려는 혼성 모형이 추구되는 것이 일반적이다. 산출과 처리가 모두 자족적인 최소 단위의 점증적 증가 방식으로 표상되어 도중에 필요할 때마다 자기검검이 가능하다. 이해의 구성–통합 모형을 주장하는 킨취(1998), 『이해 : 인지 패러다임』(Cambridge University Press)에서는 활성화 확산 착상을 받아들여 '제약 만족 과정'이라고 부른다.

9] 이정모·방희정(1996), 「기억 표상의 이론적 모형」(이정모 엮음에 있음)을 보면, 표상을 중심으로 하여 기억을 규명하려는 모형들이 집합 모형·의미 특질 모형·술어 논리 모형·의미 그물 모형·도식 또는 각본 모형 등 여러 가지 시도들이 요약되어 있다. 전문용어로는 이를 흔히 '지식 표상'의 문제로 부른다. 박태진(2003), 「지식 표상」(이정모 외 17인에 있음)에서는 '개념적 지식 표상·명제적 지식 표상·도식적 표상·절차적 지식 표상'을 다루고 있다. 이런 논의를 읽으면서, 우리는 신생뇌에 위치한 장기기억 속에 있는 기억의 실체들에 대해서 부단히 생리학적 기반을 밝혀 주는 연구가 진전되어야 함을 알 수 있다. 현재 기억에 대하여 가장 포괄적인 연구 개관서로는 털빙·크뢰익 엮음(2000)을 참고할 수 있다.

것에 불과하다(§.5-2 참고 바람). 그렇지만 첫술에 배부를 수 없듯이, 우리는 어떤 특정한 가정에 의존하여 논의를 계속 진척시켜 나갈 수밖에 없는 일정한 한계를 지닌다. 여기서 언급할 언어의 산출과 처리는, 기본적으로 연산주의 가정 위에 수립되어 있으나, 연결주의의 장점들을 적극적으로 수용할 수 있는 기제들을 부차적으로 장착하고 있는 모습이다. 보편 튜링 기계를 구현하는 연산주의란, 입력과 출력으로 이뤄지는 흐름도이다. 이런 흐름도는 몇 가지 독립적이고 자족적인 단원체들의 연결로 이뤄져 있다. 반면에, 연결주의란 출현의 빈도에 따라 연결의 강도가 높아지면서 그물 짜임을 만들어 내게 된다. 연산주의에서는 주어진 입력물의 내적 정보를 요구하지만, 연결주의에서는 외적인 출현 빈도가 오히려 중요하다. 이런 특성은 서로 배타적이지 않고 서로 협업을 이뤄나갈 수 있는 것이다. 언어학에서 언어를 산출하기 위해 상정되는 구 구조 또는 구절 구조 규칙이 철저히 연산주의 하위개념에 지나지 않지만, 참스끼의 초기 논문들을 제외하고서는 어디서에도 튜링의 가정에 따르고 있음을 언급해 둔 경우가 없음은 유감스런 일이다.

1.3. 머릿속에 과연 고유한 '자아'가 들어 있는가?

보다 심각한 문제는 연산주의와 연결주의의 충돌이다. 1980년 중반까지 아무런 맞상대가 없이 우리의 두뇌를 구현해 주는 것으로 믿어져 온 연산주의에서는 우리의 직관에 걸맞게 우리 머릿속에 '자아' 또는 '주체'가 있다고 가정하였다. 이를 중앙 연산처리 장치로 부른다. 연산주의의 가정이 발전하면서 중요한 개념이 나왔는데, 포더Jerry Fodor에 의해 제안된 단원체modularity 가정이다.[10] 우리 두뇌는 여러 가지 독립된 단원체들이 집적되어 있다. 가령 언어 처리에서는 소리 단원체·낱말 단원체·문장 단원체·전체 덩잇글 단원체·의미 단원체 등이 서로 독립된 자족적 부서로서 긴밀히 한 방향으로 연결되어 언어를 처리하게 된다. 흔히 물리적/물질적 상징체계physical symbolic system 접근법으로 불리는 이 방식은, 매우 간단하고 누구에게나 쉽게 이해되어(다시 말해 우리 직관과 잘 일치하여), 연결주의가 대두하기 이전까지는 이런 가정이 옳은 것으로 추구되어 왔다.

1980년 중반에 대두된 병렬 분산 처리 가정(=연결주의 가정)은 두뇌 작용에 대한 우리의 이해에 많은 변화를 초래해 놓았다. 이전의 가정과 대비하여 몇 가지만을 들어보면 다음과 같다. 첫째, 더이상 소박하게 우리 머릿속에 어떤 '자아'나 '주체'가 들어 있다고 보지 않는다. 즉 종전에 가정되던 중앙 연산처리 장치가 불필요한 것이다. 둘째, 한 방향의 단선적 연결을 통해 차례로 사고 과정이 부각되는 것이 아니라, 다수의 단원체들이 병렬적으로 연결되면서 그리고 정보가 양방향으로 흐르면서 동시에 작동함으로써 새로운 정신 또는 의식이 부각되어 나타난다. 셋째, 우리의 사고 작용은 행렬식을 통하여 하나하나 계산될 수 있다(연결강도의 계산).

이 글에서는 비록 연결주의 세력의 확산에도 불구하고 자아 또는 주체가 자유의지의 구현체로서 특히 '의사소통 의도'라는 개념으로 주어져 있다고 가정할 것이다. 연결주의의 가능성을 수용한다면, 이런 개념이 궁극적인 것이 아니라, 언젠가는 다른 하위 요소들의 결합체로 해체되거나 환원될 것이라는, 잠재적인 중간 개념 정도로 상정할 수 있다. 아직 연결주의 모습으로 우리의 고등

10] 포더(1983), 『마음의 단원체 속성(*The Modularity of Mind*)』, MIT Press. 우리말로는 조명한(1989), 「언어 처리 이론으로서의 단원성의 문제」, 이정모 외 15인, 『인지과학 : 마음·언어·계산』, 민음사를 읽을 수 있다.

정신을 구현하는 단계도 아니고, 연결주의가 상징체계 접근방법을 모두 대체한다는 보장도 없으므로, 현재로서 이는 불가피한 선택일 수밖에 없다.

마치 현대 물리학에서 양자 역학과 아이슈타인의 세계를 아우르는 어떤 통일장 이론이 필요하듯이, 우리는 인간의 두뇌 작용을 통해서 정신을 다루려는 연산주의와 연결주의의 가정들을 밑에서 통합하는 어떤 새로운 가정도 제시될 가능성을 생각해 봐야 한다. 비록 현재는 마커스(Gary F. Marcus, 2001), 『대수적 정신 : 연결주의와 인지과학의 통합The Algebraic Mind : Integrating Connectionism and Cognitive Science』(MIT Press)에서처럼 혼합식 접근이 시도되지만,[11] 적용되는 영역을 나눠 놓는다고 하여 해결될 일은 아니다. 더 깊은 심층의 논리를 추구해 나갈 필요가 있으며, 특히 언어 산출과 처리에 대한 우리의 직관과 구현 모습에 바탕을 두고서 그런 새로운 후보들이 검증되고 입증될 필요가 있을 것이다.

2. 산출 과정

언어 산출 과정은 심리학의 초기에서부터 언어 처리 과정과 긴밀히 맞물려 있을 것으로 믿어져 왔다. 이 절의 논의를 시작하기 전에 먼저 전제되어야 할 것이 두 가지 있다. 하나는 언어의 산출과 처리가 별개의 경로로 일어난다는 사실이다. 다른 하나는 언어의 산출과 처리를 맡는 두뇌 부서는 소박한 기대와는 달리 언어 부서(언어 관련 단원체들)가 아니라, 언어의 '상위 부서'라는 점이다.

11] 현재 마커스의 책이 두 권 번역되어 있다. 김명남 뒤침(2005), 『마음이 태어나는 곳』, 해나무; 최호영 뒤침(2008), 『(서툴게 짜맞춰진 전체)클루지』, 갤리온.

이 상위 부서에서는 언어뿐만 아니라, 의사소통을 이루는 다른 대상(몸짓, 눈짓, 그림 따위)들도 동일하게 다룬다. 이런 배경을 염두에 두면서, 필자는 언어에 대한 자각만으로는 반쪽일 수밖에 없고, 다시 언어 사용에 대한 자각이 있어야 비로소 온전한 의사소통의 실체를 파악하게 된다고 주장한 바 있다(제2장을 보기 바람). 필자는 1970년대 후반 벌어졌던 논쟁으로, 언어 능력을 옹호하는 참스끼의 주장과 일반 고등지능을 옹호하는 피아제의 주장이 서로 다른 것이 아니라,[12] 언어 및 사용의 문제를 중심으로 하여 정합적으로 모아져야 한다고 믿고 있다.

아주 천진한 생각으로, 언어 산출과 언어 처리는 동일한 경로를 밟고 있을 것이므로, 어느 한 쪽이 밝혀지면 자연스럽게 다른 쪽도 규명되리라고 믿어져 왔다. 그렇지만 1980년대 이후로 이런 소박한 생각은 아주 잘못된 것임이 드러나기 시작하였다. 현재 시점의 연구에서는 언어 산출 과정과 언어 처리의 과정은 별개의 경로를 통해서 일어나며, 이 과정에서 비언어적 재료들이 긴밀히 이용되어야 함은 이미 확립된 사실에 속한다. 비록 머릿속에 있는 동일한 낱말 저장고를 이용하지만(두뇌 양반구에서 동사에 반응을 보이는 영역이 명사에 반응을 보이는 영역보다 훨씬 더 넓으며, 낱말들이 한데 모여 있지 않고 관련된 감각기능에 따라 널리 흩어져 있을 가능성이 제기되고 있음), 이 저장고의 항목들은 언어 산출의 특정한 과정에서 인출되고, 또한 따로 언어 처리의 특정한 과정에서 다시 인출되어 이용된다(전자는 필수적이지만 후자는 그렇지 않음 : 후술). 흔히 어휘 교육에서는 이해 어휘와 산출 어휘의 비대칭 현상을 지적하는데, 이 또한 낱말

12] 파아뗄리-팔마뤼니(Piattelli-Palmarini) 엮음(1980), 『언어와 학습 : 장 피아줴이와 너움 참스끼 간의 논쟁(*Language and Learning : The Debate between Jean Piaget and Noam Chomsky*)』(Harvard University Press)을 보기 바란다.

저장고의 불안전성에 기인하는 것이 아니다. 산출과 처리에 관련된 과정들의 상이한 특성에서 비롯되는 것이다.

산출은 그 시작 부분에서부터 명시적이고 객관적 자료를 얻어내기 힘들다는 한계가 있다. 그렇지만 내성을 통하여 우리는 모두 어떤 의도를 갖고 있다고 상정한다. 물론 여기서는 '의사소통 의도'라는 용어를 쓸 것이다. 이 의도들에 대한 상위 범주는 '자유의지'이다. 윤리학에서 다뤄오고 있는 자유의지는 책임성/책무성과 관련된 매우 협소한 개념이다. 그렇지만 의사소통과 관련해서는 상호 협동이나 협력 속성과 관련되어야 하며, 스스로를 지각하는 '재귀의식'도 고려되어야 한다. 이런 점에서 여러 개념들을 포괄하는 어떤 광의의 개념을 요구하게 된다.

의도는 직관적으로 누구에게나 명시적이다. 김재권(1997 : 269 이하)에서는 감각질·개인적인 사밀성·관점 깔림 등을 의식의 주요 속성으로 논의하고 있다. 의식은 외부로 관찰 가능한 행위(언어 행위 및 몸짓 행위 등)를 반드시 함의하지 않지만, 의도는 직접적이든 아니면 간접적이든, 외부에서 관찰 가능한 어떤 행위로 귀착된다. 뿐만 아니라 의도를 다루는 연구자들은 의도의 중층적 성격에 꾸준히 주목해 왔다. 가령 써얼(Searle, 1983)에서는 사전 의도[prior intention]와 작동 중인 의도[intention-in-action]를 구분하였고, 브롯먼(Bratman, 1987)에서도 미래 지향 의도와 현재 지향 의도를 나누었다. 멜리(Mele, 1992)에서는 원거리 의도와 근거리 의도로 나누었고, 최근 나온 파체뤼(Pacherie, 2008) 글에서는 범주를 하나 더 추가하여 운동 신경을 작동시키는 의도[m-intention]를 상정하기도 하였다.

의도를 적어도 두 층위 이상으로 상정하는 동기는, 어떤 의도가 실행되는 도중에 바뀔 수 있거나, 숫제 포기될 수 있는 가능성 때문이라고 본다. 만일 그렇다면, 이런 목적을 위해서 상위 층위에 있는 '상위 의도'만으로 충분히 현재 실행 중인 의도들을 갈무리할 수 있다고 본다. 이 글에서는 이를 각각 현재 의도와 (자기 반성적/재귀적) 상위 의도라고 부르기로 하겠다. 현재 의도는 의사소통과 관련되므로 '현재 의사소통 의도'로 부를 수 있다. 현재 의사소통 의도는 말할 기회를 얻어내는 데도 간여하여, 현재 화자가 발언권을 유지하도록 해 주어야 한다. 그러나 파췌뤼(2008)에서 상정한 운동 신경을 작동시키는 의도 따위는 불필요할 것이다. 운동 신경이 제대로 작동하는지 여부는, 오직 나의 발화를 스스로 들어서 자기 점검을 한 뒤에 비로소 알 수 있는(잘못되었다면 수정할 수 있는) 것으로서, 결코 스스로 제어할 수 있는 의도가 아니기 때문이다. 외부에서 객관적으로 대응시킬 수 있는 실체를 지니지 못한 영역에 대하여 이론적 가정을 할 경우에는, 될 수 있는 한 '검박하게' 범주를 절약해 놓는 것이 상책이다.

만일 현재 의사소통 의도가 있다면, 이 의도를 행위(언어 행위 또는/그리고 비언어 행위)로 구현시키기 위해 거시설계와 미시설계를 짜야 한다.[13] 현재 의사소통 의도란 청자를 전제로 하는 것이고, 따라서 기존에 장기기억 속에 보관하고 있는 특정 청자에 대한 정보를 인출해 내어야 한다(또는 낯선 상대방에 대해서는 현재 관찰을 통해 즉시 판단을 해야 함). 의도와 화자가 자기 경험에서 임시 상정한 청자와의 공통 기반이 합쳐지면, 청자와의 정보 간격을 가늠해 낸 뒤에 공통 기반을 바탕으로 세워진 서술 관점에 따라 거시설계와 미시설계에 들어가야 한다. 이는 설계/계획과 결정 과정에 해당한다.

거시설계에서는 외부와 내부 세계 지식을 바탕으로 하여(즉 관련된 장기기억의 내용을 인출하여) 청자와의 정보 간격을 상정하고 익숙

13] 더 자세한 논의는 제6장을 보기 바란다.

한 담화모형을 인출해 내어야 한다. 이 과정에서 절차지식과 서술지식이 모두 이용된다. 이 과정은 산출을 위한 추론 내용이라고 불린다. 거시설계에서는 의사소통을 통하여 화자가 이루고자 하는 거시목표(궁극적으로 의사소통을 통하여 달성하려는 목표와 거기에 딸린 고려사항)를 정해 놓아야 한다. 이 거시목표를 완수하게 될 미시목표들도 미시설계에서 점차적으로 단계별로 자세히 만들어지게 된다.[14]

현재 언어심리학에서 논의되는 산출을 위한 담화모형의 기본 단위는[15] 세 가지 특성을 담고 있다.

①일련의 사건에 대한 서술 관점과 순서를 결정하고 나서,
②양화 표현을 지닌 명제 모습으로 부호화되어 있고,
③각 명제의 논항구조마다 의미역이 배당되어 있다.

이들은 서로 이어지는 명제들과 배경 및 초점의 관계로 얽히고 짜이며 이어지게 된다. 르펠트(1989; 김지홍 뒤침, 2008 : 163)에서는 언어화 이전의 메시지를 [그림 기로 나타내었다.

14] 미시설계에 대한 기본적 발상은, 언어마다 특수한 매개인자들을 표현해 주기 위해 마련되었고, 의사소통 맥락에 크게 의존한다. 따라서 지시대상에 대하여 접속 가능성 여부에 대한 상태를 언어 특성에 따라 표시해 주고(영어에서는 관사 체계를 이용), 개념상으로 우세하거나 보도 가치가 있는 것을 지정해 주는 언어 특성을 표시해 주며(영어에서는 강세를 이용), 주제화 구조도 표시해 주는(영어에서는 어순 뒤바꿈을 이용) 등의 일이 이뤄지는 것이다.

15] 르펠트(1989; 김지홍 뒤침, 2008 : 59)에서는 산출의 기본 단위를 다루는 서로 다른 용어들을 도표로 만들어 보여 주는데, 무려 18가지나 된다. 이들 용어 중 어떤 것을 쓰든지에 상관없이, 그 용어는 실제 세계에서 하나의 사건을 가리키는 단위와 긴밀히 상관되어야 한다.

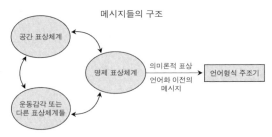

[그림 7] 사고 및 언어에 포함된 표상체계

　　언어화 이전의 메시지는, 언어형식 주조기로 들어가서 문법 부
호화 과정을 거쳐 각 형식들이 소리 값들을 갖게 되면, 목소리를
통해 밖으로 나오게 된다. 이 과정은 대체로 잠재적 의식 또는 무
의식적으로 진행되는 자동적인 과정이다. 이 외현 발화는 스스로
점검에 의해, 원래 의도와 선택된 전달내용을 제대로 반영해 주는
지 확인하게 되고, 다시 상대방의 반응을 관찰하여 전달된 발화를
통해서 나의 의도를 제대로 찾아내는지를 점검하게 된다.

　　비록 언어 산출에서는 연구의 초점이 산출 주체에게만 맞춰져
있으나, 실제로 의사소통에서는 두 방향의 협동이 긴밀하게 일어
나야 한다. 청자 또는 수신 주체는 능동적으로 자신이 들은 발화
를 놓고서 의미 파악을 어떻게 하는지를 다시 원래 화자에게 보여
주어야 한다. 일단 협동 과정에서 청자 또는 수신 주체의 몫을 잠
시 논외로 한다면,[16] 화자의 머릿속에서 일어나는 전체적인 산출
과정을 르펠트(1999)에서는 이 책의 제6장 제2절에 있는 [그림 13]
(언어 산출 체계의 청사진)으로 나타내었다. 그 그림에서 언어 산출에

16] '협동 행위(joint action)'로서의 의사소통에 대한 가장 심도 있는 논의는 그라이스
(Grice, 1988)의 일상언어 철학의 논지를 발전시킨 클락(Clark, 1996)을 꼽는 데 주
저할 사람은 아무도 없을 것이다. 그는 언어 행위가 단순히 하나의 수준만으로
이뤄지는 것이 아니라, 비언어적 행위들도 함께 겹쳐져서 네 가지 수준이 연속적
으로 동시에 진행되어 나간다. 자세한 것은 제7장을 보기 바란다.

관련된 두뇌 부서에서는 기본적으로

'개념 형성기 → 언어 형식 주조기 → 조음 기관'

이라는 단원체로 이뤄져 있다. 튜링의 연산주의 위에서 운용되는 것이다. 이를 더 간단히 줄이면, 기호가 형식과 내용으로 이뤄지듯이, 내용 분야를 맡는 영역으로서 '수사학적·의미론적·통사론적 체계'가 있고, 여기서 나온 산출물이 형식 분야를 맡는 영역인 '음운·음성 체계'로 들어가서 최종적인 발화로 나오는 것이다.

그런데 르펠트의 언어 산출 모형에서는 중요하게 연결주의의 가정들을 반영해 주는 장치들이 들어 있다. 첫째가 언어 산출 단위들은 가급적 제일 작은 단위들로 이뤄지며, 점차적으로 이런 단위들이 하나씩하나씩 산출된다는 원리이다. 이를 '점증적 산출 원리' 또는 독일 심리학자 분트^{Wundt}의 이름을 따서 분트의 원리라고 부른다. 점증적 산출 원리는 자기 점검에 의해서 원래의 의도에 맞는지 여부를 살펴서, 그 의도를 제대로 반영해 주지 않는다면 수정되거나 취소될 수도 있다. 둘째는 자기 점검 원리이다. 얼마나 많은 영역에 대하여 우리들에게 산출 과정에서 자각이 이뤄지는지에 대해서는, 아마 사람마다 조금씩 편차가 있을 것이다. 그렇지만 최종적인 발화에 대한 즉각적인 점검은 산출에서 마지막 자기 점검 양식이다. §.6-2의 [그림 13]에서 언어 산출 부서는 검은 음영 상자로 두 군데로 나뉘어져 있다. 이는 자기 점검이 가능한 영역과 그렇지 못한 자동적/무의식적 영역을 구별해 놓는다. 언어 산출 과정에서는 의식적으로 제어할 수 있는 부분과 그렇지 못한 부분으로 나뉜다. 이는 언어 이해 과정이 모두 의식적으로 제어될 수 있다는 점에서 대조를 보인다.

§.6-2의 [그림 13]에서 언어화 이전의 메시지는 통사·의미 정보값을 지닌 어휘(이를 심리학에서는 lemma라고 부름)를 선택하여 산출 과정의 표면 구조를 만들어 내게 된다. 이는 임의의 어휘가 요구하는 논항들을 갖추고, 또한 문법화에 필요한 여러 하위 부서들을 가동하여 시제를 표시하고 일치체계를 표시해 준다. 이를 산출 과정에서의 '표면구조'라고 부르는데, 이 표면구조는 여러 형태 음소 규칙들의 적용을 받은 뒤에, 음성 부호화 단원체를 거쳐 조음 기관에 명령을 내리게 된다.

산출 과정에서 잊지 말아야 할 핵심 내용은, 의사소통 의도를 지닌 화자가 임시 청자와 공유하는 공통기반을 상정해야 한다는 점이다. 새로운 청자를 상대로 하기 때문에 이 공통기반을 마련하는 것이 여의치 않을 경우에는, 먼저 청자와 어떤 정도의 공통기반을 마련할 수 있는지를 예비 의사소통을 통해서 알아보아야 할 것이다(청자를 떠 보는 일에 해당함).[17] 설사 친숙한 청자라 하더라도 임의로 상정된 상호 공통기반이 청자의 반응을 통해 확증되거나 잘못 상정하였을 경우에 반드시 수정되어야 한다. 이때 상대방인 청자는 두 가지 태도로 반응할 수 있다. 정직한 반응과 거짓된 반응이다. 전자는 의사소통에 협동하려고 하므로, 더러 의심되는 내용이 있다고 하더라고 그 의심 내용을 삭감하여 성실하게 반응할 것이다. 그렇지만 후자의 경우에는 원래 화자를 속이려고 하여 일부러 청자 자신의 속셈을 감춘 채 반응을 보일 것이다. 이런 점을 고려하면, 비록 시간상으로 뒤에야 해결되는 단계이지만, 청자 요인이 첫 단추에서부터 마지막 단추에 이르기까지 계속 의사소통의 흐름에 결정적인 영향을 주고 있음을 알 수 있다.

17] 클락(1996; 김지홍 뒤침, 2009) 제10장에서는 이를 '예비 단계'란 말로 부른다. 이 단계에서 있을 수 있는 의사소통 걸림돌을 제거하려는 것이다.

3. 작업기억

작업기억은 1950년대의 단기 기억 연구로부터 비롯되는데, 단기 기억의 병목 현상이 먼저 주된 관심사였다. 특히 숫자 기억과 관련하여 숫자를 덩어리로 나눠chuncking 기억한다는 특성을 지적한 밀러(George Miller, 1957)의 마술 숫자 덩어리 '7±2단위'는, 이후에도 작업기억에서 덩잇글 처리의 용량을 논의하면서도 숫자 처리의 용량과 상응하는 숫자의 명제들이 함께 연산될 것이라는 추정으로 이어진다.[18] 단기 기억은 장기기억으로 매개해 주는 특성 때문에, 기억이 희미하게 사라지는 쇠잔 현상 및 중간에 방해 과제를 집어넣은 간섭 현상을 중심으로 깊이 있게 연구가 진행되었으며, 단기 기억에 적어도 청각 부호·시각 부호·의미 부호들이 긴밀히 관련됨이 밝혀졌다.[19]

배들리는 이런 기억 부서를 '작업기억'이란 용어로 재정립하면서, 공간-시각 그림수첩·조음 순환기·중앙 처리기의 세 가지 하위 부서를 지닌 두뇌 부서로 주장하였다. 작업기억은 결코 언어만을 처리하기 위한 부서가 아니다. 우리가 받아들이는 종합적인 자극물을 처리하기 위한 중간 부서인 것이다. 현재 두뇌 영상 촬영 자료에서는, 좌반구 전두엽의 배외측 전 전두피질(6, 9, 44, 45, 46 영역)과 우반구 전 운동피질·외선조 시각피질·후 두정피질 등이 크게 활성화되는 것으로 알려져 있다(이정모 외에 실려 있는 박태진, 2003:

18] 우리말로는 조명한(2001 : 116), 「작업기억과 언어처리의 개인차」, 서울대 인지과학연구소 엮음, 『인지과학』(태학사)을 읽어 볼 수 있다.

19] 인지과학에서 두뇌 작동 방식은 크게 언어적 표상과 비언어적 표상으로 구분하여 다룬다. 갤러버더·코쓸린·크뤼슨(Galaburda, Kosslyn, and Christen, 2002) 엮음의 『두뇌 작동 언어(*The Language of the Brain*)』(Harvard University Press)을 읽어 보기 바란다.

157 이하). 작업기억은 연구상의 가정이 아니라, 이미 두뇌 작용에서 실재하는 부서로 잘 확립되어 있는 것이다.[20]

그렇지만 짧은 순간 동안만 활성화되는 작업기억으로는, 기다란 덩잇글이나 집중 과제를 처리하는 일을 제대로 모의할 수 없다는 한계가 지적되었다. 이는 곧 킨취 등에 의해서 긴 덩잇글의 처리에서 장기기억을 작업기억으로 빌려 써야 한다는 생각으로 이어졌는데, 이를 장기 작업기억Long-term working memory이라고 부른다. 이 개념은 임의의 덩잇글을 놓고서 그 이해의 정도와 심도에 대한 측정 결과를 두뇌 생리학적인 기반으로 설명할 수 있는 중요한 토대가 된다. 이해를 잘하는 사람과 이해를 잘 못하는 사람은 간단히 장기 작업기억의 용량 차이에서 비롯되는 것이다. 일반적으로 언어교육은 여러 등급의 과제 또는 입력물을 학습자들이 계속 풀고 연습해 나가면서, 장기 작업기억을 확장시켜 나가는 일에 지나지 않는 것이다(이는 7차 교육과정 이후에 국어교육이 지향해 나가는 두 방향 의사소통을 통한 학습자 중심 교육을 심리학적으로 뒷받침해 주는 중요한 근거가 됨).

작업기억에 대한 확장된 논의도 여러 가지 제약으로 말미암아 거의 언어 처리와 관련되어 있다. 따라서 아직 작업기억에서 다루지 못하는 부분은 언어 산출과 관련된 경로이다. 이 경로는 다분히 내성적 관찰을 토대로 한다. 설사 어떤 관련 자료를 얻었다고 하더라도 항상 간접적인 자료이므로, 그 자료에 대한 해석이 동시

20] 제5장 2절의 관련 논의를 보기 바란다. 작업기억과 관련하여 게더코울·배들리 (Gathercole and Baddley, 1993), 『작업기억과 언어(*Working Memory and Language*)』 (Psychology Press)와 미야케·샤(Miyake and Shah, 1999) 엮음, 『작업기억의 여러 모형 : 능동적 유지와 실행 제어의 기제(*Models of Working Memory : Mechanisms of Active Maintenance and Executive Control*)』(Cambridge University Press)이 있고, 최근에 구체 사례(삽화, 일화) 기억을 포함시키는 모형을 다룬 배들리·콘웨이·애글튼(Baddeley, Conway, and Aggleton, 2002) 엮음, 『구체사례 기억(*Episodic Memory*)』(Oxford University Press)과 배들리(Baddeley, 2007), 『작업기억·사고·행위(*Working Memory, Thought, and Action*)』(Oxford University Press)를 읽어보기 바란다.

에 이뤄져야 한다. 이것이 결정적인 '이중의 난점'이다. 뿐만 아니라 단기 작업기억이라기보다는 장기 작업기억의 형식을 취하고 있어야 한다. 이런 이유로 산출과 관련된 작업기억에 대한 논의는 아직 아주 부진한 상태이다. 현재 알려진 두뇌 영상 자료에서는 사고와 판단이 상당 부분 전 전두엽pre-frontal lobe 부분이 활성화된다. 아마도 의사소통 의도와 같은 것이 있어서 거시설계와 미시설계를 짜놓는다면, 이런 일이 산출에 관련된 작업기억으로 이뤄져야 하며, 그런 일은 전 전두엽의 특정 부서들을 중심으로 전개되어야 할 것으로 보인다.[21]

　언어의 산출 및 이해 과정은 반드시 단기 또는 장기 작업기억을 거치게 된다. 상대적으로 이해 과정에 관련된 작업기억에 대해서는 충분한 연구가 되어 있다. 그러나 산출 과정에 관련된 작업기억에 대해서는 내재적인 난점들 때문에 그 전모가 잘 드러나 있지 않다. 언어 이해에 관련된 작업기억은 장기기억을 일부 빌려 작업기억으로 쓰며, 사람들마다 장기 작업기억의 용량은 차이가 많다. 언어 산출과 관련된 장기 작업기억은 이해 과정에 관련된 하위 단원체들과 다른 부서를 이용하지만, 아직 더 많은 연구가 필요하다.

21] 게더코울·배들리(1993 : 99)에서는 "작업기억과 언어 산출 사이의 관련성에 대하여 직접적인 증거는 상대적으로 거의 없다(there is relatively little direct evidence concerning the relationship between working memory and language production)."고 명시적으로 언급하였다. 따라서 작업기억에 관해서는 정확히 수식어들 덧얹어 '처리관련 작업기억'이라고 표현하는 것이 혼란을 줄일 수 있을 것으로 생각된다. 만일 (언어) 산출과 관련된 작업기억을 찾아내려면, 이론상으로 (언어) 산출에 관련되는 복합 층위가 몇 개나 되는지에 대해서 먼저 정립해 놓아야 할 것이며, 또한 장기 작업기억임을 전제로 해야 할 것이다. 의사소통을 진행시켜 가기 위해서는 결정 내리기 과정도 개입하는데, 이 과정은 피질 아래에 있는 대뇌 변연계 부서들까지 관련되는 복잡한 다중층위 과정이다. §.5-2의 각주 15도 참고하기 바란다.

4. 이해 과정

언어 이해의 과정은 그 연구의 역사와 양에서 아마 가장 앞서 있다. 그러나 읽기와 듣기가 모두 언어 이해 과정에 속하지만, 연구의 양에서 가장 극단적인 대조를 보인다. 아마 듣기 연구가, 반드시 다른 수단을 통해서만 확인될 수 있다는 한계 때문인 듯하다. 언어 이해 분야는 언어의 작은 단위인 소리 지각과 형태소 및 낱말 접속에서부터 시작하여, 가장 큰 단위인 덩잇글과 덩잇말에끼지 광막하게 너른 범위에 걸쳐 있다. 이재호·김성일(1998, 이정모·이재호 엮음에 있는 글) 언어 이해 과정의 연구 방법으로

① 생성 과제(단서 회상 과제, 생각 말하기 과제, 질문 답변 과제)
② 읽기 과제(문장 읽기 과제, 눈 움직임 추적 과제, 창문 이동법)
③ 판단 과제(탐사 재인 과제, 어휘 판단 과제)
④ 조음 과제(이름 부르기 과제, 수정된 스트룹[시각 자극물 대 언어 간의 불일치] 과제)
⑤ 탐지 과제(신호음 탐지 과제, 음소 탐지 과제, 철자 오류 탐지 과제)

등을 거론한다. 여기서 이해 과정의 작은 단위로서는, 오직 낱말 인출에 대해서만 잠시 살펴본다. 그러고 나서 곧 가장 큰 단위인 덩잇글에 대한 이해를 살펴나가기로 한다.[22]

언어를 듣거나 읽을 때에 한 낱말을 마주치게 되면, 머릿속 어휘부에서 해당 낱말의 의미를 탐색하고 인출하여 사용한다. 이를 '어휘 접속'이라고 부른다. 여기서 어휘라는 용어는 포괄적인 상의어

22] 더 자세한 논의는 제5장을 보기 바란다.

인데, 자잘한 형태소에서부터 시작하여 고정된 뜻을 지닌 관용구까지 포함된다. 특이하게도 어휘 접속에 대한 연구에서는, 형식(소리/문자 및 형태)을 하나로 묶고 의미를 분리해 놓는다. 산출 과정에서는 통사·의미값lemma이 하나로 묶이고, 여기에 따라 소리 값이 부차적으로 탐색된다고 가정하는 것과는 질적으로 다른 접근법이다. 필자는 산출할 때에 머릿속 어휘부와 이해할 때의 머릿속 어휘부가 우리 두뇌 속에 따로따로 존재하는 것은 아니라고 본다. 그렇다면 이런 차이는 마땅히 올바르게 조정되어야 한다.

이런 차이는 이해 연구자들이 주로 개별 낱말들을 중심으로 하여 연구를 진행해 왔고, 산출 연구자들이 주로 하나의 낱개 사건을 가리키는 명제(절 유사 단위)를 중심으로 연구를 진행해 온 데에서 말미암는 듯하다. 연구의 동기가 다르기 때문에, 서로 다른 코끼리 몸뚱이 부분들을 긁고 있을 뿐이다. 실체는 기실 하나라고 보지만, 산출과 처리에서 낱말의 비중이 서로 다름에 주목할 필요가 있다. 언어 산출에서 한 낱말의 통사·의미 정보값을 인출하는 일은 산출할 명제의 표면구조를 만드는 데에 결정적이다. 그렇지만 언어 이해에서 인출해야 하는 한 낱말의 의미는 사건을 표현하는 명제 속에 녹아들어야 한다. 전자에서는 결정적인 역할을 하고 있으므로, 통사·의미 정보값lemma을 인출하지 않고서는 더 이상 산출 과정의 진행이 불가능하다. 그렇지만 후자에서는 부차적/보조적인 역할을 하고 있으므로, 설사 한 낱말의 의미가 제대로 인출되지 않는다고 하더라도, 이해의 과정이 계속 진행되어 나가면서 차후에 해당 낱말의 의미가 보충되거나 맥락 정보를 바탕으로 재구성될 수 있다. 이런 점은 어휘의 총량이 산출과 이해 과정에서 비대칭적이라는 지적을 설명하는 근거가 된다.

언어 연구에서 가장 중요하면서도 아직 제대로 문제조차 제기되지 않은 것들이 있다. 그중 하나가, 왜 언어마다 명사가 있고 문장 (늑동사)이 있는지에 대한 물음이다. 서구에서는 처음으로 밀John Stuart Mill, 1806~1873, 『이성적이면서도 또한 귀납적인 논리 체계 한 가지A System of Logic Rationcinative and Inductive』(1843, 토론토대학 출판부 1974년 판본) '§.2 On names'에서 명사와 문장이 똑같이 하나의 이름name을 가리킴을 지 적하였다. 이어 프레게Gottlob Frege, 1843~1925, 『개념 표기법 : 산술 식형 에 모형을 둔 순수 사고를 위한 형식 언어Begriffsschrift, a formular language, modeled upon that of arithmetic, for puro thought』(1879, 하버드대학 출판부, 1967년 영역 본)에서 이들이 함수라는 개념으로 묶이면서, 모순스런 아리스토 텔레스 논리학 체계로부터 벗어나게 되고, 비로소 현대 학문이 토 대가 마련되었다. 그 핵심은 동일한 하나의 개념이 명사로도 구현 될 수 있고 문장으로도 구현될 수 있으며(이를 임의의 요소가 해당 함 수에 속하는지 여부를 따지므로 '논항'이라고 불렸고, 폴란드 논리학자들은 이 를 '자리'라고 부름),[23] 일원론 바탕 위에서 함수들의 연결로 사고가

---

[23] 전통 문법에서는 문장이 천진하게 단순문과 복합문으로 나뉘는 것으로 믿어 의 심하지 않았다. 그렇지만
　"나는 영이를 안다."
라는 단순문이 아무런 제약도 없이
　"나는 [영이가 왜 먼저 떠났는지]를 안다."
처럼 복합문으로 실현될 수 있다. 이들 사이에는 그 실현을 제약하는 어떤 것도 찾아지지 않는다. 그 결정은 오직 화자의 몫이다. 프레게가 물론 이런 점을 의식 하지는 못하였겠지만, 그의 순수사고 표기법에서는 함수가 논항들을 거느리는데, 임의의 논항은 명사구로도 나올 수 있고, 문장으로도 나올 수 있는 것이다. 비록 참스끼가 함수라는 용어를 핵어(head)라고 바꿔 부르지만, 기본 착상은 프레게의 원안을 벗어나지 않는다.
　그렇다면, 이런 점을 고려하면서 문장의 분류는 어떻게 해야 할 것인가? 핵어와 핵어가 거느리는 논항의 숫자만 있다. 그 논항은 하나에서 셋까지 확대될 수 있으 며, 임의의 논항이 반복함수의 구현으로 다시 더 늘어날 수도 있다(필요하다면). 그런데 현대 언어학에서 이룬 중요한 기여는, 각 논항에 핵어로부터 의미역이 부 여됨을 찾아낸 일이다. 논항구조와 의미역 구조가 엄격한 대응 구조('연결이론'으 로 불림)로 수립되는지의 문제는 또 다른 차원의 것이다. 자세한 것은 김지홍 (2010), 『국어 통사·의미론의 몇 측면』(도서출판 경진)의 제1장을 보기 바란다.

표현되는 것이다. 복잡한 배경 얘기는 줄이고 간단하게 말하여, 제2장 4절에서는 명사가 의미 기억에 상응하는 역할을 맡고, 문장(늑동사)이 구체사례 기억에 상응하는 역할을 맡는 것으로 보았다. 물론 인간의 언어이면 어떤 언어에서이든지 두 축 사이를 오가는 형식도 있는데, 우리말에서는 주로 명사형 어미와 명사 접사가 그 역할을 맡고 있다.

　머릿속 어휘부의 위상을 동일한 심리학 내부에서도 서로 다르게 상정하는 것은, 논리학과 수학에서의 발견에 주목하지 못하였던 까닭이다. 머릿속 어휘부도 논리적 모순을 피하기 위해서는, 불가피하게 언제나 개념 부서 아래 셋방에서 살고 있어야 한다. 어휘 접속에 대한 이론에서 '의미 체계semantic system'가 중심부에 있든, 아니면 나란히 있든 상관없이, 이들은 어휘 형식과 대등한 층위가 아니라 그보다 더 높은 상위 체계여야 한다.[24] 이 말은, 대상들에 대한 정보가 의미 체계를 이루는 것이 아니라, 사건들에 대한 복합 정보들이 의미 체계를 이뤄야 함을 함의한다. 하나의 사건이 구체적으로 시간과 공간 속에서 특정한 행위 주체를 포함하여 언어로 나타날 수도 있고, 또한 추상적으로 시간과 공간을 넘어서서 임의의 주체를 포함하여 언어로 나타날 수도 있는 것이다(Alonzo Church, 1941; 1944에서는 참값만을 갖는 명제들을 한데 모아 추상화 연산소 abstraction 로 표상해 놓았다).

24] 인간의 정신작용을 다루는 논의는 어떤 것이든 그 마지막 종착역은 개념과 개념화의 문제이며, 이는 총체적이고 입체적인 논의가 필요한 분야이다. 여기서 상정한 의미 체계는 잠정적으로 기본 개념과 복합 개념을 만들어 내는 부서의 하위 단원체로 (임시 잠정적으로) 가정할 수 있다. 비록 심리학자들이 접근하는 고전적 방법과 여러 가지 대안들이 있지만(속성 표상·의미 그물 표상·개념틀 표상 등이 주요 후보들임), 이는 우리 두뇌의 뉴런이 임의의 자극을 받아들여 어떻게 쌓아놓고 어떻게 연합시켜 나가는지에 대한 신경 생리학적 기제를 동시에 추구해야만 설득력이 있을 것이다.

일찍이 모튼(John Morton, 1961)에서 '낱말 탐지기'(logogene 심리학에서는 그냥 '로고진'으로 부름)라는 독자적인 조어를 만들어 내면서, 모형이 계속 수정되어 왔지만 기본 착상은 변함이 없다. 이를 간단히 다음처럼 나타낼 수 있다.

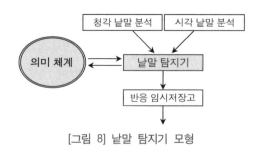

[그림 8] 낱말 탐지기 모형

여기서 글자 이해의 경우에, 어휘 접속에 적어도 두 가지 경로가 따로 작동한다는 '이중 경로' 모형이 나온다. 익숙지 않은 낱말은 소리를 내어 그 소리를 통하여 의미를 인출하지만, 익숙한 낱말은 소리를 내어 보지도 않은 채 바로 글자 자극물이 해당 의미를 인출하게 된다. 초등학교에서 학습자들이 고학년으로 갈수록 점차 낭독 단계로부터 묵독 단계로 진행하는 경우를 쉽게 찾아볼 수 있다. 이 또한 이런 이중 경로 모형을 실증해 주는 사례이다.

모튼의 낱말 탐지기 모형은 각 하위 단위체들이 일정한 문턱값을 넘어서야 비로소 다음 단원체로 진행된다고 가정한다. 그렇지만 어떤 기준의 문턱값을 넘어서지 않더라도, 약한 활성화 상태로 다음 단원체로 전달될 것이라고 가정하는 연결주의 대안이 콜트하앗 외(Coultheart 2001)에서 제안되었는데, 다음 그림은 글자로 주어진 낱말을 인식하고 말로 출력하는 과정을 보여준다(조명한 외에 있는 신현정, 2003 : 143에서 재인용함).

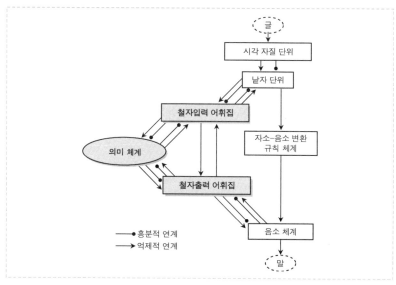

[그림 9] 글자 인식 및 읽기 모형(Coltheart et al., 2001)

　어휘 접속에서 한 낱말의 의미가 고정되는 과정에서는 반드시 맥락 정보가 들어가야 한다. 이는 어휘 접속이 보다 더 높은 층위의 대상을 다뤄야 함을 시사해 준다. 또한 한 낱말이 비유적으로 쓰일 경우에도, 심리학에서의 비유 의미 인출 시간에 대한 측정 결과는 축자적 의미를 인출하는 시간과 거의 차이가 없다고 알려져 있다. 만일 이것이 사실이라면, 가능한 잠재적 의미 후보들도 함께 동시에 작업기억에다 인출되어 있어야 한다. 이 점은 축자적 의미가 먼저 인출되고 나서 비유적 의미가 인출될 것이라고 보는 우리의 소박한 기대와 다른 것이다. 이 점은 성급히 결판을 짓기보다는, 표면적 이해의 차원과 심층적 이해(해석)의 차원을 구분할 필요성을 고려하면서 계속 검토되어야 할 듯하다. 이런 몇 가지 심리학적 사실들은 낱말을 처리하는 과정이, 단지 그 낱말만을 대상으로 미시적으로 연구되기보다는, 오히려 더 넓은 환경을 고려하면서 거시적으로 연구되어야 함을 알려 준다. 이는 자연스럽게 우리의 관심을 더 넓은 차원의 덩잇글/덩잇말의 이해 과정으로 데려 간다.

덩잇글은 연구자들에 따라서 텍스트[text], 담화[discourse], (서사)이야기[narrative] 등으로도 불린다. 덩잇글을 처리하는 데 중요한 요인들은 처리 주체의 배경지식·맥락·덩잇글 내부 요인이다. 이 글에서는 어떤 논술류의 글이 주어져 있다고 가정하고, 이를 처리하는 단계들을 특히 킨취(Kintsch, 1998), 『이해 : 인지 패러다임』(Cambridge University Press)을 중심으로 하여 언급해 나가기로 한다. 킨취는 40년이 훨씬 넘도록 언어의 이해 과정을 연구하면서, 언어 이해가 다른 대상에 대한 이해에도 동일하게 작동한다고 확신하고, 인간 인지에 대한 하나의 모범 예를 저술하였다. 킨취의 연구에도 밑바닥에 문제가 없는 것은 아니다. 가령, 이미 확정된 것으로 보는 명제[proposition]와 잠재태 의미 체계[Latent Semantics] 등이다. 그의 운용 방식은 명제 처리의 표준 방식으로부터 벗어나 있으며, 배경지식의 표상도 반드시 행렬식으로만 주어져 있을 것이라고 장담할 수 없다(연결강도를 계산하기 위한 방편임). 그렇지만 무정의 용어[undefined terms]로서 깔려 있는 다음 몇 가지를 그대로 받아들여 논의를 진행할 것이다.

① 명제를 우리의 생각이나 사고의 기본 단위라고 본다.
② 우리가 경험하는 세계 사건과 지식들은 잠재태 의미 체계(한 마디로 백과사전 내용이 선형 대수 구조 모습으로 표상되어 있음)로 우리 머릿속에 내장되어 있다.
③ 우리가 의사소통 과정에서 주고받는 것은 우리가 경험하였고 경험하며 경험할 복합 사건들의 연결체이며(그 의도가 무엇이든 간에), 이런 연결체를 언어 형식으로 표현하려는 것임을 받아들이기로 한다.

이해는 두 가지 작용을 매개로 하여 일어난다. 이를 구성과 통합이라고 부른다. 이는 별개의 유리된 것이 아니다. 마치 엘리베이터가 오르고 내리는 동작이 하나의 움직임이듯이, 킨취는 이를 융합하여 CI(구성-통합)이라고 부른다. 이는 아래에서 위로의 처리와 위에서 아래로의 처리를 자신의 방식으로 부르는 것에 지나지 않는다. 구성-통합 과정은 언제나 의식에 의해서 제어 가능하다. 이 점은 산출 경로 중에서 처음 단계만을 제외하면 자동적/무의식적인 처리 과정인 것과 대조를 보인다. 그리고 덩잇글의 이해는 동시에 여러 층위에서 한꺼번에 작동되는 것이며, 점차 정교하게 가다듬어 나가는 점진적 과정이다. 그렇지만 실체를 살펴보기 위하여 이들을 평면적으로 펼쳐 본다면, 다음 세 가지 층위가 주어져 있다.

덩잇글 표면 층위 → 덩잇글 기반 → 세계 상황 모형

이들은 명백히 단계별로 진행되는 것이 아니라, 동시에 서로 영향을 주면서 작동하게 된다. 다시 말하여 각 층위마다 동시에 짐작과 정교화 작용 또는 구성-통합 작용이 일어나는 것이다. 심리학에서는 흔히 이를 '추론'이라는 말로 기술해 왔다. 막연한 이런 개념이 킨취(1993)에서는 '정보 덜어내기' 및 '정보 더해 주기' 과정으로 재개념화된다.

덩잇글 이해란 한 마디로 주어진 어느 덩잇글을 대상으로 하여 정보를 덜어 내고, 다시 남은 정보를 대상으로 하여 정보를 더해 놓아, 궁극적으로 세계 상황 모형을 재구성해 내는 일이다. 이런 모든 일이 장기 작업기억에서 수행된다. 이해 주체는 마지막으로 덩잇글에 대한 세계 상황 모형을 재구성하고 장기기억 속에 저장해 놓으며, 이 정보를 뒤에 인출하여 이용하게 되는 것이다. 여기서 각 층위에서 작동되는 주된 재료들은 다음과 같다.

언어 형식으로 됨 → 명제들로 이뤄짐 → 심상들과[25] 연결 명제로 짜임

만일 이런 이해의 과정이 우리 머릿속에서 실제로 일어난다면,[26] 덩잇글 기반을 어떻게 확보되며, 여기서 세계 상황 모형은 어떻게 구성되는 것일까? 덩잇글 기반을 만들기 위해 뵌대익(Van Dijk, 1980), 『거시구조: 담화·상호작용·인지에 있는 전반적 구조들에 대한 통합 학문의 연구Macrostructure : An Interdisciplinary Study of Global Structures in Discourse, Interaction, and Cognition』(Lawrence Erlbaum)에서는 '거시구조'를 제시한 바 있다. 이 구조를 만드는 밑바닥의 원리는 다음의 거시규칙들이며, 이들이 각각 홀로 작용하거나 여러 규칙들이 서로 얽히어 복합적으로 작용한다.

25] 배타적으로 심상들만으로 이뤄진다고 할 수 없다. 우연히 다섯 가지 감각기관을 통해 받아들이고 저장한 감각자료들 가운데에서 가장 쉽고 명시적으로 다룰 수 있는 것이 두드러지게 시각적인 내용이기 때문이라고 봐야 더 온당한 태도일 듯하다. 그런데 더마지우(Damasio, 2003; 임지원 뒤침, 2007 : 225, 226, 229, 249), 『스피노자의 뇌』(사이언스북스)를 보면, 심상(image)이란 개념의 외연을 더 확대하여, 다섯 감각 수용기로 받아들여 장기기억 속에 보관한 내용 및 유사한 정보들을 모두 가리키는 쪽으로도 쓰기도 하는데, 좁은 뜻의 심상 또는 영상만을 강조하여 다루는 경우에 '머릿속의 영화(movie-in-the-brain)'(229쪽과 249쪽)라고 표현하기도 하였다. 자세한 대조는 §.5-3-1에 있는 도표를 보기 바란다.

26] 언어교육을 맡는 사람들이 특히 유의해야 할 점은, 언어의 산출과 처리 과정에서 대부분 비언어 요소들이 더 중요하게 작용하고 있다는 사실이다. 필자는 특히 국어교육에서 '말은 얼이다'라는 얼빠진 소리를 하는 사람들이 자기모순을 깨닫지 못한 채 국어교육을 운위하는 경우를 우려한다. 말은 정신의 하인에 지나지 않는다. 더 구체적으로 말하여, 의사소통 의도가 주인이며, 말은 그 의도를 전달하기 위한 하인인 것이다. 의사소통 의도는 여러 가지 복합 요소(복층의 의도와 거시 설계 및 미시설계)로 이뤄져 있지만, 심리학에서는 흔히 다루기 쉬운 형태로 명제 형식으로 나타내기 일쑤이다. 이 책의 머릿글에서는 이를 '도구적 언어관'으로 불렀고, 이를 바탕으로 하여 높은 단계의 '인격적 언어관'이 추구될 수 있다고 언급하였다.

① 삭제(deletion)

② 선택(selection) : 여기에 또한 그대로 놔둠(zero rule) 규칙도 들어 있음

③ 일반화(generalization)

④ 구성(construction)

비록 뵌대익이 중간 과정에서 운용되는 '작용' 자체에만 초점을 모았지만, 그 작용을 결과를 중심으로 하여 서술한다면, 덩잇글 표면구조에서 미시구조와 거시구조가 유기적으로 수립되며 이들을 합쳐 놓은 것이 '덩잇글 기반text-base'을 이루게 된다. 미시구조와 거시구조란 용어를, 각 문단의 '작은 주제'들과 이것들을 묶어 놓은 전체 글의 '큰 주제'라고 더 쉽게 풀어 말할 수도 있겠지만, 이는 갈래에 따라 그럴 수도 있고 그렇지 않을 수도 있다. 여기서 중요한 점은 다음과 같다. 미시구조는 덩잇글의 표면구조에 의존하여 만들어질 수 있으나, 거시구조는 반드시 이해 주체의 배경지식으로부터 이끌어낸 정보들이 들어가 있어야 한다.[27]

미시구조에서 거시구조로 진행되는 단계는 결코 순탄치 않고, 끊임없이 명멸하고 변동해 나가는 것이다. 심리학에서는 이를 '억제기제 효율성 가설'이라는 말로 표현한다.[28] 이해 주체는 덩잇글 표면구조로부터 미시구조를 만들면서, 가능한 거시구조들을 미리 장기 작업기억 속에 인출하여 대기시켜 놓아야 한다. 장기 작업기

27] 위도슨(Widdowson, 2004, 제4장), 『텍스트·맥락·해석 구실 : 담화 분석에서의 핵심 논제들(*Text, Context, Pretext : Critical Issues in Discourse Analysis*)』(Blackwell)에서는 명시적으로 extra-linguistic information(언어로 표현되지 않은 언어 외부의 정보)라고 부른다.

28] 특히 이정모·이재호 엮음에 있는 김선주(1998), 「글 이해 능력의 개인차 : 억제기제 효율성 가설을 중심으로」를 읽어보기 바란다.

억 속에 들어 있는 잠정적인 거시구조 후보들은, 덩잇글 읽기를 계속 진행해 나가면서, 수정되거나 폐기되거나 또는 좀더 정교하게 확장될 수 있다. 이 가설이 우리에게 알려주는 요점은 다음과 같다. 덩잇글 이해가 빠른 사람은 미리 가능성 있는 구조들을 다수 상정해 놓고서, 읽어 나가는 과정에서 그 구조들을 가다듬어 나가거나 폐기하여, 새로운 구조를 만들어 내는 일을 능동적으로 진행해 나간다. 만일 이 점이 사실이라면, 언어교육에서는 처음서부터 능동적으로 대상 덩잇글에 대한 여러 가지 짐작을 장기 작업기억 속에 다수 만들어 두고서, 그 가능성들을 확증하거나 폐기하여 새로운 가능성을 후보로 내세우는 연습을 지속적으로 해야 할 것이다. 연산주의의 바탕 위에서 이런 일이 일어나려면, 반드시 각 단계마다 스스로 되돌아보는 이해의 각 단계에 대한 '자기 점검 회로'를 갖고 있어야 한다. 이런 체계는 언어 산출에서도 마찬가지였다. 그렇다면, 자기 반성적 사고(되점검하기)가 우리 두뇌 속에서 분명 생리적 기반으로 구현되어 있을 것임을 짐작할 수 있다.

기존 텍스트 연구에서는 미시구조와 거시구조를 만들어 가는 과정을 각각 cohesion(문장/발화들 간의 결속)과[29] coherence(문단/발화 덩이들 사이의 의미 연결)라는 용어로 부르기도 하고, 연결 범위의 대소만을 구별하여 local coherence^{지엽적 연결}와 global coherence^{전체적 연결}로도 불렀다. 그렇지만 이들 용어가 모두 이해 주체의 배경지식이 동원되어야 한다는 점을 부각시키기에 적합하지 않은 듯하다. 문장들 간의

29] '서로 달라붙다(stick together)'는 어원을 지닌 이 용어가 더러 국어교육에서 잘못된 용어 '응집성'으로 번역되었다(아마 텍스트 언어학을 소개한 이들의 책임일 듯함). 응집성은 한 점에 모아져 있음, 또는 그런 성질을 뜻한다. 그렇지만 문장들은 펼쳐 나가는(전개해 나가는) 것이다. 결코 한 점에 모아지지 않는다. 응집성은 그 뜻을 제대로 살펴봄이 없이 성급히 만들어 낸 설익은 조어에 지나지 않는데, 하루 속히 폐기되어야 한다.

결속에서는 어느 언어에서나 지시 표현^{referring expression}과30] 어휘 사슬^{lexical chain}을31] 가장 많이 쓴다. 문단들 사이의 의미 연결은 한 문화권에서 통용되는 수사학적 전개 방식이 지침으로 쓰인다. 따라서 이들 용어로는 이해 주체가 능동적으로 자신의 머릿속 배경지식을 이해 과정에 더해 놓아야 한다는 점이 제대로 부각될 수 없다. 최근 일부 심리학자들이 선호하는 지엽적 연결 및 전체적 연결도 또한 이들이 서로 다른 차원의 것임을 포착해 주지 못하므로 실패작일 뿐이다.

그런데 구성-통합의 이해 과정에서 가장 핵심적인 대목은, 덩잇글 기반에서 세계 상황 모형으로 넘어가는 과정이다. 세계 상황 모형은 1차적 밑그림이 여러 가지 심상들로 짜여 있으며, 이런 심상들을 매개해 주는 추상적 명제 고리들이 같이 들어 있다. 이해 능력이 모자란 주체는, 어떤 덩잇글을 읽더라도 그 덩잇글에서 언어로 표상된 세계 상황 모형을 복합적이고 입체적으로 구성해 낼 힘이 모자라거나 거의 없다. 만일 이런 진단이 실제에서 일어난다면, 구성-통합 이해 과정에 따라서 이해를 더 높은 수준으로 이끌어 가는 처방전을 써 나갈 수 있다. 언어 이해는 결코 전적으로 언어라는 재료만을 이용하는 것이 아니다. 언제나 언어 이외의 재료들도 함께 이용되어야 한다(언어 산출 또한 그러하였다). 이해란 이해 주체의 배경지식이 정합적으로 확대/확장되는 역동적이고 입체적인 '재구성 과정'인 것이다. 이런 재구성이 유일하게 하나의 방식으로만 일어날 수는 없으며, 다수의 후보들이 경합할 수 있다.

30] 참스끼 언어학에서는 결속 이론(binding theory)으로 다루지만, 담화 및 언어심리학에서는 결속 이론으로 다룰 수 없는 지시 표현까지 광범위하게 논의되어 왔다. 따라서 언어교육에서는 좁다란 결속 이론에만 매달려서는 안 된다.

31] 어휘 사슬만을 중점적으로 다룬 업적으로 호이(Hoey, 1991), 『*Patterns of Lexis in Text*』(Oxford Univ Press)이며, 필자는 거기 제시된 논술류 덩잇글의 분석 사례로부터 많은 것을 배울 수 있었다.

그런데 킨취는 언어 이해에 대한 심리학적 처리 과정이 오직 유일하게 언어만을 대상으로 이뤄지는 것이 아니라고 본다. 언어 이해가 언어 재료로써만 이뤄지지 않듯이, 역으로 다른 생각이나 사고도 일부 언어를 매개로 하여 진행되기 때문이다. 킨취는 수학 문제 풀이와 과학 문제 풀이도, 언어 이해 과정에서와 같이 미시구조와 거시구조를 확립하여 궁극적으로 세계 상황 모형을 만들어 내는 것이라고 주장한다(제5장 참고). 현재 이런 확대 적용은 시작일 뿐이고, 아직 결코 확립된 것으로 볼 수 없다. 직관적으로, 이는 말을 잘하는 사람이 반드시 다른 일도 잘할 것이라고 성급히 예상할 수 없다. 즉, 언어 산출과 처리에 관련된 하위 단원체들과 다른 생각이나 사고에 동원되는 필수적인 하위 단원체들이 언제나 동일한 것이 아니다. 언어 이해 과정의 확대 적용은 신중한 접근이 필요할 것이다.

제5장 언어 이해

: 킨취(1998), 『이해 : 인지 패러다임』*

　이 해제의 제1절에서는 킨취 교수가 1970년대에서부터 지금까지 언어 이해에 대한 연구를 어떻게 진행해 왔는지를 간략히 언급한다. 제2절에서는 아주 간략히 언어심리학에서 이해 과정을 다룰 때에 중요하게 다뤄지는 몇 가지 논제를 살펴본다. 제3절에서는 이 책의 내용을 전반적으로 조감하고, 마지막으로 이 논의가 지니는 의의를 새겨 보기로 한다.

1. 킨취 교수가 일궈온 언어 이해 연구사

　월터 킨취Walter Kintsch 교수의 이력을, 위버(Weaver, 1995) 등이 엮은 회갑기념 논문집 『담화 이해Discourse Comprehension』(Lawrence Erlbaum)에

---

* Walter Kintsch(1998), *Comprehension : A paradigm for cognition*, Cambridge University Press, p. 461+ⅹⅵ. 이 책은 한국연구재단 명저번역으로 김지홍·문선모 뒤침, 『이해 : 인지 패러다임』(나남)으로 출간중임.

따라 간단히 간추리면 다음과 같다. 독일 계통의 킨취 교수는 1932년 5월 10일 발칸반도 북쪽에 있는 루마니아 테메슈봐Temeschwar에서 태어났다. 제2차 세계대전 말엽에 오스트리아로 옮겨가서 초등학교 교사를 지내다가, 1955년 미국 캔저스 대학교University of Kansas at Lawrence 대학원 심리학과에 입학하여, 이듬해 석사학위를 받았다. 다시 오스트리아 비엔나 대학으로 돌아가 심리학을 공부하다가, 1957년 가을에 캔저스 대학 박사과정에 진학하였고, 1960년에 실험심리학 분야에서 동물 학습에 관하여 박사학위를 받았다. 그 뒤 인디애나 대학 애스티즈William K. Estes 교수의 실험실에서 2년 동안 박사후 과정을 거쳐서, 1961년 미주리-콜럼비아 대학 심리학과를 시작으로, 1965년 뤼버싸이드에 있는 캘리포니아 대학 심리학과와, 1967년 스텐포드 대학 심리학과를 거쳐서, 1968년부터 보울더에 있는 콜로라도 대학University of Colorado at Boulder 심리학과에서 36년간 가르치다가, 2004년 72세로 은퇴하여 현재 그곳의 명예교수로 있다.[1]

킨취 교수가 연구해 온 내용은 미국에서 심리학이 발전해 온 역사를 그대로 보여 준다. 처음 심리학에 입문하였을 초기에는, 오직 동물을 대상으로 한 실험심리학이란 단일 영역만이 있었고, 자연스럽게 동물 학습 분야에 대한 글을 썼다. 그러다가 1960년대에서부터 점차 미국에서 인지심리학의 흐름이 생겨나고, 인간을 대상으로 하여 연상 학습과 개념 찾기와 같은 인지적 행위를 정보처리로 취급하면서, 확률에 근거한 마르코프 연쇄Markov chains와 같은 수학적 모형을 계발하는 일들이 이어졌다.[2] 이런 토대 위에서 킨취

1] 그의 누리집 http://ics.colorado.edu/about/homepages/wkintsch.html을 찾아가 보기 바란다.

2] 이런 확률적 접근은 언어가 계층 구조를 갖고 있다는 점을 포착해 줄 수 없음이 일찍이 촴스끼 교수에 의해 논증된 바 있다. 최근에 하우저·촴스끼·퓌취(Hauser, Chomsky, and Fitch, 2002), 「언어 능력 : 그것이 무엇이고, 누가 소유하였으며, 어

교수는 한걸음 더 나아가 덩잇글 이해에 대한 연구를 시작하였던 것이다.[3]

덩잇글 이해의 연구는 당시 언어학과 인공지능에 의해서 영향을 받았으며, 문장·전체 본문·짤막한 이야기 등에 대한 이해와 기억 이론을[4] 계발하는 것이 목표였다. 이는 행동주의 심리학에서부터 인지심리학으로 이행해 나가는 자연스런 과정이었다. 이후 킨취 교수의 주된 연구는 이해·기억·덩잇글에 있는 정보의 활용 등에

떻게 진화하였을까?(The Faculty of Language : What Is It, Who Has It, and How Did It Evolve?)」, *Science*, vol.#298-22, pp. 1569~1579에서는 더 높은 상위개념으로 반복함수(recursion)를 상정한 바 있다. 일찍이 이는 프레게가 자연수의 개념을 다루면서 도입한 개념이다. 자연언어의 형식도 반복함수의 구현물이라면, 내용으로 이는 실세계에서 사건들이 연결체에 대응하며, 그 복합사건 연결체들이 다시 더 큰 사건을 합성하게 된다.

3] 미국 쪽에서는 이미 구조주의 언어학(또는 기술언어학)에서 미시언어학(micro-linguistics)과 거시언어학(macro-linguistics)으로 나누었을 때, 특히 문장 단위를 넘어선 대상을 다루는 후자는 여러 학문에서 복합적으로 연구되어야 한다고 가정했는데, 해뤼스(Harris, 1952), 「담화 분석(Discourse Analysis)」, 『언어(*Language*)』, #28-1의 논의가 후자의 흐름을 열어나갔다(Cook, 1993; 김지홍 뒤침, 2003, 『담화』, 범문사). 독일 쪽에서는 칸트와 헤겔의 관념론 흐름에 반발하여 구체적인 사례들을 다루려는 흐름(현상학이나 해석학 등)들에서 언어를 위시하여 광범위한 인문 현상을 가리키는 용어로 텍스트를 쓰고 있었고, 1970년대에 들어서서 '텍스트언어학'이란 용어가 정립되기에 이르렀다(고영근, 1999, 『텍스트 이론』, 아카넷; 한국텍스트언어학회, 2004, 『텍스트 언어학의 이해』, 박이정). 프랑스 쪽에서는 소쉬르의 파롤이란 개념을 더 구체적으로 탐구하고 있었다. 특히, 푸코(Foucault, 1926~1984)는 중심 및 주변으로 상정된 수평적 랑그·파롤의 개념을 하부구조 및 상부구조라는 수직적 개념으로 바꾸고서, 하부구조에 해당하는 랑그를 담론질서(l'ordre du discours)라고 불렀는데, 여기서 하부구조는 무의식적으로 주어지고, 오직 상부구조에 해당하는 파롤만이 개인마다 변이 가능하다(Foucault, 1971; 이정우 번역·해설, 1993, 『담론의 질서』, 새길).

4] 킨취 교수는 바틀릿(Bartlett, 1932), 『기억 과정 : 실험심리학 및 사회심리학 연구(*Remembering : A Study in Experimental and Social Psychology*)』(Cambridge University Press)를 1995년에 재출간하면서 소개 글을 덧붙였는데, 에빙하우스(Ebbinghaus)·바틀릿을 기초를 닦아 놓은 아버지들로 간주하였다. 여기서는 기억이 전적으로 재구성 과정임이 강조되어 있으며, memory(기억)란 말을 피하고 remembering(기억 과정, 기억해 내기)이란 말을 쓰는 까닭은, 전자가 정태적으로 어딘가에 기억 내용이 들어 있다는 느낌을 함의하기 때문에, 이를 피하여 역동적인 과정임을 강조하려고 하는 것이다.

모아졌는데, 읽기와 지식 활용에 포함된 인지 과정을 서술하기 위하여 컴퓨터 모의로 구현되는 모형들을 상세히 검증해 나갔다.

번역자는 킨취 교수의 논의 요체를 다음 몇 가지로 제시할 수 있다고 본다.

① 사고 단위가 '명제'이다.

② 언어 처리 결과는 마지막으로 '상황모형'을 만들어 장기기억 속에 저상된다.

③ 이는 확장된 장기 작업기억 속에서 구성-통합 과정을 통하여 덩잇글 기저(기반)[5] 위에서 얻어지는 것이다.

④ 구성 과정은 명제 형태(단순명제 및 복합명제)로 이뤄지며 여러 가지 미시구조 후보들을 만들어 준다(인출구조가 점점 정교하게 가다듬어짐).

⑤ 통합 과정은 그런 후보들 중에서 제약 만족(활성화 확산)[6] 과정을

---

[5] text-base의 번역으로 문선모 교수는 '덩잇글 기저'를 선호하지만, 김지홍은 '덩잇글 기반'을 선호한다. 70년대에 킨취 교수는 참스끼 문법의 영향 아래 이 개념을 '표면 : 기저'(또는 '표면 : 심층')의 모습으로 도입하여 썼다. 그렇지만 참스끼 교수는 80년대에 들어 이 용어가 오해를 불러일으키므로 이를 피하여 점차 '도출 표상 : 초기 표상'이란 용어로 바꿔 썼다. 따라서 김지홍은 굳이 '표면 : 기저'의 짝에 집착할 필요가 없고, 오히려 '기억 기반, 지식 기반' 등과도 일치시키기 위하여 '덩잇글 기반'이란 통일된 용어가 바람직하다고 판단한다. 그렇지만 본문의 번역에서는 문선모 교수가 오랫동안 써 왔고 킨취 교수의 초기 도입 동기를 존중하여 '기저'라는 용어를 썼다.

[6] 킨취(1988)에서는 'spreading-activation'이란 용어를 썼고, 이 책에서는 'constraint-satisfaction'이란 용어도 함께 쓴다. 이 둘의 관계는 이 책에서 "a constraint satisfaction process in the form of a spreading activation mechanism"(원서 94쪽)과 "the constraint-satisfaction mechanism via spreading activation"(원서 423쪽)라고 말하고 있으므로, 서로 긴밀하게 관련됨을 알 수 있으며, §.4.4에서는 앞의 1988년 글을 언급하면서 "… 맥락 효과들이 '제약만족'으로 간주되었다"고 표현하였다. 윌슨·키일(Wilson and Keil, 1999 : 195 이하) 엮음, 『MIT 인지과학 백과사전(*The MIT Encyclopedia of Cognitive Sciences*)』(MIT Press)와 너델(Nadel, 2003) 엮음, 『인지과학 백과사전(*Encyclopedia of Cognitive Science*)』(Nature Publishing Group)의 제1권(793쪽 이하)과 제4권(211쪽 이하)에 보면, '제약 만족'이란 개념은 인지 과학자와 컴퓨터

통하여 이웃 교점들과의 연결강도 수치가 달라지면서 강도가 높은 것들끼리 연합하여 일어나고(활성화가 확산됨), 거시구조를 만들어 낸다.

따라서 이런 논의를 열고 있는 다음 글들을 중심으로 간략히 언급해 나가기로 한다.

1974, 『기억에서의 의미 표상The Representation of Meaning in Memory』

1983, 『담화 이해의 책략Strategies of Discourse Comprehension』, 뵌대익(van Dijk)과 공저

과학자들 사이에 서로 다른 의미로 쓰인다. 인지 과학자들은 모든 언어적 표현에 대해 두루 적용되는 것으로 보지만, 컴퓨터 과학자들은 다음처럼 엄격한 형식적 정의로만 쓴다고 하였다. 즉, 제약 그물짜임이

① 유한한 한 묶음의 변항(a finite set of variables)

② 그 변항과 연합된 치역(each variables associated with a domain of values)

③ 한 묶음의 제약(a set of constraints)

으로 이뤄지는데, 해법(solution)은 모든 제약이 만족되는 치역으로부터 각 변항마다 값을 배당해 주는 것이다. 그런데 제약 그물짜임의 구조는 제약 도표로 그려지는데, 거기서 해당 변항들이 동일한 제약에 참여한다면 변항을 가리키는 임의의 두 교점이 연결되어 있으며, 탐색(search) 및 일관성 추론(consistency inference)에 따라 다시 여러 가지 하위 갈래로 나뉜다.

활성화 확산이란 개념은 자유연상으로부터 발전해 나온 것이며, 주로 지식을 교점으로 표상하여 인출 및 추론을 나타내는 데 쓰이지만, 자의적이지 않고 좀더 제약된 모습으로 조정되어야 하므로, 교점들 사이에 연결을 제약해 주는 제약 만족 과정이 도입되는 것으로 보인다. 활성화 확산 방식은 표지 통과 그물짜임(marker passing network)과 활성화 통과 그물짜임(activation passing) 대분되는데, 정태적인 모습을 벗어나 역동적으로 확산 방식을 포착해 주기 위해서 여러 모형들이 제안되었다(가령 McClelland and Elman의 TRACE 모형 등). 이때 교점들 사이의 연결 강도를 계산하는 방식이 여러 연구자들에 의해 다양하게 제안되었으며, 인지 과학에서는 대체로 구조화된 그물짜임(structured network, 이는 localist로 불림)과 층위화된 그물짜임(layered network, 이는 '병렬분산처리' PDP로 불림)을 이용하고 있다(Nadel, 2003, 제1권 680쪽 이하 '연결주의' 항목을 참고함). 번역자의 판단에, 연결강도 값을 계산하는 데에 초점을 모으면 제약 만족이란 용어가 선호되고, 높은 강도 값의 연결이 확산되어 나온 결과나 상태에 초점을 모으면 활성화 확산이란 말이 선호될 듯하다.

1988, 「담화 이해에서 지식의 역할 : 구성-통합 모형The Role of Knowledge in Discourse Comprehension : A construction-integration model」, *Psychological Review,* 95-2

먼저 1974년의 책에서는 기억에서 의미 표상에 대한 심리학적 이론을 계발하려고 함을 분명히 해 놓았는데, 이는 경험적으로 검사 가능한 이론을 뜻한다. 여기서 장기기억 속에 유의미한 정보를 저상하기 위한 기본 단위가 '명제'이며,7) 문장 및 짤막한 본문에 대

---

7) 비록 익은말이라고는 하나, 일본인들이 만든 '명제'란 용어는 잘못된 것이다('언명 [言命]으로 된 표제[標題]'의 뜻을 갖지만 결코 '명령문'이 아님!). 기본적인 전제로서 이 밑바닥에는 우리의 생각이 분절 가능한 최소의 생각 단위로 이뤄져 있음이 깔려 있고, 이런 단위들이 모여 더 큰 단위로 합성되며, 이를 합성성 원리(또는 프레게 원리)라고 부른다. 르펠트(Levelt, 1989; 김지홍 뒤침, 2008 : 59), 『말하기 : 그 의도에서 조음까지』(1권, 나남)에서 무려 18개의 비슷한 용어들을 목록으로 보여 준다. 거기에 포함되지 않은 용어로서 constative(참·거짓 판정이 가능한 진술), T-unit(종결 가능 단위), minimal statement(최소 진술문), clause-like unit(절 유사 단위), I-language(내재적 언어), simplex(단순 개념), mentalese(정신언어), 최대투영 구절(XP, 임의범주 X의 구절 phrase이지만, 주어를 포함하고 있으므로 사실상 절 clause과 동등해짐), intonation unit(억양 단위) 등도 있으므로, 거의 동일한 개념을 가리키지만 서로 다른 용어가 여러 연구자들에 의해 다양하게 쓰이고 있음을 알 수 있다. '방법론적 일원론'의 바탕 위에서 킨취(Kintsch, 1974 : 5)에서는 명제를 다음처럼 정의하였다.

"A proposition is a *k*-tuple of word concepts, one serving as a predicator and the others(명제는 몇 개의 항을 지닌 낱말 개념들이다. 그 중 하나는 서술어가 되고, 다른 것들은 논항이 된다)."

여기서 *k*-tuple(임의 숫자의 항 또는 자리)는 형식을 규정하는 것에 지나지 않는다. 그런데 킨취(1988, 각주 2)의 "The Role of Knowledge in Discourse Comprehension"에 보면, 앤더슨(Anderson, 1980)의 "Concepts, propositions, and schemata : What are the cognitive units?"처럼 킨취 교수도 개념(concepts)과 명제(propositions)를 동일하게 취급하고 있음을 알 수 있다.

최근에 언어학에서는 명제에다 좀더 의미까지 배당한 바람직한 표현 방식으로 논항구조를 다루고 있다(뷘대익·킨취, 1983에서는 '명제 개념틀(propositional schema)'로 불림). 논항구조(argument structure)는 하나의 핵어(head)와 자신이 거느리는 논항들로 이뤄져 있고(형식), 또한 각 논항에 알맞은 의미역을 배당한다(내용). 이런 표상 방식은 결국 우리로 하여금 한 사건의 '내부모습'을 포착해 주게 하고, 이어지는 사건과 어떻게 관련되어 있는지를 드러내어 준다. 프레게는 상위개념으로 function(함수)란 용어를 썼고, 킨취는 predicator(서술어)란 용어로 바꿨으며,

한 의미가 명제들의 그물짜임으로 나타낼 수 있음을 작업가정으로 삼고 논의하였다. 덩잇글을[8] 이해하는 과정에서 명제가 심리적 실

참스끼는 head(핵어)라는 용어를 쓰되, 하위개념은 논항이란 말을 그대로 쓴다. 논항이란 개념은 한 원소가 어떤 집합 속에 들어가는지 여부를 따진다(argue)는 의미에서 프레게가 붙인 이름이다. 이와는 전혀 달리 딕(Dik, 1980)의 『Studies in Functional Grammar』(Academic Press)에서는 predicates(술어)와 terms(항)를 썼다 (합쳐져서 서술성 predication을 띰). 또 윌린스끼(Wilensky, 1986), "Some problems and proposals for knowledge representation"에서는 relation(관계)과 aspectuals(모습, 양상)이란 용어를 썼다고 한다. 킨취 교수는 이 책의 §.2.2.4에서 명제 표상뿐만 아니라, 또한 감각인상(imagery 본문에서는 주로 시지각 인상을 염두에 두었으므로 '심상'으로 번역하였음)으로 불리는 감각 표상들도 덩잇글 처리에서 중요함을 지적한다.

용어 문제와 관련하여, 특히 representation(재현 또는 표상)도 반드시 짚고 넘어가야 한다. 왜냐하면 애초에 칸트는 presentation(제시)에 대응하여 머릿속에서 일어나는 re-presentation(재현)으로 썼는데('자료 제시 : 머릿속 재현'의 짝임), 심리학에서는 이런 배경과는 무관하게 스스로 느낄 수 있는 의식 내용의 뜻으로 쓰고 있기 때문이다. 톨민(Toulmin, 1972), 『인간의 이해 역량 : 개념의 집단적 사용과 진화(Human Understanding : The Collective Use and Evolution of Concepts)』(Princeton University Press, §.2.4 「Representation에 대한 여담」)에 보면, 칸트를 뒤이은 철학자들 사이에서 representation을 이미 주관적이고 사적인 것으로 치부하여 왜곡되기 시작하였다. 톨민의 스승 빗건슈타인(Wittgentstein, 1889~1951)은 칸트가 원래 의도한 객관적인 재현의 의미를 Darstellungen(객관적 재현)이란 말을 새로 만들어 썼고, 사적이고 주관적인 재현을 옛 용어 Vorstellungen(주관적 재현)으로 불러 서로 구분하고자 하였음을 알 수 있다.

그렇지만 본래 우리에게 제시된 자료를 머릿속에 그대로 객관적으로 재현한다는 엄격한 용법과 의미는 사라지고, 미국의 철학자 피어스(Peirce, 1839~1914)의 글에 보면 객관적 인식 내용인지 여부는 전혀 문제 삼지 않은 채, 우리가 재귀적으로 인식할 수 있는 의식을 통칭하여 representation(표상)으로 부르고 있음을 알 수 있다(Houser and Kloesel 엮음, 1992, 『피어스 필수 독본』 I·II, Indiana University Press). 심리학에서도 이런 어원을 고려하지 않고 머릿속에서 일어나는 인식 내용들을 전반적으로 가리키기 위해 이 용어를 쓰고 있다. 아마 외부에서 제시된 자료에 초점을 모으기보다는, 머릿속에 있는 독자적인 처리 과정이 여러 층위에서 복합적으로 작동하고 있다는 사실을 더 강조하려고 하기 때문인 것으로 이해된다. 바틀릿(Bartlett, 1932)에서는 숫제 기억이 재현이기보다 재구성 현상임을 논한 바 있다. 이런 배경에서 representation이 '재현'보다는 '표상'이란 용어로 자리를 잡게 된 것이다. 심리철학자 포더(1981; 이영옥 외 뒤침, 1991), 『표상 : 인지과학의 기초에 관한 연구』(민음사)도 우리가 머릿속에서 스스로 인식할 수 있는 내용을 일반적으로 표상이라고 부르는데, 특히 이 표상은 연산주의 접근에 의해 나타낼 수 있는 것으로 간주된다.

8] discourse(담화)와 text(덩잇글)란 용어가 킨취 교수의 글에서는 엄격한 구분 없이 두루 통용된다. 즉, 텍스트 처리(text processing)나 담화 처리(discourse processing)

재임을 입증하는 일은, 현재의 책에서도 다시 제시된다(§.3.1.3 명제의 심리적 실재성). 즉, 거의 유사하지만 복합 명제를 지닌 문장과 단순 명제를 지닌 문장이 서로 처리 시간에서 현격한 차이를 드러냄을 보여 주는 것이다. 이른바 'idea(개인별 관념이나 생각)'로 불리는 생각이나 사고는 명제 차원에서 일어나고, 언어는 이런 사고를 표현하는 것이다. 또한 아주 제약된 실험실 조건에서 벗어나 실시간으로 이뤄지는 언어 이해를 연구하려는 목표를 분명히 내세웠고, 길게 연결된 넝잇글connected texts을 그 연구 대상으로 삼았다. 실제 언어로 이뤄진 표면 구조에서 머릿속에서 명제로 처리되는 과정은 명제로 풀어쓰기propositional paraphrase로 부르며, 이 책의 제3장에서 자세히 예시되는데, 오직 한 가지 방식만이 있는 것이 아니라 여러 가지 방식으로 구현될 수 있는 다소 융통성 있는 처리이다.

이어 킨취·뷘대익(Kintsch and van Dijk, 1978)의 「덩잇글 이해와 산출을 위한 모형Toward a Model of Text Comprehension and Production」을 더 확대한 단행본 연구서인 킨취·뷘대익(1983)에서는 복합학문의 대상으로서 덩잇글의 이해가 다중 표상(여러 층위의 처리 표상)으로 귀결되고, 장기기억에 저장하고 나중에 인출하여 이용하기 위해서 덩잇글에 들어 있는 정보에 대한 '상황모형'이9] 논의된다. 상황 모형은 덩잇글에

나 구분 없이 쓰이는 개념이다. 이와는 달리, 일부 연구자들은 언어 산출 과정을 담화로 보고, 언어 처리 과정을 텍스트로 보기도 한다. 한편 다른 이들은 담화를 입말로 보고 텍스트를 글말로 본다. 그렇지만 후자는 입말과 글말이 궁극적인 개념이 아니므로 많은 예외를 만나게 된다(개정 7차 국어과 교육과정이 이런 전철을 자각 없이 답습하고 있음). 바이버(Biber, 1988, *Variation across Speech and Writing*, Cambridge University Press)에서는 입말과 글말이 피상적인 구분에 지나지 않으며, 더 심층적으로 '언어 투식(register)'에 의해 구분되어야 함을 논의하였다(1988 : 68에서는 갈래 genre란 용어를 썼고, 1995 : 9에서는 언어 투식 register란 용어로 바꿨음).

9] 킨취(1988)에서는 상황 모형이 비명제적(non-propositional)으로 이뤄져 있을 듯하고, 좐슨-레어드(Johnson-Laird, 1983)의 정신모형과 비슷할 것으로 보았다. 더욱 발전된 모습으로 상황모형을 번역본의 §.4-3-1 「상황모형으로서의 심상」, §.4-3-2

서 다루는 비슷하거나 같은 상황과 관련하여 능동적으로 일화 기억 속에 있는 이전의 경험과 덩잇글 기반(기저)을 장기 작업기억에 인출하여 서로 한데 맞물리도록 하며, 해당 상황을 놓고서 의미기억으로부터 나온 좀더 일반적인 지식도 인출해 내기도 한다.[10] 곧, 상황 모형은 덩잇글에 대한 실시간 처리에서 두 가지 경로를 통해 일관되게 형성된 정보들이다. 하나는 덩잇글의 표면구조로부터 명제들을 통하여 얻어지며, 동시에 이해 주체의 관련된 기존 세계 지식이 인출되어 서로 통합되면서 점차적으로 정밀하게 가다듬어진다. 따라서 덩잇글의 이해 주체는 다만 미시명제와 거시명제로 이뤄진 덩잇글 기저(기반)에 대한 평가뿐만 아니라, 또한 점진적으로 가다듬어져 가는 상황 모형의 정밀성에 대해서도 점검하게 된다.

상황 모형은 덩잇글에 있는 정보가 어떻게 문제해결 활동에서 이용되는지를 설명해 주는 핵심 개념이며, 더 큰 단위의 덩잇글에 있는 정보가 장기기억에 어떻게 저장되는지, 그리고 그 지식이 어떻게 활용되는지를 서술해 준다. 이런 처리는 규칙 지배적 알고리즘이 아니라, 목표 지향적인 전략적 처리 과정이다. 상황 모형이 상정되

「각본에 토대를 둔 상황모형」, §.6-3-4 「상황모형의 구성」, §.6-4 「공간적 상황모형」, §.6-5-2 문학작품 해석에서 「다중 수준의 상황모형」, §.10-1-3 진술형 문제에서 상정되는 「상황모형」 등을 보기 바란다. §.9-2-1 「덩잇글 기저(기반)와 상황모형」에서는 둘 사이의 차이점을 다룬다. 또한 존슨-레어드의 주장에 대해서는 번역본 §.4-4의 번역자 각주를 보기 바란다.

10] 뷘대익·킨취(1983 : 13)에서는 "이런 지식에 신속히 접속하여 효과적으로 인출하는 것이 전략적 담화 이해에 결정적이며, 그런 효과적 인출은 가령 지난 수년 동안 인공 지능과 다양한 심리학 이론에서 만들어진 개념틀과 같은 많은 제안들에 따라서 오직 지식이 제대로 짜여 있을 경우에라야 가능하다"고 언급하였다. 특히 이해가 빠른 사람의 경우에는 "첫 번째 명제들로부터 나온 최소한도의 덩잇글 정보만으로도"(같은 책, 16쪽) 능동적으로 그 주제에 대하여 짐작을 하고, 점차 정밀하게 만들어 나가지만, 도중에 부합되지 않는다고 판단된다면 빨리 그 짐작을 버리고, 다시 새롭게 해당 덩잇글이 나타내는 주제나 상위 구조를 상정하게 되는 것이다. 이를 '억제기제 효율성 가설'이라고 부른다(김선주, 「글이해 능력의 개인차 : 억제기제 효율성 가설을 중심으로」, 이정모·이재호 엮음, 1998에 들어 있음).

면서, 이제 이해가 더 이상 단순히 언어에만 국한되지 않고, 좀더 확대되어 수학의 대수 문제 풀이에도 적용되고 행위 계획이나 인상 형성에도 동일하게 적용된다(번역서의 제10장과 제11장을 보기 바람).

킨취(1988)에서는 이런 덩잇글 이해 과정을 연결주의 또는 활성화 확산 과정으로 보여 준다. 덩잇글의 표면구조로부터 시작하여 동시에 미시명제와 거시명제로 된 덩잇글 기반(기저)을 구성하면서 상황 모형을 정밀히 만들어 나가는 과정은 장기 작업기억에서 명제들로 이뤄진 연합 그물associative net을 만들어 나가면서 이뤄진다(잠정적으로 비언어적인 공간 표상 정보는 공간 관계를 나타내는 명제들로 번역되는 것으로 처리함). 연합 그물을 만들어 나가는 일은 교점들이 서로 간에 활성화하거나activated 억제하거나inhibited 아직 명시되지 않은underspecified 상태로 이뤄진다. 시간이 흐름에 따라 새로운 정보들이 덧얹히면서 서로 활성화된 교점들만이 높은 강도를 받아 지속적으로 남게 되고, 그렇지 않은 교점들을 마침내 사라지게 된다.

초기의 연합 그물은 일관되지 않고 짜임새도 제대로 갖추어질 수 없다. 그러나 점차 처리가 진행되어 나가면서 인출구조들이 더 안정되고 거시명제들을 수립하면서 관련된 기존의 지식 구조와 통합되면 전반적으로 통일된 체계를 이루게 된다. 그런데 소략한 상태의 연합 그물들이 기존 지식과 통합되면서 점차 정교하게 되는 과정은 한꺼번에 일어나지 않고 주기마다 일어난다. 이를 주기별 통합end-of-cycle integration이라고 부른다. 통합 과정에서는 일관된 덩잇글 해석과 무관하게 인출되어 작업기억에 대기하고 있는 정보들이 삭제된다. 연결주의 접근법을 따르고 있으므로, 이는 그물짜임에서 교점들의 강도값으로 계산될 수 있다. 또한 이런 통합 과정이 전반적인 그물짜임이 안정될 때까지 계속 확산되어 일어나므로 '활성화 확산' 과정이라고 부른다.[11]

병렬 분산 처리 이론에서는 이런 활성화가 벡터로 표상되고 각각 활성화 값을 배당받으므로 4칙 계산이 이뤄질 수 있다. 곧, 활성화 연결 강도들이 연결 행렬connectivity matrix로 제시될 수 있으며 이것이 수치로 계산될 수 있다. 이 책에서는 백과사전에 있는 정보들을 이미 행렬값으로 만들어 놓은 잠재태 의미분석Latent Semantic Analysis의 도움을 받아, 기계적으로 각 원자 명제들 사이에 연결 강도값이 배당되도록 처리하고 있다.

2. 언어 이해와 관련된 몇 가지 논제

언어 이해란 비단 '언어' 문제뿐만이 아니라 또한 '언어사용'에 대한 문제이기도 하다. 언어는 기호의 한 가지이므로 형식과 내용으로 결합된 것이지만, 언어사용은 내용의 하부구조로서 의사소통 의도와 배경지식이란 더 큰 동네에 터를 잡고 있는 것이다. 따라

11] 낱말을 인식하여 뜻을 고정시켜 나가는 과정은 여러 연구자들의 제안이 있지만 (Morton의 낱말 처리기 모형, Forster의 탐색 모형, Becker의 검증 모형, Marslen-Wilson의 연대 모형, Norris의 점검 모형 등), 유일하게 점화(priming) 기제를 이용하지 않는 마지막 점검 모형(checking model, Norris, 1986)만이 연상적이며 의미상의 관련된 다수의 명제들을 구성하면서 중심 명제(core propositions)의 가능성을 결정하는 방식과 서로 비슷하다고 본다. 다시 말하여 낱말의미 고정과정과 거시명제 고정과정이 동일한 절차를 따르는 것으로 여긴다. 가령, 킨취(1988)에서는 다음처럼 논의한다. 덩잇글의 표면구조에 있는 문장들이 각각 명제언어(propositionalese)로 바뀌고, 임의의 명제는 명제군(cluster of propositions)으로 엮어져야 한다. 여기서 원래 덩잇글로부터 나온 원래 명제에 대한 가장 가까운 이웃 명제들이 일반 지식 그물에서 맥락과 무관하게(context-free) 활성화되므로, 추가 활성화 확산이 계속 진행된다면 비일관적이며 무관한 정보들이 많아지게 된다. 이 일이 반드시 단점으로만 간주되어서는 안 된다. 다른 처리 모형에서 볼 수 없는 융통성(flexibility)과 일관된 주제를 찾아나갈 수 있는 맥락 민감성(context sensitivity)을 추구할 수 있도록 보장해 주기 때문이다. 따라서 이제 필요한 것은 무관한 정보들을 삭제하는 일인데, 이는 주기별 통합 과정에서 일어난다고 가정한다.

서 언어 이해에 대한 연구를 좁은 학문 분야에 국한시킬 수도 없으며, 현상을 왜곡시키지 않기 위해서는 그래서도 안 된다.

20세기에 들어서서 인간 인지를 대상으로 하여 여러 학자들에 의해 몇 가지 기본 전제들이 확립되었다. 김영정 교수의 글(2001, 이정민 외에 들어 있음)에 따르면, 인지과학의 철학적 배경에는

① 튜링(Turing)과 취취(Church)에 의해 발전해 온 수학기초론에서 사고의 계산 가능성,

② 비트 단위로 된 몇 대안에서 선택된 정보량을 다루는 쉐넌(Shannon)의 정보처리 이론,

③ 비환원적 물질주의 모형으로 뉴얼·싸이먼(Newell and Simon)의 물리적 상징체계

등이 한데 얽혀 있다.[12] 그렇지만 이런 가정은 오직 우리가 자각하

12] 이를 연산주의(computationalism)라고도 부른다. 이는 논리주의(logicalism) 위에 수립되어 있는데, 논리주의는 방법상 환원주의(reductionism)를 택하게 된다. 환원주의는 전체를 만들어 내기 위하여 프레게(Frege)의 합성성 원리를 따르게 된다. 적어도, 연산주의는 1980년대와 1990년대의 주요 세력을 형성하였으며, 마치 인지과학의 기본 전제인 양 여겨지기도 하여, 인지과정이 전산으로 구현되는 것을 목표로 삼기도 했다. 그렇지만 본문의 진술이 결코 이런 연산주의의 가정만이 유일하게 주된 흐름임을 뜻하는 것은 아니다. 우리 두뇌의 신경생리학적 기반에 대한 연구들이 축적되면서, 다음과 같은 사실들을 토대로 시냅스 군들이 논리적으로 운용되는 것이 아님이 밝혀졌는데, 흔히 이를 '유형 인식(pattern recognition)'이라고 부른다. ① 뉴런들은 아무런 일을 하지 않을 때에도 1~5Hz 정도의 배경 잡음을 띠고 있으며, 이것이 언제든지 초당 1백Hz의 극파로 쉽게 전환될 수 있다(크릭, 1994; 과학세대 뒤침, 1996 : 114, 『놀라운 가설』, 한뜻). 이와 반대로 전산적 인지 모형에서 배경 잡음은 절대로 존재해서는 안 된다. ② 뉴런들이 얽히고 모여 한 덩이처럼 이뤄진 시냅스 군들은 실세계 대상으로부터 오는 자극을 그대로 다 받아들이는 것이 아니라, 일부는 무시하고, 일부는 받아들이며, 일부는 새로 끼워 넣는 일을 한다. 이와 반대로 전산적 인지모형에서는 대상으로부터 오는 자극을 결코 선별하지도 끼워 넣지도 않고 있는 정확히 그대로만 모사할 뿐이다(에들먼; 김창대 뒤침, 2009 : 27, 79, 『세컨드 네이처』, 이음). ③ 시냅스 연결은 가소성이 있으며 매우 융통성 많다. 이와 반대로 전산적 인식모형은 오직 미리 고정된 배선만을

고 스스로 제어 가능한 상위 차원만을 위한 것이 아니라, 무의식적이며 자동적인 처리까지 포괄하는 범용 가정이다.

인지과학의 출발점에서부터 언어는 상위 차원에서 작동하는 매우 독특한 대상으로 간주되었고, 편의상 무의식적인 자동처리와는 구별되어 다뤄져 왔다. 이런 전통은 우리의 직관을 반영할 뿐만 아니라, 또한 장기기억 속으로 들어가는 과정에서 거치게 되는 기억 여과기 및 작업기억에서 고유한 뇌신경 기반을 갖고 있는 것으로 보인다. 르두(LeDoux, 2002; 강봉균 뒤침, 2005 : 184, 332)에 따르면, 해마 및 해마 주변부서(비주위피질·부해마피질·내비피질)들이 각각 외현기억과 암묵기억에 깊이 관여되어 있고, 전-전두피질 쪽에 위치한 작업기억도 영장류에만 있는 것으로 알려진 바깥쪽 전-전두피질이 외현기억에 관여하고, 안쪽 전-전두피질(전대상 영역)과 복측 전-전두피질(안와 영역)이 암묵기억에 관여한다.

그렇지만 우리 뇌에서 처리부서들이 따로 있다고 하여, 이것들이 서로 무관하게 홀로 작동하는 것은 아니다. 오히려 스스로 자각할 수 있는 외현기억과 자동적 처리가 일어나는 암묵기억이 서로 일관되고 통합된 유관한 정보로 장기기억 속에 보관되는 것이다. 이는 클락(1996; 김지홍 뒤침, 2009)에서 다룬 언어사용의 원리와도 일치한다. 일단 두 사람 사이의 대화를 기본적인 언어사용으로 상정할 때에, 언어사용은 상황 정보에 따라 정보가 해석되는 원시언어(피진)의 바탕 위에서 명시적인 언어가 운용되는 것이다. 다시 말하여, 언어사용은 명시적인 정보전달뿐만 아니라(1차 경로, 정보전달 경로), 반드시 그 전달이 제대로 이뤄졌는지를 확인 점검하는 암묵적인 과정이 수반되는데(2차 경로, 점검확인 경로), 전형적으로 후자는

지닐 뿐이다(에들먼; 김한영 뒤침, 2006 : 43, 『뇌는 하늘보다 넓다』, 해냄).

비언어적 정보를 이용하여 이뤄지는 것이다. 연구를 명시적으로 진행하기 위하여 일단 두 영역을 섞지 않는 쪽이 유리하므로, 다만 방편상 스스로 의식하고 자각할 수 있는 외현기억을 불가피하게 떼어놓고 다룰 뿐이다.

최근 털빙 외(Tulving and Lepage, 2001, Schacter 외 엮음에 들어 있음)에 따르면, 외현기억은 자체지각적autonoetic 기억 및 지각적noetic 기억으로 나뉜다. 전자는 영장류의 속성으로 추정되는 삽화episodic 일화, 구체사례 기억과 관련되고, 후자는 여타 동물에게서도 이용되는 의미semantic 기억과 관련된다. 기능상으로 분류하여 각각 이들을 뒤로 되돌아 보는(palinscopic) 기억과 앞으로 내다보는(proscopic) 기억으로도 부른다. 만일 인간을 기준으로 하여 표시하면, 아래의 [그림 10]처럼 나타낼 수 있다.

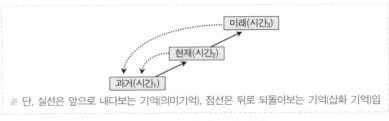

※ 단, 실선은 앞으로 내다보는 기억(의미기억), 점선은 뒤로 되돌아보는 기억(삽화 기억)임

[그림 10] 두 갈래의 외현기억

그런데 이런 기억의 부호화 과정과 인출 과정에는 다단계 매개과정을 통하여 서로 다른 두뇌 부서들이 이용되는데, 이를 두뇌반구 부호화-인출의 비대칭성(HERA)으로 부른다. 소략하게 일반화하여, 좌반구는 기억의 부호화에 긴밀히 관련되고, 우반구는 기억의 인출에 긴밀히 관련된다고 추정하였다(ERP 및 PET에 근거한 추정임).[13]

13] 기억의 신경-생리학적 기제에 대한 논의는 캐나다 심리학자 도널드 헵(Donald

외현기억으로 불리는 기억 내용들 중에는 감각인상 또는 감각질로[14] 불리는 것과 언어 또는 명제적인 것으로 크게 나눌 수 있을

Hebb, 1904~1985)에 의해 제시된 '헵 시냅스'의 착상—뇌세포 집합체(cell assembly)·일시적으로 통합된 국면 연결체(phase sequence)들을 놓고 뇌신경들의 연결 강도를 강화시켜 주는 장기 강화/상승(long-term potentiation, LTP) 과정—을 에릭 캔들(Eric Kandel, 1929~)이 바다 민달팽이(Aplysia)를 대상으로 하여 장기강화(LTP) 기제에 관여하는 여러 가지 단백질들을 구명하였다. 헵에 대해서 우리말로 읽으려면 허게넌 외(Hergenhahn and Olson, 2005; 김영채 뒤침, 2007), 『학습 심리학』(박영사) 제14장을 보기 바라며, 신경생리학적이며 전기화학적인 기제에 대하여서는 캔들(Kandel, 2006; 전대호 뒤침, 2009), 『기억을 찾아서』(랜덤하우스 코리아)를 보기 바란다.

그렇지만 아직 우리가 사용하는 여러 가지 기억을 모두 구현해 줄 만능 모형은 없다. 특히 장기기억과 관련하여 대립되어 서로 경합하고 있는 두 가지 흐름이 있다. 하나는 크뤽·코크(Crick and Koch) 가정으로 불리는 이른바 환원주의 가정이며, 다른 하나는 이를 비판하는 에들먼(Edelman)의 비환원주의 또는 통합주의 가정이다. 전자는 '의식의 신경 상관물(NCC)'로도 불리며, 기억이나 의식에 대한 구체적인 신경생리학적 기반이 찾아질 것으로 본다. 그러나 후자는 의식이나 기억이 결코 오직 지엽적으로 어떤 단일한 시냅스 군에 의해서만 발현되는 것이 아니라, 통합적으로 여러 시냅스 군들의 긴밀한 상호작용의 결과로서 발현된다고 본다. 두 입장은 서로 대립적이므로 코크(Koch, 2004; 김미선 뒤침, 2006 : 111)에서 통합주의를 '동키호테' 식이라고 비판한다. 반면에 에들먼(1992 : 제16장)과 에들먼(2004; 김한영 뒤침, 2006 : 44~45, 제6장)에서는 환원주의를 '골상학' 정도로 조롱하며, 범주 오류라고 비판한다.

환원주의에서 '다중 기억체계'를 상정하는 논의를 르두(LeDeux, 1998; 최준식 뒤침, 2006 : 262 이하)와 르두(2002; 강봉균 뒤침, 2005 : 제6장)에서 읽을 수 있다. 우리가 자각할 수 없는 암묵적 기억과 스스로 자각할 수 있는 외현적 기억은 서로 다른 경로를 통해서 일어난다. '함께 발화하는 뇌세포는 서로 연결된다'는 헵가소성(Hebbian plasicity) 원리 또는 장기 강화(long-term potentiation) 기제가 신경 전달물질들을 통해 대뇌 변연계에 속하는 해마 주변영역과 편도체 등에서 암묵적 기억 처리로 일어나고,

'감각처리(시각·청각·신체감각 피질) 영역 → 주변 중계피질 영역 → 해마 → 주변 영역 → 신피질'

로 순환되어 측두엽에서 외현적 기억(이는 장기기억 경로가 됨) 처리로 생겨난다고 본다.

통합주의를 주장하는 에들먼(Edelman, 1992; 황희숙 뒤침, 2006)에서는 장기기억을 지각 범주화가 시냅스(synapse) 개체군들이 분류쌍(classification couple)을 이루어 이들 사이에서 많은 횟수의 재입력(reentry) 또는 반복 종합(recursive synthesis)을 거친 뒤 피질에서 안정 상태에 이르는 과정으로 서술하였다.

14] 루이스(Lewis, 1929)에서 처음 쓰인 것으로 알려진 qualia란 용어는(에들먼, 2006; 김창대 뒤침, 2009 : 33), 학문분야에 따라서 내포의미가 조금 다른 듯하다. 철학자들은 '감각자료, 감각질'로 번역해서 쓰는데, 영어로 sense-data나 sensibilia (Austin,

것이다. 그렇다면 언어의 산출과 이해에 관련되는 것은 먼저 암묵기억을 제외하고 다시 감각인상으로 불리는 것들을 제외한 부류 중에서 일부만을 다루게 되는 것이다. 언어의 산출과 이해(또는 '처리'라고도 부름) 과정은 1980년대까지만 해도 필름을 바로 돌리거나 거꾸로 돌리는 관계라고 막연히 가정되었지만, 점차 깊이 논의가 진행되면서 별개의 과정을 거친다는 사실을 깨닫게 되었다. 이는 또한 비대칭성(HERA) 가정과도 정합적이다.

언어 산출 과정은 거시적으로 몇 가지 단계를 거쳐 일어난다.

의사소통 의도 → 메시지 확정 → 통사 및 음운 입력 → 점검 확인

먼저 공통 기반과 정보 간격을 가늠하여 어떤 의사소통 의도를 정해야 한다. 이를 르펠트(Levelt 1989; 김지홍 뒤침, 2008)에서는 '언어로 되기 이전의 메시지'를 확정하는 일로 부르는데, 덩잇글 표면구조를 명제 단위로 환원하는 시도와도 통한다.[15] 일단 확정된 서술관

1965)로도 쓰기 때문이다. 그러나 뇌과학 연구자들은 스스로 식별할 수 있는 개별 의식 상태의 뜻으로 쓰며, '경험들의 총체'라고도 설명한다.

15] 더욱 간단하게 르펠트(1999)에서는 제6장 2절에 있는 [그림 13]과 같이 제시하였다. 그 그림의 밑바닥에 깔린 대범주는 기호학에서 언급하는 상징의 두 층위인 '내용 및 형식'임에 주목하기 바란다. 또한 언어 이해 과정에서 상정되는 '작업기억'에 대한 부서가 따로 없음에도 유의하기 바란다. 이는 결코 작업기억이 필요 없다는 뜻이 아니며, 더 포괄적으로 의사결정 과정 및 판단을 위한 별도의 부서가 상정되어야 함을 의미한다. 더마지우(Damasio, 1994; 1999)에 따르면 결정이나 판단 과정은 우리 감성을 관장하는 부서에서 일어나므로, 더욱 엄밀히 들어가면 언어로 표현되기 이전의 '메시지' 결정이 더욱 복잡한 다층적 모습을 띠게 마련이다. 골드버그(Goldberg 2001; 김인명 뒤침, 2008),『내 안의 CEO, 전두엽』(시그마 프레스)에서도 전전두엽(prefrontal lobe)을 우리 자신에 대한 최고 의사 결정권자로 비유하면서 이 두뇌 부서의 기능들을 설명해 나가고 있는데, 특히 핑커(1995; 김한영 외 뒤침, 2004, 개정판),『언어 본능』(동녘 사이언스)에서 주장하는 '언어 본능'이 만일 존재한다면, 응당 전두엽의 기능적 특성 출현을 반영하는 것이라고 추정하였다(번역 37쪽). 이는 환자의 뇌의 사후 해부를 통해 결과적으로 협소하게 추정한 브로카·베르니케 영역보다 역동적으로 작용하는 언어 운용부서

점에 따라 메시지가 확정되면 통사입력 과정과 음운입력 과정을 거쳐, 마지막으로 자기점검 및 상대방의 반응에 대한 점검 과정으로 끝나게 된다. 통사입력 과정은 먼저 한 명제의 핵어인 동사의 통사·의미값lemma을 인출하여 필요한 홈들을 채워 준 뒤, 담화기제인 통사결속cohesion을 고려하여 산출모습을 가다듬는 일로 이뤄진다. 이 출력물이 바로 음운입력 과정으로 들어가게 된다. 음운입력 과정에서는 음성 표면형을 도출하는 일을 끝낸 뒤에 신경생리학적 정보를 내보냄으로써 비로소 우리 입 밖으로 발화가 나오게 되는 것이다. 이때 주고받는 정보단위는 자족적인 최소 단위이며, 절과 유사한 단위로 가정된다(이를 독일 심리학자의 선업을 기려, '분트Wundt 가정'이라고 부름).

언어 이해에서는 덩잇글의 표면구조로부터 명제들을 뽑아내 뒤에, 이것들을 가다듬고 묶어 나가기 위해서 기존의 장기기억으로부터 유관한 정보를 인출해 내는 일이 필요하다. 임의의 언어 자극을 받아들이고, 이를 기존의 경험과 관련짓기 위하여, 이를 처리할 두뇌 속의 어떤 공간이 필요하다. 이를 작업기억working memory이라고 부르는데,[16] 배들리(Baddeley, 1986)에서 단일체계가 아닌 복합체계로서 적어도 검박하게

를 실질적으로 확장해 놓고 있어서 매우 흥미롭다. 제6장 2절에 있는 '언어 산출 체계의 청사진' 그림을 보기 바란다.

[16] 배들리(Baddeley, 2007)에 따르면, '작업기억'의 단초는 맨 처음 윌리엄 제임스(William James, 1890)에서 언급한 1차 기억(primary memory)이며, 그 뒤 도널드 헵(Donald Hebb, 1949)에서 기억이 적어도 단기기억과 장기기억이라는 두 가지 이상의 구성성분을 지녔다고 주장되었다. 밀러 외(Miller, Galanter and Pribram, 1960)에서 '검사·작동·검사·퇴장(Test-Operate-Test-Exit)'을 수행하는 임시 수첩(메모장) 형태로서 '작업기억'이란 용어가 처음 제안되었지만, 기능에 대해서는 앳킨슨 외(Atkinson and Shiffrin, 1968)에서 비로소 그 기능이 특성 지워졌다. 작업기억에 대한 논의를 우리말로 읽어 보려면 조명한(2001, 이정민 외에 들어 있음)을 참고하기 바란다.

'공간-시지각 그림수첩·음운 순환기·중앙 집행부'

라는 세 가지 부서를 지닌 것으로 상정되었다.[17]

이어 배들리(Baddeley, 2000; 2002; 2007)에서 삽화/일화 임시저장고 episodic buffer가 앞의 세 부서와 장기기억을 매개해 주는 것으로 추가 되었는데, 지각 정보·하위체계와 장기기억으로부터 나온 정보가 제한된 숫자의 삽화(일화, 구체사례)로 통합하게 된다. 즉 시각정보 와 언어정보와 지각정보의 통합인 것이다. 작업기억의 기능은 기 억에 초점이 있는 것이 아니라 (특히 중앙 집행부에 의해서) 주의를 기 울이면서 관련 정보를 인출하여 협동처리를 하므로 '작업 주의력 working attention'으로도 부를 수 있다. 따라서 배들리(2007 : 1, 13)에서 내 린 작업기억 정의도 "복합 사고를 뒷받침해 주는, 주의 집중력 아 래 있는 임시 저장체계ª temporary storage system under attentional control"이며, 네 가지 체계를 다음과 같이 서술하였다.

① 주의력 통제부(attentional controller)

② 공간-시지각 그림수첩(visuospatial sketchpad)

17] 카터(Carter, 1998; 양영철·이양희 뒤침, 2007 : 381), 『뇌, 매핑 마인드』(말글빛냄) 에서는 배들리 모형을 기능성 자기공명영상(MRI)을 통해서 지정해 놓고 있다. 중 앙 집행부서는 전전두엽에 있다고 표시를 해 놓고, 조음 순환회로는 내면의 발화 (브로카 영역)와 내면의 소리를 맡는 부서를 측두엽(즉, 청각 처리 영역)에다 표 시해 놓았으며, 공간 시각 그림판은 후두엽 쪽(시각 처리 영역)에다 표시를 해 놓 았다. 그렇지만 루드(2002; 강봉균 뒤침, 2005 : 제7장)에서는 작업기억을 전전두 엽(내측 전전두엽·외측 전전두엽·배외측 전전두엽)과 안와 피질 등으로 보고 있 다. 아마 연구자의 시각에 따라 그 범위와 기능들이 달라지는 듯하다. 즉, 배들리 의 모형이 언어 이해에만 국한되어 있고, 원래 언어 산출을 설명하려는 목적을 지닌 것은 아님에 유의해야 할 것이다. 시각 처리 경로도 후두엽에 있는 정보들 이 곧바로 다시 배경과 초점이냐에 따라서 두정엽의 연합영역과 측두엽 피질로 보내어져서 재처리된 다음에야 비로소 우리가 시각적 대상을 의식하게 되는 점 을 고려하면, 작업기억도 더욱 역동적으로 여러 두뇌 부서들과 연동되어 동시에 작동되어야 할 것으로 보인다.

③ 음운 순환기(phonological loop 단, 덩잇글 처리에서는 불가결한 필수 부서가 아님)

④ 삽화 임시저장고(episodic buffer)[18]

비록 관련부서들이 늘어났지만 작업기억은 처리 용량이 제한된 정보 저장고에 지나지 않는다. 밀러(Miller, 1956)에서 제시된 마법의 숫자덩이 폭이 '7±2'였던 것처럼, 덩잇글 처리에서도 아마 그에 상당하는 정도의 숫자 폭에 상응한 처리가 이뤄진다.[19] 만일 더 큰 정보를 담고 있는 큰 덩잇글이나 전문가 수행내용을 처리한다면, 이런 용량 제한은 적합하지 않다. 따라서 용량 개념을 넘어선 다른 개념으로 더욱 확장될 필요가 있다.

정보 유지와 정보 처리의 기능을 지닌 작업기억의 개념을 근본적으로 넓혀야 할 필요성에 대한 인식이 특히 덩잇글의 이해 과정을 중심으로 하여 에뤽슨·킨취(Ericsson and Kintsch, 1995)의 「장기 작업기억Long-Term Working Memory」(*Psychological Review*, vol. #102-2, pp. 211~245)에서 깊이 있게 다뤄졌다. 덩잇글의 이해는 언어적인 표면구조·명제적인 덩잇글 기저(기반)·상황모형이라는 세 가지 층위에서 동시에 유기적으로 일어나게 되며, 상황모형이 구성되면 다른 두 층위의 정보들은 쉽게 망각되기 일쑤이다. 일반적으로 상황모형이 가장 오래 지속되는 기억 흔적memory trace인 셈이다.[20] 읽기 과정에서 덩

18] 삽화 임시저장고와 에뤽슨·킨취(1995 : 230)의 삽화적 덩잇글 기억(episodic text memory) 사이의 관련성은 추후에 논의가 심도 있게 진행되어야 한다. 둘 모두 일련의 사건들을 장기기억 속에 붙잡아 두도록 하는 매개 과정들이기 때문이다.

19] 킨취 책에서는 원자 명제가 5~6개 정도(원문 76쪽), 6개 이상(원문 111쪽), 7개 정도(원문 411쪽)가 작업기억에서 처리되는 것으로 언급한다. 그렇지만 이것들이 곧바로 장기 작업기억에서 이뤄지는 미시구조와 거시구조를 형성하게 될 입력물이 되므로, 이런 용량이나 숫자 폭이 결정적인 제약이 되거나 문제를 일으키지 않는다.

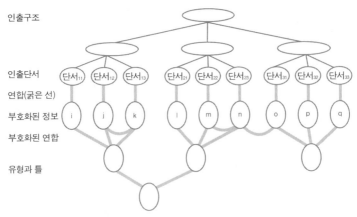

[그림 11] 인출단서들을 지니고 위계화된 인출구조의 예시

잇글과 관련하여 인출한 배경지식 정보와 새로 받아들이는 정보가 통합되려면 이들 처리과정이 가변적 역동적일 뿐만 아니라, 누적적이며 지속적으로 일어나야 한다. 그런데 읽어 나가는 과정에서 어떤 문제가 생겼을 때에는 이를 해결하기 위하여 상위인지 처리과정이 가동되어야 한다. 그렇지만 임시 활성화되는 단기기억의 개념만으로는 이런 일들이 처리되는 과정을 제대로 설명할 수 없는 것이다. 곧 장기기억의 도움을 받아야 해결될 수 있다.

그렇다면 장기기억을 작업기억처럼 활용하기 위해서는 무엇이 필요한 것일까? 이는 인출구조 또는 인출 얼개라고 불리며, 에릭슨·킨취(1995 : 216)에서 [그림 11]처럼 나타내었다.

[그림 11]에서 가는 선으로 연결되어 있는 윗쪽 부분은 부호화된

20] 점화 연구에 따르면, 맥락 속에서 한 낱말이 의미가 고정되는 데에는 350밀리초 (ms) 정도 소요되고, 한 문장에 대하여 상황모형을 고정하는 데에는 대략 1초 정도 소요된다고 한다(Gernsbacher et al., 1990; Till et al., 1988을 언급한 에릭슨·킨취, 1995 : 224에서 재인용함). 그렇다면 너댓 문장으로 된 한 단락을 처리하는 데에 4~5초가 걸리며, 이는 통상적인 단기기억의 작동시간인 250밀리초(ms)~2초의 간격을 넘어 버린다.

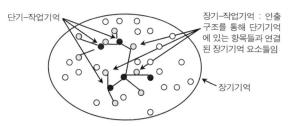

[그림 12] 장기기억과 두 종류의 작업기억과의 관계

정보단위들로 연합된 인출 단서들이 위계화된(구조화된) 짜임새를 나타낸다. 아랫쪽 굵은 선으로 이어진 부분은 통합된 기억 표상을 만들어 주는 유형과 틀을 표상해 주는 지식 기반 연합체knowledge-based associations 배경지식에 근거한 연상 그물를 나타내며, 개인차가 깃들어 있는 부호화 방법 또는 전략들이 중요한 몫을 맡는다. 인출 단서들은 주의력 초점 속에 있는 명제들에 해당한다. 장기 작업기억으로 불리는 이런 인출구조들은 단기 작업기억과 장기기억을 연결해 준다. 이들 사이의 관계를 킨취 책의 제7장 1절에서는 [그림 12]처럼 나타내었다.

만일 어떤 덩잇글이 읽는 주체의 배경지식을 훨씬 벗어나 어려운 내용을 담고 있어서 일관된 덩잇글 표상을 만들어 내지 못한다면, 이는 대용량의 정보에 접속하게 해 주는 이런 인출구조가 제대로 마련되지 못하였거나 불완전하다는 뜻이다. 이런 경우에는 우선 적합한 인출 단서들을 산출하면서 삽화적 덩잇글 구조를 만들고 궁극적으로 유기적인 인출구조를[21] 구성해 나가야 할 것이다

21] 개인적으로, 인출구조의 핵심은 부호화 방식 또는 부호화 전략이라고 본다. 이는 독자가 스스로 알아서 결정할 수도 있겠지만, 학습 능력이 떨어지는 경우에는 도움이 필요할 것으로 본다. 아쉽지만, 킨취 교수의 글에서 부호화 방식에 대하여 초점 모은 논의는 찾아볼 수 없고, 오직 논의상의 한 과정으로서만 서술해 놓을 뿐이다(제7장에서 인출구조가 장기간의 힘든 연습을 통해 획득된다고만 하였음). 그렇지만 어떻게 어떤 부호들을 부여해 나갈지에 대하여 학습자들에게 명시적으로 예시를 제시해 줄 필요가 있을 것이다. 여기서 유의해야 할 점은 부호화 방식이 유일하게 하나만 있는 것이 아니라, 복수의 후보군들이 많이 있다는 사실이다.

(에뤽슨·킨취, 1995 : 230). 그러나 인출구조는 상대적으로 직관적인 제안이며(오히려 인문학 전공자들에게는 호감이 가는 모형임), 이 책 속에서는 연합체를 형성하여 나가는 활성화 확산 과정이 수치로 계산될 수 있으므로 대신 연결 강도 계산 방식으로 대체되어 있다. 단기 작업기억은 어떤 간섭이나 방해물에 의해서 다시 복원될 수 없지만, 장기 작업기억은 중간에 끼어든 간섭이나 방해물에도 아랑곳하지 않고 쉽게 복원되어 재가동되는 특징이 있다. 이런 점이 특히 분량이 긴 덩잇글을 이해하는 데에 장기 작업기억을 상정하게 된 주요 동기로 작용하였다고 본다.

3. 전체 논의의 조감, 그리고 서평과 의의

3.1. 이 책 본문에는 각 장의 끝에다 원저자의 요약이 들어 있고, 어느 심사위원의 제안에 따라 각 장이 시작하는 곳에 붙여 놓은 번역자의 장별 요약이 있다(요약 초고는 문선모가 쓰고 김지홍이 수정하였음). 따라서 자세한 조감도는 그 요약 내용들을 참고하기 바란다. 여기서는 그런 부분들과 겹쳐지지 않는 범위 내에서 전체 논의를 조감해 나가기로 한다.

이 책은 이해에 대한 전문 연구로서, 크게 덩잇글 이해 과정과 덩잇글 이외의 일반 대상에 대한 이해 과정을 논의한다. 일반 이해 과정 또한 덩잇글 이해 과정과 같은 경로를 밟는다고 가정하기 때문이다. 여기서 이해란 덩잇글(주로 설명문 종류를 대상으로 함)을 읽어 나가면서 장기기억 속에 저장하기까지의 과정을 이해라고 본다. 덩잇글 이해 과정은 여러 층위가 한꺼번에 작동하는 복합적인 과정이다. 그런데 이 과정을 킨취 교수는 연산주의 접근법으로 다루되, 일관되고 거대한 그물짜임을 만들어 나가는 방식을 제약 만족 또는 활성화 확산 접근으로 설명하고 있다. 이는 컴퓨터로 모의하고 또한 수치화할 수 있다는 가장 큰 장점이 있다. 이는 현재 기존 학계에서 공식적으로 합의할 수 있는 제시 방식과 언어를 따르기 때문이다.[22] 그렇지만 우리 머릿속에서 이해 과정이 과연 여기서 설명하는 방식 그대로 일어나는지에 대해서는 어느 누구도 장담하거나 확신할 수 없다. 스스로 반성해 보면 직관적으로 우리는 주먹구구 방식으로 이해를 진행해 나감을 알고 있기 때문이다.

덩잇글 이해 과정은 최소한 다음 그림처럼 여러 층위가 동시에 복합적으로 작용해 나가는 것으로 서술할 수 있을 것으로 본다.

관련 층위		대상	저장 장소	작용 방식
표면구조		덩잇글 속의 문장들	종이 위의 글자	언어 해석 및 명제 구성
덩잇글 기저/기반	미시 구조	미시명제와 인출구조	단기·장기 작업기억	인출 단서의 활성화 확산·그물짜임
	거시 구조	거시명제와 배경지식	장기 작업기억	높은 강도의 안정된 지식 그물짜임
상황모형		심상과 상위 인지	장기기억	심상과 상위 명제 구성

덩잇글을 읽는 경우에 시간 경로에 따라 상대적으로 위 도표에서 더 윗층위의 부서가 주도적으로 작동하다가, 매듭을 지어야 할 단계에서는 더 아랫층위의 부서가 핵심 부서로 작동한다. 이해의 귀착지가 장기기억 속에 해당 덩잇글의 정보를 기억해 두는 것이

22] 개인적으로, 과학발전의 모형을 쿤(Kuhn)의 책에서 언급한 과학 내부의 발전 사관보다는, 툴민(Toulmin, 1972), 『인간의 이해 역량: 개념의 집단적 사용과 진화 (*Human Understanding : The Collective Use and Evolution of Concepts*)』(Princeton University Press)에서 논의한 개념의 집단적 사용에서 크게 배운 바 있다. 거기에서는 지금까지 사회적 요인이 엄격한 과학 분야에서 어떻게 작동해 왔는지를 자세하게 다루고 있어서, 과학 외부 요인에 대한 중요성을 깨달을 수 있다.

라면, 이를 위해 맨 아랫층위의 작용이 주인 몫을 할 것이다. 킨취 교수는 장기기억에서 어떤 유형의 기억으로 저장되는지에 대해서 구체적인 언급이 없다. 그렇지만 개별 덩잇글을 처리하여 개별 주제를 찾아내고 거기에 맞춰 개별적인 상황모형을 만들어 낸다는 점에서, 서술기억 중에서 삽화episodic 일화기억 속에 저장될 것으로 판단되는데, 배들리(2007)에서 새로 상정한 삽화 임시저장고의 존재와 관련지어서도 더욱 깊이 논의될 수 있을 것이다.

그런데 더 위에 있는 층위일수록 공통성과 일반성이 많이 담겨 있고(소쉬르의 랑그langue 세계), 반대로 더 아래에 있는 층위일수록 개인별 특수성과 독자성이 더욱 짙게 묻어나게 된다(소쉬르의 파롤 parole 세계). 다시 말하여, 유능한 독자일수록 덩잇글로부터 얻은 정보를 바탕으로 하여 덩잇글에 채 들어 있는 않은 정보도 이용하면서 창의적으로 상황모형을 만들어 나갈 수 있는 것이다. 소략하게 말하여 더 윗층위일수록 자동적이며 무의식적 처리가 일어나지만, 상대적으로 더 아랫층위일수록 좀더 의식적이며 선택적인 처리가 뒤따른다.[23] 이 책에서는 윗층위에서부터 아랫층위로 진행되는 방식을 구성과정으로 부르고, 반대쪽으로 진행되는 방식을 통합과정이라고 부른다. 비록 개념적으로 구성 및 통합 과정이 편의상 분리될 수 있지만, 실제 적용에서는 정도의 차이만 있을 뿐이지 두 과정이 한꺼번에 연동하여 작동하므로, 그리고 서로가 서로를 전제하므로, 한 낱말로 된 '구성-통합(CI)' 과정으로 부르며, 이해에

23] 제6장에서 거시구조가 자동적으로 처리되는 경우를 다루었는데, 이 경우에는 자칫 오독이 발생할 수 있다. 곧 치우친(편의된) 이해를 하게 되는 것이다. 그러나 신중한 독자라면 자동적으로 생성될 수 있는 거시구조를 가능한 후보의 하나로 장기 작업기억 속에 올려놓고 계속 그 타당성을 검토해 나갈 것이다. 만일 새로 들어오는 덩잇글 정보와 비교하여 정합적이지 못하다는 판단을 내리면, 유능한 독자는 빨리 그런 거시구조를 지워 버리고 새로운 거시구조를 상정할 것이다. 이런 능동적 처리 방식을 앞의 각주 10에서 '억제기제 효율성 가설'이라고 불렀다.

대한 자신의 이론을 '구성-통합 모형'이라고 이름 붙이고 있다.

이 책에서 가장 중요한 공헌으로 평가받는 부분은 활성화 확산이 이뤄지는 방식이 엄격히 계산 과정에 따라 컴퓨터 모의(기계적 처리)로 구현될 수 있음을 보여 준 것이다. 이전에 몇 가지 복잡한 계산 방식이 제안되어 있었으나, 이 책에서는 잠재태 의미분석(LSA)에 의해 백터의 행렬식을 구성한 뒤에, 명제를 이루는 각 교점들 사이에 연결 강도를 미리 프로그램되어 있는 정보 수치(백과사전과 같은 정보를 행렬식으로 나타내어 값을 부여해 놓은 정보 수치)에 따라 배당받게 된다. 상대적으로 아랫층위에 있는 처리 과정도 또한 연결 강도의 수치 계산에 의해서 자동화될 수 있다.[24] 이런 처리 과정에 대한 확신이 킨취 교수로 하여금 덩잇글 이해 과정이나 다른 대상들에 대한 일반적인 이해 과정이 동일하다는 강한 믿음으로 이끌어 간 듯하다.

제10장과 제11장에서는 덩잇글에서 확립된 이해의 과정이 충분히 일반적인 이해의 모습으로 작동함을 예증해 주려고 집필되었다. 제10장에서는 수학 문제풀이 과정에서 특히 진술형 문제와 대수형 문제가 어떻게 해야 올바르게 이해되는지를 보여 준다. 이런 모형이 옳음을 입증해 주기 위하여 학습자들이 범하는 오류들에 초점을 모아 어디에서 어떻게 오류가 생겨나는지를 효과적으로 논의해 주고 있다. 자연언어로 제시된 수학 문제를 단서로 놓고서 명제들로 이뤄진 적절한 인출구조를 생성해 내고 이것과 관련된

24] 단, 인간의 이해 과정에서는 이 단계에서 선택적으로 주의를 집중하며 의식적(본문의 용어로는 통제적) 처리를 하게 된다. 이를 주먹구구 방식 또는 '유형 인식' 접근이라고 부를 수 있을 것이다. 이는 궁극적으로 인간 정신의 특성을 '자유의지'로 상정하는 입장으로 귀결된다. 그렇지만 정작 킨취 교수는 이와 같은 대조점을 제대로 부각시키지 않았다. 아니면 자동적으로 처리되는 벡터 표상의 장점에 짓눌려 일부러 피하였을 개연성도 있다.

배경지식을 제대로 가동시키지 못하면, 수학 문제를 잘 풀어낼 수 없는 것이다. 달리 말하여, 수학적 개념과 조작을 익혀야 하고, 제시된 문제 상황을 직관적으로 이해해야 하며, 수학 문제에 동원된 언어적 관례에 대한 지식을 정확히 학습해야 하는 것이다. 제11장에서는 행위·문제해결·인상형성·자기 표상·감정 등의 문제들 또한 구성-통합 모형에서 제시된 처리 방식으로 모의될 수 있음을 보여 주고 있다. 달리 말하여, 덩잇글 이해 방식이나 다른 일반적인 대상들에 대한 이해 방식이 동일하게 하나의 처리 과정임을 함의하고 있는 것이다.

개인적인 생각으로, 만일 킨취 교수의 가정과 주장이 옳다면,[25] 최소한 주의를 기울이며 선택적이고 의식적으로 처리해야 할 대상들은 '표면구조·덩잇글 기저(기반)·상황모형'의 층위들이 동시에 가동되어 마침내 장기기억 속에서 삽화 기억으로 자리잡는다고 일반화할 수 있을 것이다. 이는 앞으로의 후속 연구들이 검증하고 보완해 나가야 할 새로운 하나의 '작업가설'을 제시하고 있는 셈이다.

3.2. 이상으로 성글게 바라본 조감도를 끝내고, 이제 여러 전문가들의 서평을 개관하기로 한다. 아마 더 많은 서평이 있을 것으로 생각하지만, 여기서는 번역자가 찾아 읽을 수 있었던 다음의 서평 4편을 중심으로 언급하기고 한다. 그 내용을 간략히 개관하되, 이 책의 본문에서 언급되지 않은 중요 부분들의 언급 내용을 함께

25] 이 책의 부제에서 a paradigm(한 가지 생각 얼개)이라고 붙인 것은, 오직 유일하게 하나의 이해 과정이 있다는 강한 주장이나 입장에서 벗어나서, 겸손하게 통합된 이해 과정이 제안될 수 있다는 정도의 느낌을 준다. 뿐만 아니라, 인간 정신이 세계를 받아들이는 방식은 덩잇글을 이해하듯이 매우 의식적이고 선택적인 방식만이 있는 것이 아니라, 육감적이거나 직관적이거나 통찰적인 방식도 중요하게 작동하고 있으므로, 그런 부분들에 대한 논의를 삼갔다는 속뜻을 지닐 수도 있을 것이다.

포함시켜 두기로 한다.

(1) 애덤·버틀러(Adam, K. and B. Butler, 1999), 「인지 이해하기 : 심리학
의 통합 패러다임^{Comprehending cognition : An integrative paradigm for psychology}」,
『미국 심리학 학술지^{The American Journal of Psychology}』, vol. #112-3(pp.
489~495)

이들은 캐나다 퀸스 대학 심리학과 교수이다. 이 서평에서는 먼
저 킨취 교수의 의도를 더 큰 그림 위에서 소개하고 나서, 이 책의
핵심 부분을 '낱말 확인, 덩잇글 기저와 상황모형, 이해에서 작업
기억의 역할, 덩잇글로부터의 학습 과정, 덩잇글 이외의 일반적인
이해 과정' 등으로 요약하여 설명해 주었고, 마지막으로 간단한 평
가를 내렸다. 이 서평의 첫 부분은 다음과 같다. 킨취 교수는 정신
표상을 다섯 가지 범주의 상하 위계로 가정하는데(㉠ 절차적 지각적
표상, ㉡ 삽화적 심상, ㉢ 지향적·비언어적 심상, ㉣ 언어적 심상, ㉤ 추상적 언
어), 윗층위으로 갈수록 환경으로부터 오는 자극물에 영향을 덜 받
는다고 언급한다. 정신을 표상해 주려고 제안된 네 가지 모형(자질
체계·그물짜임·개념틀·명제) 중에서 명제 표상이 제일 융통성이 많으
므로 덩잇글 이해를 드러내기 위해 도입되었지만, 앞의 다섯 가지
범주의 위계적 관련성을 잘 드러내 주지는 못한다는 한계를 인정
한다고 보았다. 비록 명제가 이해의 실체임을 입증하는 근거가 ㉠
회상과 관련된 단서 깃든 회상 연구와 자유 회상 연구로부터, ㉡
명제 구조의 복잡성과 읽기 시간의 지연에 대한 함수로부터, ㉢
동일한 명제와 상이한 명제로부터 나온 낱말 재인 시간의 차이를
보여 주는 점화 연구로부터 제시되었지만, 정작 명제들을 모아 미
시구조를 형성해 나가는 과정이 명시적으로 다뤄지지 않았음을 지

적한다(대신 잠재태 의미론 LSA이 해결할 수 있는 과제로 미뤘음). 덩잇글에 대한 이해는 구성과 통합 과정이 동시에 작동해 나가는 과정인데, 구성은 미약하고 무잡스런 산출 규칙으로서, 만들어 낸 여러 후보들을 놓고서 여러 제약 만족 과정을 적용하여 걸러내거나 통합함으로써 정합적이고 안정된 삽화 덩잇글 기억으로 수렴되어야 한다. 마지막 결과물이 상황 모형이지만 이는 개인별 배경지식의 차이에 따라 크게 변동될 수 있는 내용이다.

(2) 건스바커·머키니(Gernsbacher, M. and V. McKinney, 1999), 「구성 영역Construction Area」, 『미국 과학자American Scientist』, vol. #87-6

이들은 미국 위스콘신-메디슨 대학 심리학과 교수이다. 이 간단한 서평에서는 킨취 교수가 이해의 모형을 덩잇글 이해뿐만 아니라, 적용 범위를 더 넓혀 행위 계획·문제 해결·결정 내리기·판단·자기 평가·인지·정서 등의 새로운 영역에로도 적용할 수 있음을 밝혀 주고, 25년 넘게 약속해 온 내용이 이 책에 집대성되어 있다고 평가하였다.

(3) 쌔도스끼(Sadoski, M., 1999), 「이해 이해하기Comprehending comprehension」, 『계간 읽기 연구Reading Research Quarterly』, vol. #34-4(pp. 493~500)

미국 텍사스 A&M 대학 교수·학습·문화 학과 교수이다. 이 서평은 길게 씌어졌고 또한 킨취와 다른 입장에 서서 서평을 쓰고 있으므로 자세히 눈여겨 볼 만하다. 과학적 탐구에서 비록 킨취 교수가 제시한 구성-통합 모형이 성공적으로 보일지라도, 서평자가 추구해 온 다른 가능성도 개방적인 자세로 검토해야 함을 제언한다. 즉, 명제를 사고 단위로 간주하는 일과 상황에 따라 매번 바뀌는 낱말 의미를 상정하는 일이 반드시 올바른 접근인 것은 아님을 강조하고 있다. 이 글은 크게 6개 절로 나뉜다.

- ㉠역사적 배경
- ㉡킨취 이론의 발전 과정
- ㉢현행 이론의 문젯거리
- ㉣기존 이론에 대한 도전
- ㉤이 이론에 대한 반응으로 야기된 더 광범위한 과학적 문제
- ㉥결론.

역사적 배경에서 특이한 지적으로, 행동주의 견해에서는 기억과 인지가 주로 언어로 이뤄지며, 감각인상[26] 따위는 부차적인 것으로

26] 여기서 특히 imagery(감각인상)는 흔히 시각적 인상·청각적 인상·촉각적 인상 등의 '상의어'로 쓰인다. '심상'이란 용어는 마음속 그림을 가리키므로 단지 시각적 인상에만 국한될 수 있어서 해제의 이 부분에서는 택하지 않았다(단 본문에서는 주로 시각적 인상을 염두에 두었으므로, '심상'으로 번역하였지만, 만일 해제에서도 일관된 용어를 쓴다면 이 맥락에서는 '광의의 심상' 정도가 옳을 듯하다). 이런 imagery는 감각자료(sense data)와 같은 뜻을 지닐 수 있고, 더 나아가 지각된 감각(재귀적 감각)을 가리키기 위하여 쓰일 수도 있다(감각자료나 감각질을 가리키는 철학자들의 용법과는 다르게 Edelman이 쓰는 qualia의 뜻임, 앞의 해제자의 각주 13을 보기 바란다). 일상 영어에서는 image와 idea가 서로 대립되는 짝이다.
　그렇지만 왜 감각이나 지각과 관련된 것들이 정신표상에서 중요한 역할을 맡고 있는 것일까? 번역자는 이를 두뇌의 운용 방식에서 찾을 수 있을 것으로 본다. 환경으로부터 주어지는 모든 자극들은 감각 수용기관을 통하여 대뇌 변연계(특히 시상 주변 부서)로 중개되어 관련된 각각의 감각 저장고로 들어간 뒤에, 다시 전전두엽에 위치한 작업기억으로 인출되어 배경지식 속에 있는 익숙한 표상 유형들과 결합되면서 올바른 인식을 만들어 나가는 것으로 알려져 있다. 이런 작용 방식에서 감각인상은 시상을 중심으로 한 대뇌 변연계 부서들과 관련된 정보들을 가리킬 수 있을 것으로 본다. 크뤽(Crick)은 2004년 타계 직전까지도 변연계에 있는 claustrum(번역자에 따라 담장, 전장, 대상핵 등으로 씀)에 거의 모든 정보가 집중되기 때문에, 바로 그곳이 우리 의식이 깃든 곳임을 입증하고자 노력했다고 한다(캔들, 2006; 전대호 뒤침, 2009 : 421).

치부하였었는데, 인지 혁명이 일어난 뒤에야 비로소 감각인상 차원과 언어 차원이 대등하게 다뤄졌다고 언급하였다. 그런데 인공지능(AI)의 등장으로 1970년대에는 명제 모습으로 된 추상적인 개념틀이[27] 정신을 표상하는 도구로 자주 이용되면서, 연구자들 사이에서 정신표상의 본질에 대한 논의를 불러 일으켰다. 1980년대에는 '감각인상·언어·명제적 상호접합부'라는 삼원 부호화 체계triple-coding system가 제안되었는데, 이런 흐름이 킨취의 축자적 언어·명제적 덩잇글 기저(기반)·상황모형으로 발전한 것으로 보았다. 그렇지만 실용적인 이유로 모든 층위를 명제로 표상해 놓는데, 컴퓨터로 모의하고 예증해 줄 수 있는 장점 때문이다(약한 입장의 연산주의이며, 킨취 책의 §.3.3에서 '차선책'이라고 하였음). 서평자는 바로 이런 조치가 여러 측면에서 쟁점이 될 수 있음을 지적하고(또한 해제자의 각주 11에서 뉴런의 작용방식에 근거한 반-연산주의 또는 반-논리주의 입장도 같이 보기 바람), 또한 명제 중심 처리에 반대하면서 자연언어를 그대로 이용할 수 있는 여러 증거들을 댄다.

서평자는 감각인상(특히 시각적 인상)과 자연언어가 정신표상의 두 가지 실체이원 부호화 모형 dual-coding model라고 본다.[28] 자연언어가 그 자체

27] schema(개인별 개념틀)는 원래 칸트가 선험적 범주와 외부세계의 감각자극을 매개해 주기 위해 썼던 개념이다. §.2-2의 각주 12와 §.2-8의 각주 65를 보기 바란다. schema에 대한 일본인들의 번역은 '도식'이다. 그림(圖)과 공식(式)을 합쳐 놓은 말이다. 그렇지만 이 용어는 대체로 동사와 명사(프레게 용어로는 함수와 논항)로 이뤄지는 명제 형식의 schema를 가리킬 수 없다(비록 그러하더라도 본문 번역에서는 관용적이라는 문선모 교수의 판단을 존중하여 도식으로 썼다). 이 해제에서는 '개념틀'로 번역해 둔다. 인공지능 연구자들에 의해서는 특히 schema를 일련의 홈(변수)을 지닌 명제 형식의 정신표상으로 써 왔으며, 홈이 채워지지 않을 때에는 초기값(default)이 그대로 적용된다. 개념틀에 의존한 처리는 융통성이 없으므로 구성-통합 모형에서는 채택되지 않는다. 대신 통합해 나가는 과정에서 여러 가능한 후보들을 선택적으로 줄여가는 제약 만족 과정이 중요한 역할을 맡게 된다.

28] 감각 인상과 자연언어의 처리 부서들은 주로 대뇌 피질(신생뇌)에 자리잡고 있는데, 이들은 다시 대뇌 변연계(포유류의 뇌)에 자리잡은 감정이나 정서와 관련된

로 기억되며, 반드시 자연언어를 추상적인 명제로 바꿀 필요가 없다고 본다. 이어서 킨취는 자연언어 자료가 어떻게 명제로 번역되는지 명시적으로 설명되지도 않았고, 또한 어떻게 단위 명제로부터 복합 명제들로 추상적으로 엮이어 나가는지에 대해서도 밝혀놓지 않았음을 지적하였다. 인공지능에서 다뤘던 schema개념틀가 융통성이 없어서 수용하지 않았다면서도, propositional schema명제 개념틀을 상정하는 일은 자가당착이라고 평가하였다.[29]

또 다른 쟁점은 머릿속 어휘집이 고정된 모습이 아니라, 각 상황마다 지식 그물의 활성화에 의해 새롭게 의미가 구성된다는 킨취의 주장이다. 따라서 어휘 접속이란 것 자체가 존재하지 않고, 대신 지식 그물 활성화만이 필요할 뿐이다. 그렇지만 이런 입장은 극단적인 구성주의 내지 상대주의로 몰고 갈 우려가 있다고 지적한다. 번역자는 서평자가 킨취의 주장을 더 확장하여 해석한 것으로 본다. 축자 의미와 비유 의미를 논의하는 자리에서, 재래의 처리 방식은 축자 의미를 먼저 적용하고, 해석이 이뤄지지 않으면 비유 의미를 적용한다는 생각이었다. 그렇지만 킨취는 그런 선후 적용은 잘못이고, 대신에 가능한 의미들이 모두 한꺼번에 인출되어

부서와 연관되어 작동한 뒤에라야 최종 판단이나 결정이 이뤄진다. 이런 주장은 더마지우(Damasio)의 3부작에서 읽을 수 있는데, 이성의 상위 교점이 곧 감성이라고 요약된다. 쎄도스끼는 ⑪에서 이 점을 언급하면서도, 여기서는 이원 부호화 표상을 주장한다. 보다 더 정합적인 주장이 되려면, 감정이나 정서까지 다루는 삼원 부호화 표상이 되어야 할 것이다.

29] 번역자는 서평자의 이런 주장에 동의하지 않는다. 자연언어를 다루는 사람들은 자연언어를 반드시 분석해야 하는데, 불가피하게 이 과정에서 추상적인 내용이 동원되어야만 하기 때문이다. 현대 언어학을 열어 놓은 소쉬르의 계열체·통합체 자체도 언어의 '내적 분석'을 통해 이뤄지는 것이며, 더군다나 자연언어 그 자체가 형식과 내용의 결합체이므로 내용은 추상성을 띨 수밖에 없는 것이다. 이를 인정한다면 명제 접근법과 언어학의 추구 방향이 반대의 노선에 있는 것이 아님을 알게 된다. 다만 정작 문제 삼아야 할 것은 얼마만큼(어느 정도)의 추상성을, 어떤 방향으로 허용해야 하느냐에 있는 것이다.

작업기억에 대기하고 있다가 더욱 정합적인 거시구조를 만들어 주는 제약 만족 이론에 의해서 알맞은 의미가 선택된다고 보았을 뿐이다. 번역자는 사전에서 낱말이 정의될 수 있다는 사실 자체가, 아무리 한 낱말의 변동 폭이 넓더라도 자의적으로 이뤄지는 것이 아니라, 일정한 범위 속에 제한될 수 있음을 함의해 준다고 본다.

마지막으로 서평자는 킨취 교수의 환원주의적 태도(인간의 이해를 컴퓨터로 모의하는 일)를 문제 삼는다. 또한 정서와 동기도 이해에 중요한 몫을 맡고 있지만, 아직 컴퓨터로는 모의할 수 없다. 감정이 북받치는 낭만 소설을 읽더라도 결코 컴퓨터는 한 방울의 눈물도 짜지 않는 것이다. 이 점을 고려하면서, 킨취의 모형이 앞으로 이런 영역까지 포괄해야 것이라고 조언한다.

(4) 그뢰이써·위튼(Graesser, A. and S. Whitten, 2000), 「서평Book review」, 『화용론 학술지Journal of Pragmatics』, vol. #32(pp. 1247~1252)

이들은 미국 멤피스 대학 심리학과 교수와 대학원생이다. 이 글은 절로 따로 구분함 없이 씌어졌는데, 이 책이 다루는 분야를 '담화 심리학'으로 부르며, 특히 구성 과정 및 통합 과정을 자신들의 언어로 자세히 다룬다.

먼저 구성 과정에서 이들은 단기 작업기억에서 처리되는 교점이 5~10개 교점이지만, 장기기억을 활성화하여 생겨나는 교점은 50~100개 교점이라고 언급하였다. 구성 과정을 설명하면서 이 책에서 상정한 세 개의 단계 외에 다시 한 단계를 더 상정하였다. 첫째, 표면구조 부호화 단계인데, 의미에 대한 중요한 결과를 지니지 않는 것들은 금세 망각된다. 둘째, 표면구조가 변형된 모습의 명제적 덩잇글 기저(기반)를 구성하는 단계인데, 원자 명제와 복합 명제로 이뤄진다. 셋째, 덩잇글이 가리키는 내용에 해당하는 상황모형이 구성되는데, 무대와 시간적 전개 구성체를 포함하게 된다. 이때 추론이 진행되는데, 아직 상황모형이 구성되는 동안에 일어나는지 덩잇글 기저(기반)를 구성하는 동안에 일어나는지에 대하여 논쟁이 진행되고 있다고 하였다. 넷째, 킨취 모형에서 다루지 못한 추가 층위가 있는데, 클락(1996; 김지홍 뒤침, 2009) 등에서 언급한 화용 층위이며, 이것들을 포함하여 킨취 모형이 더 확장되어야 한다고 제안한다. 곧, 집필자의 목표와 태도·집필자가 예상한 독자층의 속성·집필자가 의도한 의미·집필자와 독자 사이에 있는 공통기반의 명세내용·담화 참여자의 다중 관점 등이다.

통합 과정은 복합적이고 역동적인 교점 활성화 유형을 담고 있는데, 결과적으로 일관되고 정합적인 의미로 수렴된다. 서평자들은 킨취의 모형이 지금까지 제안된 다른 모형들보다도 더 쉽게 통합 과정을 이끌어 나가는 교점들 사이의 연결 강도를 예측해 준다고 상찬한다. 구성 과정에서 N개의 교점이 산출된다면, 교점 강도 공간weight space에는 N×(N-1)개의 강도가 존재한다. 각 강도는 이웃한 교점을 활성화하거나(긍정적 강도) 억제하거나(부정적 강도), 아니면 무관한 관계이다. 일단 강도의 행렬식이 수립되면, 그물짜임을 통하여 활성화가 확장되어 나간다. 활성화 강도는 시간과의 함수이다. 어떤 교점들은 시간 경과에 따라 더욱 높이 활성화되지만, 다른 교점들은 반대로 점차 사그라질 수 있는 것이다.

3.3. 마지막으로 국어교육 또는 언어교육과 관련하여 개인적으로 생각하는 구성-통합 모형이 지닌 의의를 간단히 세 가지 정도 적어 두기로 한다. 특히 이 책의 제9장에서는 덩잇글 학습과 관련하여 킨취 교수가 평시에 생각하는 내용들을 언급하고 있어서 도

움이 크다. 교육을 염두에 두고 있다는 점에서 분명 킨취 교수는 실학자(또는 미국 실용주의자)이다.

첫째, 구성-통합 모형이 제시하는 큰 그림은 언어교육을 하는 데에 어떤 단계로 어떻게 진행해 나가야 할지를 확실히 보여 준다. 구성-통합에 간여된 하위 세 단계가 좀더 간단한 형태에서 더욱 복잡한 형태로 등급을 정할 수 있다. 즉, 언어 외적 정보를 많이 동원해야 하는 입력물들이 고급 학습자들에게 제공되어야 하는 것이다.

둘째, 읽기 교육에서 오류의 진단과 처방에 매우 효과적인 얼개를 제공해 준다. 수준이 다른 학습자들이 어디에서 처리가 왜곡되는지를 단계별로 하나하나 검사하고, 그 진단에 따라 알맞은 처방전을 써 줄 수 있는 것이다.[30] 거꾸로 말하여, 언어교육에서 평가지나 시험 문제를 구성할 때에 평가지에 담아 놓은 등급을 명시적으로 붙들어 둘 수 있다.

셋째, 덩잇글 이해의 과정이 일반적 이해의 과정을 보여 준다면, 범교과적인 교육을 실천할 수 있다. 다만 언어교육에서는 첫 출발점이 표면 언어에서 명제를 구성하여 인출구조를 만들어 가는 일이 되겠지만, 다른 교과목에서는 전형적인 인출구조를 먼저 학습시켜 나가는 것이 바람직할 수 있다. 임의의 교과목은 특정한 지식체계를 전제로 하고 있기 때문이다.

덩잇글 이해 과정과 관련하여 지난 수십 년 동안 많은 발전을

30] 우리나라에서 킨취의 모형을 처음 적용한 박사논문은 문선모(1985)이며, 문선모(1997), 『교재 학습 연구』(학지사)에 들어 있다. 또한 필자의 지도로 경상대학 박사논문 서종훈(2009)의 「학습자의 문단 인식 양상 연구」, 허선익(2010)의 「논설문의 요약글 산출 과정에 관련된 변인 분석」, 오정환(2010)의 「덩잇글 이해에서 학습자의 상황모형 구성 사례들에 대한 분석」이 나왔다. 모두 킨취의 생각에 근거하고 힘을 얻고 있다. 앞으로도 많은 수의 박사학위 논문이 줄줄이 나올 것으로 생각한다.

이룩해 왔고(언어교육에서 읽기 연구가 양이나 질에서 압도적임), 그런 발전의 한 축을 이 책이 담고 있는 구성-통합 모형이 이바지해 왔다. 그렇지만 입말을 대상으로 하여서는 학계에서 이 책에서 밝혀낸 정도의 명확한 지도를 아직 합의하여 그려내는 단계에까지 이르지 못하고 있다.[31] 아마 이는 입말을 매개로 하여 우리들 인간이 수행하는 일이 엄청나게 많고 다양하기 때문일 것이다. 언어를 다루는 연구자들은 입말과 글말 사이에 차이점들을 오래 전에서부터 강조해 왔다.[32] 입말이 사용되는 전형적인 상황이 참여자들이 서로 얼굴을 마주 보고 있는 대화이기 때문에, 서로 사이에서 가늠하는 공통기반과 정보간격이 상대방의 반응을 점검하면서 수시로 알맞게 고쳐지거나 조정될 수 있다. 글말에서는 일단 이런 가능성이 차단되어 있으므로, 예상 독자층을 가늠하여 상황에 대한 정보까지 언

---

[31] 특히 사회학 계열의 하위분야(작은 사회학, 상호작용 사회학, 소집단 연구방법론, 사회행위 발생학, 담화 심리학, 대화 분석학, 비판적 담화분석 등)에서 입말 자료를 분석하면서 꾸준히 연구되어 왔다. 이들은 언어 그 자체를 철저히 사회를 조직해 주는 도구로 간주한다. 따라서 논의의 핵심이 주로 입말 포장지 속에 들어 있는 특정한 사회적(social) 가치 내지 사회 구조적(societal) 가치를 다루게 된다. 이와는 달리, 언어들의 전개 과정에 초점을 모은 연구를 보려면 킨취 교수가 인용하는 건스바커·기본(Gernsbacher and Givón, 1995), 『자발적인 텍스트에 들어 있는 의미 연결(*Coherence in Spontaneous Text*)』(John Benjamins)를 참고하기 바란다. 보다 일반적인 논의는 일상언어 철학자인 그롸이스(Grice, 1989), 『화용 원리 연구(*Studies in the Way of Words*)』(Harvard University Press)와 심리학자인 클락(Clark, 1996; 김지홍 뒤침, 2009), 『언어사용 밑바닥에 깔린 원리』(도서출판 경진)를 보기 바라고, 언어교육 쪽에서 전산처리로 구축된 말뭉치(corpora)를 놓고 언어 표현들의 전개되는 방식과 기능을 보려면 머카씨(McCarthy, 1998; 김지홍 뒤침, 2010), 『입말, 그리고 담화 중심의 언어교육』(도서출판 경진)을 보기 바란다. 최근에 나온 포터(Potter, 2007) 엮음, 『담화와 심리(*Discourse and Psychology*)』(3권 총서, Sage)에는 60편의 논문이 모아져 있어 참고가 된다.

[32] 입말과 글말의 차이에 대해서는 특히 호로위츠·쌔무얼즈(Horowitz and Samuels, 1987) 엮음의 『입말과 글말을 이해하기(*Comprehending Oral and Written Language*)』(Academic Press)와 바이버(Biber, 1988)의 『입말과 글말에 걸친 변이내용(*Variations Across Speech and Writing*)』(Cambridge University Press)과 췌이프(Chafe, 1994; 김병원·성기철 뒤침, 2006)의 『담화와 의식과 시간: 언어 의식론』(한국문화사)을 읽어 보기 바란다.

어로 표현해 놓아야 하는 것이다. 그렇더라도 이런 차이가 불과 변이체[variations] 모습에 지나지 않는다면, 그리고 언어 이해의 과정이 동일한 경로로 진행된다면, 우리는 구성-통합 모형에서 입말 사용을 모의하고 응용할 수 있는 힘을 찾아낼 수 있을 것이다.

제6장 언어 산출

: 르펠트(1989), 『말하기 : 그 의도에서 조음까지』*

여기서는 제1절에서 원저자와 번역 대상 과제를 소개하고, 제2절에서 책의 내용을 간략히 소개 겸 해제를 하며, 제3절에서 각 장의 요약을 하고, 제4절에서 번역자의 생각을 몇 가지만 덧붙이기로 한다.

1.

이 책의 저자 르펠트^{Willem J. M. Levelt, 1938~} 는1] 네덜란드 사람으로, 언어 산출 분야의 연구에서 탁월한 학자이다. 1980년 막스 플랭크

---

* Willem J. M. Levelt(1989), *Speaking : From Intention to Articulation*, MIT Press, p. 566+ⅹⅷ. 이 책은 학술연구재단(옛날 학술진흥재단) 명저번역으로 김지홍(2008) 뒤침, 『말하기 : 그 의도에서 조음까지』(1·2, 나남)로 나와 있다.

1] 더 자세한 내용은 저자의 누리집을 참고하기 바란다(http://www.mpi.nl/Members/ PimLevelt). 번역자와 전자 서신을 주고받을 때에는 'Pim Levelt'라고 불렸는데, 아마 Willem의 화란어 애칭인 듯하다.

언어심리학연구소Max Planck Institut for Psycholinguistics 창설 이래, 25년간 소장직에 있으면서 여러 가지 중요한 연구들을 주도해 왔다. 2006년 퇴임한 뒤 같은 연구소의 명예 소장으로 있다.

저자의 주요 경력은 다음과 같다. 네덜란드 라이든 대학교Leiden University에서 심리학을 전공하고, 1965년 "두 눈의 경합On binocular rivalry"으로 박사학위를 받은 뒤, 박사후 연구생으로 미국의 유수연구소에서 연구하였다. 1966년에 하버드 대학교 '인지 연구 센터'에서 밀러George Miller와 브루너Jerome Bruner의 지도를 받고, 1967년에 미국 일리노이 대학교 '비교 언어심리학 센터'에서 오스굳Charles Osgood의 지도를 받았다.

1967년부터 1970년까지 네덜란드 그로우닝언Groningen 대학 심리학과 부교수와 정교수를 역임하고, 1971년에 네덜란드 네이메이건Nijmegen 대학 심리학과 정교수로 자리를 옮겼다. 1976년과 1979년 사이에 막스 플랭크 협회 언어심리학 연구 모임Project Group for Psycholinguistics of the Max Planck Society을 이끌었고, 1980년에 막스 플랭크 언어심리학연구소Max Planck Institute for Psycholinguistics를2] 창설하여 소장직에 취임하였다. 또한 같은 해부터 막스 플랭크 협회 언어심리학 분과 의장직을 맡아 왔다. 2000년부터 2005년까지 네덜란드 왕립 예술 및 과학 학술원 의장President of the Royal Netherlands Academy of Arts and Sciences을 지내었다.

저자는 올해까지 11권의 전문서를 출간하고 230편이 넘는 논문들을 발표하였다. 그의 누리집에서3] 130편 이상의 논문을 'pdf' 파일로 내려 받을 수 있다. 언어심리학에 관련된 일부 주요 책자는

2] '막스 플랭크 과학진흥 협회(Max-Planck-Gesellschaft)'는 독일을 중심으로 하여 여러 곳에 흩어져 있는 78개 연구소들이 네트워크를 이룬 협회다(http://www.mpg.de). 이 협회의 산하 연구소들은 '막스 플랭크 연구소'라는 명칭을 쓴다. '막스 플랭크 언어심리학연구소'의 누리집은 다음과 같다. http://www.mpi.nl

3] http://www.mpi.nl/Members/PimLevelt/Publications

다음과 같다.

Levelt(1974), 『언어학과 언어심리학에서 형식 문법Formal grammars in linguistics and psycholinguistics』(The Hague : Mouton) 총2권

Levelt and Flores d' Arcais(1978) 편, 『언어 지각의 연구Studies in the perception of language』(New York : Wiley)

Levelt, Mills, & Karmiloff-Smith(1981), 『유럽 과학 재단 국가들에서 어린이 언어 연구Child language research in ESF Countries』(Strasbough : European Science Foundation)

Levelt(1993) 편, 『발화 산출에서 어휘 접속Lexical access in speech production』(Cambridge : Blackwell)

1989년 MIT 출판부에서 나온 이 번역 책자『말하기 : 그 의도에서 조음까지Speaking : From Intention to Articulation』는 언어 산출 분야에서 처음 시도된 종합 연구서이다. 분량 또한 500쪽이 넘는다. 이 책의 출간되자마자 언어 산출과 관련된 여러 분야로부터 많은 서평들이 나왔다. 현재 언어 산출과 관련하여 가장 중요한 문헌의 하나로 간주되고 있다. 르펠트의 모형을 검토하는 후속 연구들도 계속 출간되고 있는데, 특히 Härtl and Tappe(2003) 편, 『개념과 문법 사이의 매개Mediating Between Concepts and Grammar』(Berlin : Mouton de Gruyter)와 Pechman and Habel(2004) 편, 『언어 산출에 대한 학제 연구Multidisciplinary Approaches to Language Production』(Berlin : Mouton de Gruyter)가 주목된다.

2.

언어는 인간을 우주 속에서 가장 독보적인 존재로 만들어 주는 가장 독특한 특성 중 하나이다. 언어는 인류 진화의 역사 속에서 현생 인류인 크로마뇽인에 의해 중기 구석기 시대에서부터 발현된 것으로 추정되고 있다. 어떤 독특한 언어 기관이 생겨나고, 복합적인 여러 인지 기관들의 긴밀한 뒷받침을 받아 '언어사용'이 이뤄지는 것이다. 이처럼 중요한 언어의 연구는, 문명의 시작과 더불어 언어에 대한 자각들이 부분적으로 있었으나, 19세기에 들어와서야 본격적으로 시작된다. 언어를 산출하고 이해하는 심리과정에 대한 연구는, 언어학에서 혁명으로 불리는 시기인 1950년대 이후 현재의 모습을 갖추게 된다.[4] 언어와 관련된 분야는 현대에 들어서야 시작된 매우 젊은 학문이다. 그렇지만 현대 기술 문명의 도움을 받아 어느 분야 못지않게 심층적인 연구가 이뤄지고 있다.

언어를 다룰 때에는 반드시 포괄적으로 우리 인간의 정신이나 인지를 다루는 방식이 전제된다. 가장 중요한 시작점은 튜링Turing,

---

4] 우리말로 읽을 수 있는 압권은 이정모·이재호(1998) 편, 『인지심리학의 제문제』 II(학지사)와 조명한 외 11인(2003), 『언어심리학』(학지사)이다. 특히 앞 책의 제1부에서 언어심리학의 연구사에 대하여, 그리고 뒤 책의 제13장에서 진화론 관점에 대하여 큰 지도를 그릴 수 있다. 최근 언어 진화와 관련된 논쟁이 있었다. 하우저·참스끼·피취(Hauser, Chomsky, and Fitch, 2002), 「언어 능력 : 그것이 무엇이며, 누가 지녔고 어떻게 진화하였을까?(The Faculty of Language : What Is It, Who Has It, and How did It Evolve?)」, 『Science』(298호)에서는 '협의의 언어 능력(FLN)'을 반복함수(recursion 회귀 함수)로 보고, 이것만이 유일하게 인간 특유의 속성이며, 생물학적 기반으로 갖고 있다고 하였다. 여타 능력인 '광의의 언어 능력(FLB)'은 다른 생물과 인간이 공유하고 있는 능력이라고 주장하였다. 이런 주장에 맞서 제킨도프·핑커(Jackendoff and Pinker, 2005), 「언어 능력의 본질과 언어 진화에 대한 함의(The nature of the language faculty and its implications for evolution of language)」, 『Cognition』(97권 2호)에서는 인간 특유의 속성을 '협의의 언어 능력'에만 국한시킬 수 없음을 논박하고 있으며, 반복 함수로 설명할 수 없는 언어 현상들을 거론한다.

^{1912~1954}의 보편 지능에 대한 논의이다.[5] 그는 임의의 개체가 적어도 10^9이라는 뇌세포 임계량을 넘어서야, '입출력·저장·중앙 연산' 처리 장치를 갖추게 되고, 비로소 지능이 발현된다고 보았다. 임의의 정신 또는 인지가 거대한 '입출력' 연산 과정으로 모의될 수 있음이 밝혀지자, 인간 정신을 다루는 가정들이 제안되기 시작하였다. 먼저 인간의 정신 또는 인지의 작동 단위가 명제인지(Fodor, 1975, 『사고언어^{The Language of Thought}』, Harvard University Press), 명제와 심상인지(Kintsch, 1974, 『기억에서의 의미 표상^{The Representation of Meaning in Memory}』, Lawrence Erlbaum), 명제와 심상과 또 다른 상위 처리 단위인지(Johnson-Laird, 1983, 『정신 모형^{Mental Models}』, Harvard University Press)에 대하여 여러 가정이 제시되었다. 또한 이런 단위들이 엄격히 독자적인 여러 단원체로 이뤄져 연산되는지(Fodor, 1983, 『정신의 단원체 속성^{The Modularity of Mind}』, MIT Press), 또는 동시에 여러 부서들이 연결되어 처리되는지(Rumelhart, McLlelland and the PDP Research Group, 1986, 『병렬 분산 처리^{Parallel Distributed Processing}』, MIT Press, 2 volume set), 아니면 두 방식이 서로 혼합되거나 통합되어 있는지(Marcus, 2001, 『대수적 정신 모형^{The Algebraic Mind}』, MIT Press)에 대해서도 논의되었다.

언어심리학 연구가 깊이 있게 진척되지 않았던 시기에는 언어 산출과 이해의 과정이 비슷하거나 동일할 것으로 짐작되었다. 막연히 언어 산출의 과정을 거꾸로 진행시키면, 언어 이해의 과정이 되며, 언어 이해의 과정을 거꾸로 진행시키면 언어 산출 과정이 되는 것으로 보았다. 그렇지만 두 과정이 기본적으로 단원체 가정을 따라 진행된다는 점만 제외하고서는, 서로 다른 경로를 따라 일어

5] Turing(1950), 「계산 기계와 지능(Computing Machinery and Intelligence)」, 『정신 (Mind)』(제56-239호). 번역자의 누리집에 우리말 번역을 올려 두었다(http://nongae. gsnu.ac.kr/~jhongkim).

남을 알게 되었다.

산출은 '의사소통 의도'를 지니고서 복합 개념들이나 어떤 메시지를 마련하는 일이 첫 단계가 된다. 이 메시지가 언어 형식을 갖추기 위해서는 반드시 머릿속 어휘부에 있는 통사·의미 정보값lemma(이하 '통사·의미값'으로 줄이며, 뒤에 음운값과 결합하게 됨)'을 매개로 하여 낱말과 통사를 인출하고, 관련된 곡용과 활용어미들을 붙여 넣어서 '표면 구조'를 산출한다. 이 표면 구조는 음성으로 실현되기 위해 형태-음운 및 음성 부서로 들어가거나, 여기서 음절과 운율과 억양 등이 모두 갖춰지게 된다. 이는 내적 발화 형태가 되며, 필요에 따라 화자에 의해서 스스로 점검될 수 있다. 이것이 조음기관을 거쳐 실제 발음되어 나오는데, 이런 외현 발화도 맨 먼저 화자 자신에 의해 점검이 이뤄진다. 여기서 이들 단원체를 이어 주는 중추적 매개체는 메시지와 언어 형식을 연결시켜 주는 머릿속 어휘부의 통사·의미값lemma이다. 이들 과정을 뒷받침해 주기 위해 필요한 작업기억은 다만 통사와 음운 처리과정에 관련된 '임시 저장고'들이다. 이는 일종의 단기 기억으로서 배들리(Baddeley, 1986, 『작업기억Working Memory』, Clarendon)의 작업기억 모형이 더 수정되거나 확장될 필요가 없다.

그렇지만 특히 글말을 중심으로 밝혀진 언어 이해의 과정은, 킨취의 '구성-통합(CI)' 모형에 따르면,6] 크게 덩잇글의 표면 구조로부터 시작하여 미시명제와 거시명제를 만들어 내면서 텍스트 기반 형성한다. 텍스트 기반을 장기기억 속에 보관하여 위하여 상황 모형을 만들어 내는 과정이 이어진다. 이런 단계들을 매개해 주는

6] 킨취(1998), 『이해 : 인지 패러다임(*Comprehension : A Paradigm for Cognition*)』 (Cambridge University Press). 번역자 누리집 http://nongae.gsnu.ac.kr/~jhongkim 에 전체 번역을 올려놓았고, 나남에서 출간중이다.

중추 요소는 이해 주체의 배경지식 속에 들어 있는 '거시명제' 후보들이다. 이런 측면에서 이해는 구성보다 통합 과정에 무게가 더 실려 있다(짐작의 정교화 과정으로 말할 수 있음). 이 과정을 유기적으로 진행시키기 위해서는 반드시 장기기억의 일부를 빌려 작업기억으로 이용해야 한다. 이를 '장기 작업기억(LTWM)'이라고 부르며, 배들리의 작업기억 모형과는 관련되지 않는다. 이해의 과정의 마지막 단계는 심상으로 된 상황 모형이다. 그렇지만 상황 모형이 산출의 첫 단계인 복합 개념들이나 메시지 형성 단계와 동일하지도 않고 관련도 없다. 결국 언어 산출과 언어 이해의 과정은 비록 일부 겹치는 영역(어휘부와 명제 형성 등)이 있겠지만, 서로 고유한 경로로 이뤄지는 것으로 보는 것이 온당하다.

언어 산출에 대한 '강한' 단원체 이론은 우리가 경험하는 언어 산출 내용을 왜곡해 버린다. 언어 산출에서는 한 부서에서 정보 처리가 완전히 다 끝난 다음에, 다른 부서로 정보를 전달하는 것이 아니다. 산출 단위들은 자립할 수 있는 제일 작은 도막들로 계속 이어진다. 이를 '점증적 산출 과정'(또는 분트^{Wundt}의 원리)이라고 부른다. 이 도막들에 대한 점검 과정을 통하여, 수시로 산출 결과가 다시 수정될 수 있다고 본다. 이런 가정을 통하여 언어 산출 과정은, 융통성을 많이 확보하게 된다. 이는 다음과 같은 [그림 13]으로 제시될 수 있다(Levelt, 1999 : 87).

이 그림은 이 책자에서 제시된 [그림 1-1]을 약간 수정한 것이다. 이전의 그림은 세 가지 부서가 일직선으로 이어져 있었다.

'개념 형성기 → 언어 형식 주조기 → 조음기관'

그러나 여기서는 두 개의 부서만을 상정해 놓았다. 곧,

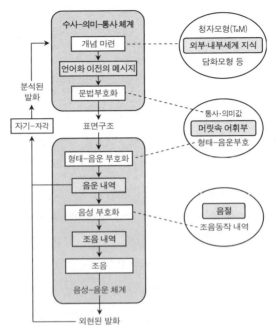

[그림 13] 언어 산출 체계의 청사진(Levelt, 1999)

'수사학적·의미론적·통사론적 체계' → '음운·음성 체계'

로 더 단순화되었다. 이렇게 단순화된 모형은 언어 기호가 '내용'
과 '형식'으로 이뤄져 있다는 직관에도 잘 부합된다. 이런 단계들
의 설정은 발화에서 찾아지는 오류 또는 말실수들에 대한 자료를
통하여 심리학적 실재임을 논증된다.

　[그림 13]의 맨 처음 나온 단원체는 '개념 마련' 부서이다. 의사소
통을 하기 위하여 화자는 지금까지의 직접 간접 경험을 받아들여
장기기억에 배경지식으로 저장해 둔 세계 지식을 활용한다. 의사
소통은 반드시 상대방이 전제되므로, 의사소통을 하기 위해서는
청자에 대한 모형을 수립해야 한다.[기] 담화 모형 등이 포괄적으로

이런 내용을 가리킬 수 있다. 의사소통이 모두 언어 표현으로만 이뤄지는 것이 아니지만, 전형적으로 언어 표현으로 될 수 있다는 점에서, 언어화 이전의 메시지들을 명제의 표상으로 나타낼 수 있다. 명제는 프레게^{Frege, 1848~1925}의 양화 표현을 갖는 술어논리에 따라 '논항-함수'의 구조로 표상되며, 논항마다 관련된 의미 역할이 배당된다. 이런 언어화 이전의 메시지는 언어로 표현되기 위하여, 먼저 서술 관점이 정해지고 서법이 정해져야 하며, 여기에 따라 머릿속 어휘부에 있는 통사·의미값^{lemma}을 인출해야 한다. 이는 대체로 점증적으로 처리되며, '왼쪽으로부터 오른쪽으로' 진행되어 나간다. 이 처리 절차가 끝나면 '표면 구조'가 생성되어 나온다. 여기까지가 '수사학적·의미론적·통사론적 체계'의 임무이다.

하나의 통사·의미값^{lemma}은 선택되는 즉시 그 형태 부호가 활성화된다. 따라서 화자는 그 항목의 형태와 음운 구성에 접속하게 된다. 이는 음운 낱말을 수립하는 기본 재료가 된다. 특히 통사적 맥락에서 한 낱말의 음절들을 산출하는 데 이용되는 것이다. 이런 점을 반영해 주기 위하여 위 그림에서 통사·의미값^{lemma}은 두 가닥의 점선이 그려져 있다. 위쪽 점선은 문법 부호화에 관여하며, 낱말들을 모아 문장으로 만들어 준다. 아래쪽 점선은 낱말의 형태와 음운 구성을 만들어 주는 정보를 제공해 주는 것이다. 음운 부호화에서는 그 발화의 '음운 내역'이 점증적으로 세워져 나간다. 음절화된 낱말과 구 및 억양 유형이 만들어지는 것이다.

음운 내역에 있는 음절들은 각각 조음 동작을 촉발시켜야 한다. 음성 부호화는 발화의 조음 내역에 대한 점증적 산출 과정이다. 이 단계는 이어서 바로 조음 실행 단계로 들어간다. 이는 후두와

---

7) 그림에서 'ToM'은 Premack and Woodruff(1978)의 용어인 '정신의 이론(Theory of Mind)'을 가리킴.

후두 상위 기관 등에 의해서 외현된 말소리를 산출해 내는 것이다. 이것이 음운·음성 체계에서 일어나는 일들이다.

그런데 우리는 말을 할 때에 우리 자신의 외현 발화는 물론, 내적 발화도 점검을 하게 된다. 위 표에서는 맨 왼쪽에 스스로 지각하는 부서가 나와 있다. 음운·음성 체계의 산출물인 외현 발화를 점검할 수도 있고, 그 속에 들어 있는 '음운 내역'(이를 '내적 발화'로 부름)을 스스로 점검할 수도 있는 것이다. 이런 점검과 분석의 결과, 만일 말실수나 오류가 있을 경우에 고치기가 일어난다. 고친 다음에는 다시 그림의 화살표가 보여 주듯이 첫 부서로 재입력되는 것이다.

3.

이 책은 모두 12장으로 구성되어 있다.[8] 제1장과 제2장은 개관에 해당된다. 제1장에서는 산출 모형에 대한 기본얼개를 제시하고, 자동적 처리 과정과 화자 점검 처리 과정이 구분되었다. 대체로 문법 부호화·형태음운 부호화·조음의 과정은 반사작용과 같이 신속히 일어나며, 우리가 주의를 기울이거나 의식할 수 없다. 그렇지만 메시지를 마련하는 단계와 '내적 발화'로 불리는 음성 계획에는 화자가 주의를 기울일 수 있고, 잘못이 있을 경우에 곧 고쳐질 수 있다.

8] 이 책의 중요성을 반영해 주듯이, 이 책에 대한 서평이 여러 사람에 의해 이뤄졌다. 맨 뒤에 있는 참고 문헌에 일부 서평의 출처를 밝혀 놓았다. 그 내용들을 일일이 거론할 수 없지만, 그 중에서도 Merrill F. Garrett(1990)의 서평이 가장 자세하고 또한 가장 중요하며 권위가 있음을 밝혀 둔다.

제2장에서는 말하기의 전형적인 모습인 대화를 소개하고 있다. 화자와 청자는 그롸이스Grice의 네 가지 대화 규범에 따라 서로 긴밀히 협동하게 된다. 화자는 자신의 의도를 청자가 알아차릴 수 있도록 배려해 주며, 청자 또한 거기에 맞춰 특정한 반응을 보여주게 된다. 이들 언어 표현 행위들은 주장이나 명령이나 언약이나 감정 표출 또는 선언 등의 범주로 나눌 수 있다.

"기차가 오고 있다."

는 표현은 그 표현이 쓰이는 상황에 따라 서로 다른 속뜻이 담긴다. 그 표현이 경고일 수도 있고, 정보를 알려주는 것일 수도 있으며, 진위에 대한 명제일 수도 있다.

제3장에서부터는 화자가 언어로 표현되기 이전의 복합개념들로부터 시작하여, 언어 표현을 만들어 내고, 목소리로 소리를 내며, 그 산출물을 스스로 점검하는 과정을 다루고 있다. 제3장과 제4장에서는 개념 형성기를 다룬다. 제5장에서부터 제10장까지는 머릿속 어휘부와 언어형식 주조기를 다룬다. 제11장에서는 조음기관을 다루며, 마지막 제12장에서는 스스로 점검하고 스스로 고쳐나가는 일을 다룬다.

제3장에서는 언어로 되기 이전의 메시지를 다룬다. 언어화 이전의 메시지는 명제 표상으로부터만 이뤄지는 것이 아니라, 또한 공간적 형태나 근육 감각적 형태나 다른 형태를 띨 수도 있다. 그렇지만 발화 산출 체계가 작동할 수 있기 위해서는 이들이 명제 형태로 바뀌어야 한다. 인지 개념은 한 무리의 개체들 사이에서 동시에 여러 관계를 담을 수 있다. 즉, 동일한 사건이 능통태의 문장으로 될 수도 있고, 또한 수동태의 문장으로도 될 수 있는 것이다.

개념 형성기는 어떤 개념에 대한 명제 표상을 메시지로 바꿔 준다. 이는 세상에 있는 사건들에 대하여 서술해 주는 것으로서, 명제 구조를 갖고 있고, 논항-함수의 구조로 표현되며, 의미 구조를 지니는 것이다.

제4장에서는 메시지 생성에 대한 거시적 설계와 미시적 설계를 다룬다. 이들은 담화 상황이나 맥락에 따라 그 진행 방식은 민감하게 달라진다. 이런 상황 또는 맥락이 화자의 '담화 모형'이라고 불린다. 거시적 설계는 무엇을 어떤 순서로 말할지 결정하는 일이다. 즉, 의사소통 의도를 구현해 줄 일련의 목표 및 하위 목표들을 선택하고 정교히 가다듬는 일로 이뤄진다. 여기서는 '담화 초점'이 중요한 개념이 된다. 담화의 초점은 점진적으로 바뀌어 나간다. 화자는 의사소통 의도를 구현해 주기 위하여 무엇이 말해져야 하는지를 점검해야 한다. 뿐만 아니라 대화 상대방이 자신의 말을 이해하고 잘 따라 올 것인지도 점검해야 한다. 미시적 설계는 청자로 하여금 화자의 의도를 제대로 인식하게 해 줄 언어 표현 정보들을 구체화해 주는 일이다. 가령 지시대상을 선택하고, 관련된 담화 모형 속에서 그 대상을 서술하며, 그 표현이 수식어를 갖는지를 결정하며, 그 표현의 서법들도 정해 주는 것이다(Levelt, 1999 : 93).

제5장에서 제7장까지는 언어형식 주조기의 첫 부분인 문법 부호화 과정을 다룬다. 이는 언어화 이전의 메시지로부터 나온 표면 구조를 만들어 내는 과정이다. 이는 어휘에 의해서 주도된다. 또한 오른쪽에서부터 왼쪽으로 점증적으로 산출되며, 주요 문장 구성성분들을 나란해 생성해 준다. 이때 영어처럼 '형상성'을 갖고 있는 언어들은 어순이 고려되며, 한국어처럼 형상성을 갖고 있지 않은[9] 언어들은 문법기능을 나타내는 표지들을 붙여 넣게 된다. 앞 장에서 논의된 초점 표지는 그대로 통사·의미값[lemma] 층위까지

스며들어 내려간다.

제6장에서는 머릿속 어휘부에 있는 어휘 항목의 구조를 다루고 있다. 각 어휘는 의미·통사·형태·음운 속성들을 갖고 있다. 의미와 통사 속성은 문법 부호화 장치에 의해서 이용되고, 형태와 음운 속성은 음운 부호화 장치에 의해서 이용된다. 부호화될 개념과 의미상 부합되는 경우에는 하나의 낱말이 선택된다. 가령 '주다'라는 낱말이 선택될 경우, 그 일부 속성을 살펴보기로 한다. 다음에 그 일부 속성을 표시해 놓았다(원문 191쪽).

[주다] 개념 명세내역 : 야기하다(X, (가다$_{소유물}$ (Y, (부터 ~까지 (X, Z)))))

　　　　개념 논항 : (X, Y, Z)

　　　　통사 범주 : 동사

　　　　문법 기능 : (주어, 직접 목적어, 간접 목적어)……. 이하 생략

여기서는 '주다'의 통사 범주가 동사이며, 개념 논항 'X, Y, Z'를 갖고 있고, 이들이 각각 주어와 직접 목적어와 간접 목적어로 실현됨을 표시해 주고 있다. 이 동사의 개념은, 어떤 대상물 Y가 소유주 X로부터 수혜주 Z까지 가는 것인데, 그 사건을 소유주 X가 일

9] 생성문법에서 형상성(configuration)은 어순이 고정되어 있는지 여부를 다루는 개념이다. 우리말에서는 어순이 자유롭다는 피상적인 관찰만으로 형상성이 없는 것으로 치부된 적이 있다. 그렇지만 다음 예에서 보듯이 어순이 바뀌면 뜻이 달라져 버리는 경우가 있다.
　(ㄱ) 철수가 <u>장난감을</u> <u>고물로</u> 만들었다.
　(ㄴ) 철수가 <u>고물로</u> <u>장난감을</u> 만들었다.
이 두 예문은 형태가 동일하고, 오직 어순만이 다르다. 그렇지만 이들이 결코 같은 의미를 지니는 것은 아니다. (ㄱ)은 파괴적인 해석을 지니지만, (ㄴ)은 생산적인 해석을 지닌다. 이 점은 감안한다면, 초기 표상에서는 우리말에서도 형상성이 주어진다고 가정해야만 옳다. 즉, 담화나 화용 조건에 따라서, 일부 낱말들이 자유롭게 이동이 일어난다고 설명해야 하는 것이다.

으키고 있음을 나타낸다. 그렇지만 저자의 각주(번역에서는 각주 116
번임)에 적어 놓았듯이,

"The bright lights gave Santa's arrival a colorful appearance."
(여러 가지 밝은 빛들이 산타클로스의 도착을 다채로운 출현이 되도록
해 주었다.)

는 표현은 위에서 요구된 논항 유형을 갖고 있지 않다. 주는 대상
도 없고, 받는 대상도 없는 것이다. 이런 사실은 하나의 어휘가 맥
락과 무관하게 고정적인 값을 갖는다고 강하게 가정할 수 없게 한
다. 하나의 어휘는 맥락에 따라 비유적으로 확장될 수 있도록 만
들어 놓을 필요가 있다. 이는 한 어휘를 규정하는 속성들이 그 자
체로 자족적일 수 없음을 의미한다. 또한 이 책에서 예시한 어휘
표상이 다만 시범을 보이기 위한 방편이라는 한계도 보여 주는 것
이다.

　제7장에서는 표면구조의 생성과 관련하여, 문법 부호화 단위,
주제와 핵심 항목들의 부호화, 통사 결속 등이 다뤄진다. 제8장에
서부터 제10장까지는 문법 부호화 장치에 의해서 산출된 표면 구
조로부터 연속 발화를 구성하는 음성 계획으로 넘어간다. 이는 발
화의 내적 형식으로 모든 낱소리들이 조음 기관으로 들어가기 위
해 마련되는 부서이다. 이곳에서는 자연스런 말실수나 유도된 발
화 오류들을 관찰하고 분석하면서 여기서 제시된 부서들의 심리학
적 실재성을 확인해 준다.

　제11장에서는 낱소리를 산출해 주는 조음의 실제 작동 과정들을
다룬다. 여기서는 조음 운동을 제어하는 대립 이론들을 소개하고
(배치 프로그램 이론, 덩어리-용수철 이론, 변별자질 표적 이론, 발성 기제의

내적 모형에 근거한 제어 이론, 협력작동 구조 이론 등) 거기에 따른 많은 실험 증거들도 요약하여 제시해 준다. 그렇지만 여전히 저자는 아직도 확실치 않은 부분들이 많이 있음을 인정하고, 추가적인 후속 연구가 필요하다고 지적한다.

제12장에서는 스스로 고치는 일을 지배하는 언어학적 제약들을 논의하고, 점검에 대한 편집-수정기 이론과 연결주의 이론을 소개한다. 그런 수정은 반드시 청자에게 화자가 고치고 있음을 인식시켜 주어야 한다. 이를 표시해 주기 위하여 화자는 청자에게 알려질 수 있는 신호들을 이용해야 한다. 이런 신호들은 보편적이거나 또는 문화적으로 결정된다. 화자가 자신의 발화에서 어떤 표현을 고쳤을 때에 청자는 잘못된 기존 표현을 새롭게 고쳐진 표현으로 대체하여 일관된 해석을 지속해 나가야 한다. 이런 해석을 보장해 주기 위한 규칙은 언어학적인 형식으로 되어 있는 것이 아니다. 보다 광범위한 인지 전략이 동원되는 것이다.

4.

이 책은 현재 단원체 가정을 받아들인 연산주의 관점에서 말하기 과정이 어떻게 이뤄지는지를 명시적으로 종합화해 놓은 첫 업적으로서 가치가 대단히 크다. 언어 산출 관련 부서들 중에는 우리가 주의를 기울여 접속할 수 있는 것도 있고, 그렇지 않고 무의식적이며 자동적인 것도 있다. 그런데 이들의 실재를 입증하기 위하여 이용된 논거들은 실험 자료로부터 얻어진 것들이 많다. 이는 자연스런 대화 맥락에서 우리가 어떻게 말하는지를 연구하기가 사실상 어려움이 많기 때문이다. 실험 조건은 언제나 쉽게 중립성임이 보장되는 것이 아니며, 피험자들의 수행에 영향을 주는 여러 가지 변인들이 복잡하게 작용할 것이다. 이런 점들이 물리학과 같은 엄격한 과학과 심리학을 구별해 놓는다. 이 책을 전개해 나가면서 저자가 몇몇 군데에서 아직 우리가 언어 산출의 실상을 정확히 알 수 없다고 언급한 대목도 이런 한계를 그대로 보여 준다. 기존의 방식으로는 더 나은 논의가 어려울 것이다. 앞으로 뇌의 작용에 대한 연구가 발전해 나감에 따라, 미진한 부분들이 더 보충되고 확정되기를 기대할 수밖에 없다.

저자는 적격한 모든 대화에 대한 '완벽한' 집합을 상징적 표상을 다루는 '규칙 체계'들이 그려낼 수 없음을 인정한다.[10] 이는 언어 사용의 밑바닥에 늘 자유의지free will를 깔려 있기 때문이다. 강한 의미의 자유의지는 언제나 규칙을 벗어난다. 마치 강한 의미의 '창조성'을 형식적으로 규정할 수 없는 것과 동일한 이치이다. 그러나 약한 의미의 자유의지는 분명히 어떤 경향이나 성향을 지닌다. 우리는 이 부분을 조건화하거나 규칙으로 다뤄 나갈 수 있는 것이다. 자유의지는 결코 필연적이며 기계적인 인과율에 의해 지배되는 것이 아니다. 만일 규칙 체계를 기술하고, 그 체계대로만 움직였다면, 분명 그것은 인간이 아니라 로봇이나 꼭두각시에 지나지 않았을 것이다. 자연계의 인과율이 적용되지 않는다면, 인간의 행위를 다룰 방법은 없는 것일까? 인간의 누적된 행위 성향들이 어떤 조건이나 제약으로 기술될 수 있고, 그 조건이나 제약을 만족시킬 경우에[11] 어떤 결과가 뒤따르는 것이다. 이런 점은 의사소통에만 국

10] 특히 원문 39쪽을 보기 바람(No finite set of rules can ever delineate the full set of well-formed conversations).

11] 킨취(Kintsch, 1998 : xiv, 2~5)에서 명시적으로 이해라는 인간의 인지과정을 '제약 만족 과정(constraint satisfaction process)'으로 간주한다.

한되는 것이 아니라, 불가피한 인간의 본질 문제인 것이다.

번역자의 생각에, 언어 산출과 관련하여 심도 있게 다뤄져야 할 사항을 세 가지만 마지막으로 지적해 두기로 한다. 첫째, 언어 산출 과정은 태어나면서 미리 고정된 부서도 있을 것이고, 우리가 경험을 더 확대시켜 나감에 따라 줄기차게 변동하면서 커져 가는 부서도 있을 것이다. 이 책에서 개관된 언어 산출의 흐름도는 다소 정적인 느낌을 준다. 매우 변동이 심한 부서는, 아마 스스로 자각할 수 있는 언어화 이전의 개념 형성기 부분이 그러할 것이다. 스스로 반성해 보면, 언어로 표현하기 이전에 생각을 구성해 내는 일이 더 품이 들고 어려운 것임을 알 수 있다. 이런 직관을 받아들이면, 언어 산출을 다루는 일은, 우리 생각을 붙들어 내고 졸가리 잡는 일이 보다 더 중요한 몫을 차지할 수도 있다. 이런 점이 숙고될 필요가 있다.[12]

둘째, 우리가 일상생활에서 쓰는 언어 표현은, 단순하고 직설적인 것만이 아니다. 간접적이며 변죽만 울리는 표현도 쉽게 관찰되고 또한 자주 쓰인다. 그렇다면, 의사소통 의도와 언어 표현이 늘 '1:1 대응' 관계에 놓이는 단순한 내용보다는, 몇 겹으로 둘러싸여 다소 불투명한 관계들도 언어 산출에서 다뤄야 할 것이다. 이런 측면은, 말해진 것과 말해지지 않은 부분이 공존한다는 점에서, 비유적 표현(제2의 의미)의 산출과도 공유된 영역이 있을 듯하다. 왜 우리는 어떤 경우에 축자적인 표현을 쓰지만, 다른 경우에는 비축

---

[12] 언어 산출의 중요한 핵심 요소인 '의사소통 의도'를 다루려는 노력은 초기에 Grice (1971), "Intention and Uncertainty", *Proceedings of the British Academy*, vol.#57; Grice (1986), "Actions and Events", *Pacific Philosophical Quarterly*, vol.#67; Davidson(1980), *Essays on Actions and Events*(Clarendon) 등을 위시하여, 본격적인 논의들이 Cohen, Morgan, and Pollack(1990) eds., *Intentions in Communication*(MIT Press); Bratman (1999), *Faces of Intention*(Cambridge University Press); Mall, Moses, and Baldwin (2001) eds., *Intentions and Intentionality*(MIT Press) 등으로 출간되어 있다.

자적인 표현을 쓰려는 것일까? 언어 산출의 연구가 심화되면 이런 현상도 심도 있게 다룰 수 있어야 한다.

　셋째, 언어를 이해하는 경우에 상정된 '장기 작업기억Long Term Working Memory'에서와 같이, 언어 산출과 관련하여서도 작업기억의 역할이 분명 있을 것이다. 그 작업기억은 무의식적으로 작동하는 임시 저장고buffer만이 아니라, 우리가 계속 스스로를 반성하고 상대방의 반응을 고려하면서 말할 내용을 변경시켜 갈 수 있는 부서가 되어야 할 듯하다. 그렇지만 아직 언어 산출 과정과 관련하여서 능동적인 작업기억이 본격적으로 다뤄지지 않은 듯하다.[13] 더욱이 이런 부서의 존재는 앞에서 지적해 둔 '의사소통 의도'를 마련해 놓는 일뿐만 아니라 자신의 발화 내용에 대한 점검 과정과도 통합적으로 작동할 개연성이 있다.

13] 언어 산출과 관련하여 일부 작업기억 내용을 다룬 Gathercole and Baddeley(1993 : 99), 『*Working Memory and Language*』(Psychology Press)에서도 "작업기억과 언어 산출 사이의 관련성에 대하여 직접적인 증거는 상대적으로 거의 없다(there is relatively little direct evidence concerning the relationship between working memory and language production)"고 하였다.

제7장 언어사용

: 클락(1996), 『언어사용 밑바닥에 깔린 원리』*

1.

미국 스탠퍼드 대학 심리학과에 있는 허어벗 허브 클락^{Herbert Herb} ^{Clark, 1940~} 교수는 언어사용과 관련된 인지적 처리과정 및 사회학적 과정을 놓고서, 1965년의 논문 「단순 능동 문장 및 수동 문장의 몇 가지 구조적 속성들^{Some structural properties of simple active and passive sentences}」에서부터 시작하여, 거의 45년 넘게 언어사용에 대하여 독자적인 연구를 일궈온 뛰어난 언어심리학자로서, 오래 전부터 세계적으로 명성이 확고히 알려져 있었다. 언어심리학이란 분야가 뒤늦게 터를 잡은 우리나라의 경우는,[1] 특히 언어학 분야에서, 클락 부부(1977)의

---

* Herbert H. Clark(1996), *Using Language*, Cambridge University Press, p. 432+xii. 이 책은 김지홍(2009) 뒤침, 『언어사용 밑바닥에 깔린 원리』(도서출판 경진)로 나와 있다.

[1] 서구에서도 1950년대 말 이른바 참스끼(Chomsky)의 '코페르니쿠스'적 전환 이후에야 심리학에서 비로소 인간의 인지를 다루기 시작하였다. 즉, 미국에서는 동물과 인간을 뒤섞어 놓고서 유물주의 심리학에 비견되는 행동주의 심리학으로부터 벗어나, 인간 고유의 심리와 인지를 다루는 인지심리학이 출발한다. 우리나라에

방대한 저서 『언어와 심리』(탑출판사, 1988)가 영어학 전공자 이기동·임상순·김종도 교수에 의해서 공역되어 나오면서부터, 비로소 일반 독자들도 그의 업적을 읽어 볼 수 있게 되었다(단, 소리와 관련된 4개의 장들은 제외되어 있음).

클락은 그 동안 발표했던 언어심리학 관련 논문들 중에서 12편을 뽑아 1992년, 『언어사용 무대Arenas of Language Use』(시카고대학 출판부)로 출간하였고, 4년 뒤에는 언어사용에 대한 연구를 총결산하여 『언어사용 밑바닥에 깔린 원리Using Language』(케임브리지대학 출판부)를 출간하였는데, 바로 이 번역서이다.

이 책에서는 일상언어 철학·기호학·화용론·언어학·심리학·정보처리·논리학·인지과학·의사소통·사회학 등 관련된 여러 학제적 분야 또는 범학문적 분야들이 총체적으로 집결되어 있다.[2] 비록

서는 더욱 늦은 시기에 조명한(1985), 『언어심리학 : 언어와 사고의 인지심리학』(민음사)에서부터 시작된다. 심리학을 전공하지 않는 일반 독자들이 제대로 우리말 자료를 다루는 언어심리학의 세부 모습들을 접하는 계기가, 아마 이정모·이재호(1998) 엮음, 『인지심리학의 제문제 II : 언어와 인지』(학지사)로부터 본격화되어, 조명한 외 11인(2003), 『언어심리학』(학지사)로 한결 더 발전되는 것으로 생각된다.

2] 흔히 언어심리학에서 다루는 4대 분야가 '언어 산출·언어 처리·언어 습득·언어 병리'라고 한다. 그러나 아직 '언어사용'에 대한 하위 영역은 어디에도 설정되어 있지 않다. 왜 그럴까? 언어사용은 곧 바로 우리의 자유의지와 맞물려 있고, 여러 가지 하위 인지 기관들의 복합적 공조 작용을 한꺼번에 다뤄야 하는 광범위하고 깊은 영역이기 때문이라고 보인다.
　　이런 이유로 언어사용을 서구에서 처음 본격적으로 논의한 이들은 일상언어 철학자들(특히 영국 옥스퍼드 철학자 Austin·Grice·Strawson, 케임브리지 철학자 Wittgenstein의 후기 철학)과 논리학자(Carnap과 그의 제자 Montague 등)이며, 마침내 화용론 또는 담화로 정착하게 되었다. 이와는 별개로 '인간 의식의 발현 또는 창발'을 두뇌 신경생리학적으로 다룬 이들은 헵(Hebb)을 비롯하여 노벨상 수상자들인 크뤽(Crick), 에클즈(Eccles), 에들먼(Edelman) 등이다. 수학자들도 의사소통의 불명확성(uncertainty)을 줄여나가는 확률적 방식을 채택하여 다루기도 하였지만(Shannon and Weaver, 1949, *The Mathematical Theory of Communication*), 정작 의사소통의 내재적 관점을 다루지는 못하였다. 대신 뉴얼·싸이먼(Newell and Simon, 1972), 『인간의 문제해결 방식(*Human Problem Solving*)』으로부터 상징적 정보처리 이론이 새롭게 대두되었고, 뉴얼(1990; 차경호 뒤침, 2002), 『통합 인지이

원래 제목이 『*Using Language*^{언어사용하기. 언어를 사용하는 일}』이지만, 언어사용 표면에 있는 것보다는 그 이면에 들어 있는 심층의 복합적 작동원리들을 유기적으로 다루고 있기 때문에, 번역본의 제목을 좀더 부연하여 독자들이 쉽게 연상할 수 있도록 해 두었다. 언어사용은

론(*Unified Theories of Cognition*)』(아카넷)을 거쳐, 심리학자 앤더슨 등이 ACT* 이론으로 발전시켜 가고 있다.

한마디로, '언어사용'은 기라성 같은 연구자들이 집결하는 영역이라고 말할 수 있다. 인간 의식의 상부구조뿐만 아니라 하부구조까지도 총체적으로 맞물려 들어가는 복잡한 영역이기 때문이다. 아무리 복잡하고 혼란스런 대상이라고 하더라도, 소쉬르(Saussure, 1857~1913)와 피어스(Peirce, 1839~1914)로부터 시작된 기호학의 핵심 착상은 이런 상황을 놓고 제대로 가닥을 잡아 나가도록 도움을 준다. 언어는 기호이다. 다시 말하여, 이는 형식과 내용이 비자연적/관습적으로 결합된 복합 실체이다. 어느 하나의 접근만으로는 기호로서의 언어를 제대로 나타낼 수 없다. 반드시 두 층위 또는 영역이 비자연적/관습적으로 결합해야만 한다. 이 점이 심신 이원론이나 물질 일원론 또는 수반론을 포함하는 환원론이 명시적인 인간 정신/인지를 나타내는 일에서 결코 성공할 수 없는 까닭이다.

정보처리 이론이나 신경생리학 기반을 추구해 나가는 하부구조 접근은 '형식'의 심층 기반만을 공고히 드러내 줄 뿐이다(기계적 작동에 불과함). 결코 자아의식까지 포괄하는 내용까지 적절히 다룰 수 없는 것이다. 이와는 달리, '내용'은 우리가 일상적으로 경험하는 여러 가지 실세계 사건들의 이어져 있는 다발로서, 우리의 머릿속에 기억으로 자리잡게 된다. 그런데 이 다발이 무질서하게 아무렇게나 흩어져 있는 것이 아니라, 저장과 인출에 편리하도록 어떤 얼개 모습으로 짜여 있다(좐슨-레어드, 1983, 『정신모형』 따위). 이런 짜임새들의 마지막 포장지는 전통적으로 한 인간의 '가치체계'라고 불려 왔다. 이는 의식적으로든 아니면 무의식적으로든 우리의 말과 행동거지를 통제하는 실체이며, 아직까지는 인문학적 접근(또는 자기 반성적 접근)만이 허용되는 최상부의 구조이다. 그렇지만 이것이 결코 자족적인 체계인 것은 아니다. 반드시 하부구조를 전제로 하고, 하부구조와 긴밀히 상호작용을 하거나 서로 공조해야 된다(상호 공조계를 구성하게 됨). 이것이 기호학을 두 층위의 비자연적/관습적 결합으로 표상하는 핵심이라고 생각된다.

단, 지금까지 흔히 언어에서 다루는 '내용'은 장기기억 속에 들어가 있는 이런 정신모형의 일부(진부분 집합임)를 이루는 상징적 의미 또는 개념들로만 한정된다. 그렇지만 클락의 언어사용을 형식과 내용에 대한 비자연적/관습적 결합으로 나타내자면, 그 내용이 반드시 비언어적 영역인 실세계의 복합사건 연결체들로까지 확대되어야 한다. 여기서 만일 '내용'이라는 동일한 용어를 써서 이런 차이를 드러내는 데에 혼란이 야기된다면, 이를 '언어 의미'와 '실세계 복합사건 경험'으로 서로 구분해 줄 수 있다. 즉, 기호는 형식과 의미의 결합으로 기술되는데, 이들을 결합시키는 매개체는 실세계 사건들에 대한 우리의 경험이 되는 것이다. 언어는 간단히 형식과 내용의 결합이라고 말할 수 있다. 그러나 언어사용은 형식과 내용을 아우르는 더욱 큰 영역으로서 실세계 복합 사건들의 연결체까지 다루어야 하는 것이다. 이 점이 언어와 언어사용을 변별해 주는 차이인 것이다.

피상적으로 언어만 다뤄서는 제대로 설명할 수 없다. 모름지기 언어를 훨씬 넘어서야만 한다. 다시 말하여, 언어사용을 가능하게 만드는 더 깊은 심층의 '협동행위'를 구현하는 상위목적에 초점을 맞춰야 한다.[3] 이때 나와 상대방 사이에서 일치하는 것으로 상정된 공통기반을 바탕으로 하여, 서로 사이에서 긴밀히 협동행위를 진행시켜 나가야 하는 것이다.[4] 여기에는 비단 언어 행위뿐만 아니

3] 민억지는 가끔 '언어'와 '언어사용'의 관계를 비유적으로 다음처럼 표현한다. 언어는 하인/심부름꾼이고, 언어사용은 주인이다. 언어는 도구/수단이고, 언어사용은 목적이다. 주인은 하인이 시원치 않으면 아무 때나 마음대로 다른 하인으로 바꿀 수 있다. 한 마디로, 언어보다 언어사용이 더 상위 개념이며, 언어사용보다 더 높은 최상위 개념은 자유의지이다. 언어는 '언어사용 의도'에 의해서 취사선택되는 대상에 지나지 않는다. 그렇지만, 다시 의도는 더 높은 자유의지에 의해서 결정되는 것이다. 이러한 상위 교점들에 대한 인식을 제대로 챙기지 못하면, 결코 언어사용을 다룰 수 없게 된다.

4] 이런 까닭에 미드(G. H. Mead, 1863~1931) 또는 고프먼(E. Goffman, 1922~1982)의 작은 사회학 또는 상호작용 사회학이 협동행위를 운영해 나가는 데에 관여하게 된다. 그렇지만 진화론적 관점으로 살펴볼 때에, 인간의 의사소통 능력이 서로 협동하려는 사회적 압력에 의한 누적된 경험으로 획득된 것인지, 아니면 자기표현의 인지적 압력에 의한 누적된 경험으로부터 획득된 것인지에 대해서는 아직 본격적으로 논의되지 않았다. 그렇지만 아마 유물주의 심리학(가령 Vygotsky, 1896~1934)을 따른다면 사회적 압력을 우선 요인으로 꼽을 것 같고, 개인의 성장을 다루는 발생학적 심리학(가령 Piaget, 1896~1980)을 따르면 자기표현 욕구를 우선 요인으로 꼽을 것 같다.

두 가지 선택지에서, 만일 환경에 대한 구조적 압력에 반응하여 형질이 고정된다면, 아마 다른 젖먹이동물들보다 신체상으로 열등한 인류의 종들이 살아남기 위해 불가피하게 무리를 지어야 했을 것이므로, 협동행위를 이루려는 사회적 압력이 보다 자발적 표현 욕구보다 더 컸을 것으로 짐작된다. 또한 인류의 언어진화를 논의하는 자리에서, 시공간을 공유해야만 해석이 가능한 피진(pidgin) 어로부터, 시공간을 초월하여 대상과 사건을 가리킬 수 있는 크뤼오울(creole) 어로 전환된 시점이 대략 20만 년에서 15만 년 전후로 일어났다고 본다(피진의 어원은 business의 중국 광동 발음이며, 크뤼오울/크뤼얼의 어원은 신대륙으로 건너간 백인 자손들을 가리키는 포르투갈어 crioulo인데, 원래 인디언 토착어를 기반으로 하여 포르투갈어를 수용한 혼성어를 가리킴). 우리가 이를 사실로 받아들인다면, 크로마뇽 이전의 인류 종들 사이에서 피진어가 표현 수단이었을 것이므로, 서로 시공간을 함께 공유할 적에라야 비로소 정보소통이 가능했다는 점에서, 사회적 압력이 개인의 표현 욕구보다 더 본질적이었음을 함의한다. 이를 대립적으로 표현하여 보면, 크뤼오울어를 획득하기 이전에는 기본적으로 사회적 협동에 대한 구조적 압력으로 인하여 서로 정보를 소통하였다. 그러나 크뤼오울어를 획득한

라 비언어적 행위까지도 매우 중요한 몫을 떠맡게 된다. 이런 클락의 착안은, 여느 다른 접근법보다 더 본질적으로 의사소통의 본모습을 잘 드러내어 주며, 여러 차원으로 융합된 입체적 측면들을 차근히 뜯어볼 수 있도록 길을 열어 준다.

단연 이 책은 클락 교수의 대표 저서로 거론된다. 그가 새롭게 기여한 내용도 또한 소쉬르의 단선적 가정을 극복하는 데에서부터 시작하여, 형식에만 초점을 맞추는 일면적인 언어 접근법의 한계를 해소해 주는 대안에 이르기까지 여러 방면으로 특출한 바 있다. 이 책이 출간되자 여러 분야에서 다양한 긍정적·부정적 반응을 얻으면서, 화용론·전산언어학·심리학 등의 분야로부터 서평이 나왔다. 번역자가 읽어본 것들은 다음과 같다.[5]

① 워커(Maryily A. Walker, 1997), 『전산언어학Computational Linguistics』 23권 4호(625~628쪽)

워커는 AT&T 연구소의 전산언어학자로서, 클락 책 속의 내용이 담화의 '계획-수정 모형'을 다루는 전산언어학 흐름과 서로 정합적으로 적용될 수 있다고 봄.

② 오우카늘(Daniel C. O'Connell, 1997), 『화용론 정기 학술지Journal of Pragmatics』 27호(845~856쪽)

오우카늘은 조지타운 대학 심리학 교수로서, 이 책이 관례적 논의 흐름

이후부터는 개인의 표현 욕구(서로 간의 정보 간격에 의해 뒷받침됨)에 의해서 정보를 소통하게 되었다. 그렇지만 이런 전환이 또한 언어가 마치 개인의 소유물처럼 착각하게 만들고 왜곡하는 실마리가 되었다.

5] 클락의 협동적 기여 모형을 전산처리로 구현하려는 학술회의도 개최된 바 있는데, 기보엥(Alain Giboin, 1998), "The Use of H.H. Calrk's Models of Language Use for the Design of Cooperative Systems", in *SIGGROUP Bulletin*, vol. 19 no. 2에 있는 학술대회 논문 8편에 대한 개관을 참고하기 바란다.

과 다르다는 부정적인 평가를 담고 있다. 즉, 언어사용 그 자체에 대한 내용이 아니라 '신호 사용'에 대한 협동을 논의하는 것이며, 그렇다면 언어사용에 대한 논의가 처음서부터 다시 시작되어야 한다고 폄하함.

③ 샤터(John Shotter, 1999), 「우리가 꼭 협동행위 방법을 '풀어내야만' 하는 걸까?Must We 'Work Out' How to Act Jointly?」, 『이론과 심리학Theory and Psychology』 9권 1호(129~144쪽)

샤터는 뉴햄프셔 대학의 심리학 교수로서, 이 책이 실천-도덕적 접근 (phronesis)이 아니라 이론-기술적 접근(episteme-techne)을 통하여, 여태 제대로 다뤄진 적이 없으며 거대한 전체 경치가 차츰차츰 조금씩 드러나게 되는 일상의 사회적 실천분야를 개척하였다는 긍정적 평가를 담고 있음.

이 책은 언어사용을 협동행위의 하위범주로 간주하고서, 이런 협동행위가 만족스럽게 전개되기 위하여 참여자들에게는 어떤 정신과정이 가동되어야 하는지를 놓고서 이론을 세운 뒤에 구체적인 사례들을 중심으로 하여 예증해 나간다. 따라서 피아제Piaget의 인지 발생론이나 포더Fodor의 사고언어 등에서 흔히 기대할 법한 '언어와 사고'의 관계, '언어와 개념'의 관계, 개념 발달의 과정 등과 같이 한 개인의 정신 내부에서 찾아지는 측면들은 여기서 다뤄지지 않는다.[6]

6] 피아제(1896~1980)의 어린이 인지발달에 대한 연구 역사는 크게 두 단계로 대분하는데 1970년대가 구획선이 된다. 다시 말하여, 1970년대 이전에는 분류학으로서 인지구조의 유형을 찾아내는 데에 온힘을 기울였었지만, 1970년대 이후에는 역동적인 전환과정이나 변화과정에 새롭게 초점을 모았다. 번역자는 후자 쪽 연구가 더욱 우리에게 절실히 도움을 준다고 믿지만, 대부분의 연구는 그저 초기 분류학적 연구의 소개에만 그치고 있을 뿐이어서 안타깝다. 피아제의 책들은 거의 영역이 되어 있다. 후자의 흐름을 보려면 『모순 극복 실험(Experiments in Contradiction)』(1974;

2.

2.1. 이 책은 6부로 구성되고, 전체 13장이 들어 있다. 제1부(서론)와 제2부(토대)에서는 집을 짓기 위하여 터를 다지는 일을 진행한다. 제1장 '언어사용'에서는 언어사용이 '협동행위'로서, 두 사람 사이에 얼굴을 마주보며 주고받는 대화가 가장 전형적임을 선언한다. 대화에서는 개인별로 그 협동행위가 진전되도록 때맞춰 각자 이바지해야 하는 몫들이 있다. 그렇지만 여느 행위와는 달리, 목표나 도달점이 미리 주어지거나 정해져 있지 않고, 협동하는 과정을 통하여 비로소 새롭게 부각되어 나온다. 즉 공동의 목표가 합의되어야 하는 것이다. 이는 참여자들 사이에 공통기반을 가늠하고 확인을 한 뒤에, 그 바탕 위에서 서로 긴밀히 상호조율이 이뤄져야 하는 과정이다.

1980년 영역), 『의식 붙들기(*The Grasp of Consciousness*)』(1974; 1976년 영역), 『성공과 이해(*Success and Understanding*)』(1974; 1978년 영역), 『가능성과 필연성(*Possibility and Necessity*)』(1975; 1987년 영역), 『인지구조들의 균형 작용』(1975; 1985년 영역), 『성찰과정으로서 추상화 작용에 대한 연구(*Studies in Reflecting Abstraction*)』(1977; 2001년 영역) 등을 읽어보기 바란다.

포더(Fodor, 1935~)는 인지과학의 철학적 기초를 주도해 오면서 십수 권의 책들을 펴냈다. 『사고언어(*The Language of Thought*)』(1975, Harvard University Press)를 위시하여, 『표상: 인지과학의 기초에 관한 연구』(1981; 이영옥·정성호 뒤침, 1991, 민음사); 『정신의 기능별 단원체 속성(*The Modularity of Mind*)』(1983, MIT Press); 『개념들: 인지과학이 잘못된 영역(*Concepts : Where Cognitive Science Went Wrong*)』(1998, Clarendon Press); 『심리의미론: 심리철학에의 의미의 문제(*Psychosemantics : The Problem of Meaning in the Philosophy of Mind*)』(1987, MIT Press); 『비관적 조건: 인지과학과 심리철학의 논쟁점들(*In Critical Condition : Polemical Essays on Cognitive Science and the Philosophy of Mind*)』(1998, MIT Press) 등이다.

우리의 인지 속에 자리잡은 기본개념과 복합개념의 생성에 대한 논의도 매우 중요한데, 마골리스·로렌스(Margolis and Laurence, 1999) 엮음, 『개념들: 핵심 독본(*Concepts : Core Readings*)』(MIT Press)에 26편의 글이 들어 있어서 크게 도움이 된다. 또한 램버츠·생크스(Lamberts and Shanks, 1997) 엮음, 『지식·개념·범주(*Knowledge, Concepts, and Categories*)』(MIT Press)에 있는 12편의 글도 참고하기 바란다. 우리말로는 유일하게 신현정(2000), 『개념과 범주화』(아카넷)가 있을 뿐이다.

이 책에서는 단일하게 공기의 진동을 통해 전달해 오는 언어사용의 덩어리(즉, 입말)를 네 가지 '수준level'이 응결되어 있는 실체로 분석한다(제5장). 뿐만 아니라, 이상적으로만 보면, 그 입말 덩이를 전달해 주는 주체인 화자는, 그 신호를 받는 청자에게 자신의 의도가 제대로 전달되도록 언어적 신호와 동시에 비언어적 신호도 같이 보내며, 언어 신호와 비언어 신호 둘 모두에 대한 상대방의 반응을 점검할 만반의 준비를 갖춘다. 이를 두 가지 '경로track'라고 부르는데, 1자 경로인 정보전달 경로 및 2차 경로인 점검확인 경로이다(제9장). 만일 화자의 현재 의도를 파악하는 데에 결정적 단서를 지닌 언어 신호 및 비언어 신호를 상대방이 제대로 가늠하지 못할 경우에, 화자는 상위 의도를 통해 현재 의도를 수정하거나, 아니면 현재 의도를 실어주는 언어 표현이나 비언어 표현을 다른 것으로 대체하게 된다. 언어사용에서는 또한 우리가 현재 주어진 공간에 있는 사건이나 대상만을 언급하는 것이 아니라, 시간상으로 떨어져 있고 다른 공간에 있는 사건이나 대상들도 언급하게 된다. 이를 각각 기본적인 현실층렬과 도입된 가상층렬이라고 부른다(제12장).

제2장 '협동작업 활동'에서는 언어사용에 대한 상위 차원으로 협동작업 활동이 논의된다.[7] 협동작업을 실천하기 위해서는 두 사람 이상의 참여자가 있어야 하고, 언어관례에 따라서 또는 언어사용의 상황에 따라서 어떤 목표가 부각되어 나오면 먼저 이를 '공동의 목표'로 확립한 뒤에, 서로 조율해 나가면서 목표를 달성하게 된다. 이때 그 목표는 여러 대목의 하위마디들이 매듭지어 서로 이

7] 협동작업 활동(joint activity)은 과정 및 결과를 모두 가리키는 최상위 용어이며, 협동행위(joint action)는 지속적인 행위의 연결을 가리키므로 협동작업 활동의 하위개념이 된다. 행위(act)는 단일한 행위(단번에 이뤄지며 하나의 단위로 상정되는 행위)를 가리킨다.

어지면서 하나씩하나씩 성취해 나가게 된다. 이를 '적시'에 이루어 나가는 협동행위의 진전이라고 부른다. 언어사용에서는 이를 비유적으로 '담화진행 기록'에서의 누적이라고 말할 수 있다. 이 과정은 공식적인 행위와 비공식적인 행위로 이뤄진다. 그런데 후자의 행위에 대한 해석이나 또는 청자가 화자의 의도를 파악하는 일이 분명치 않거나 잘못될 수도 있으며, 서로 사이에 생겨날 수 있는 오해의 불씨가 될 수 있다. 언어사용이 축자적이지 않고, 많든 적든 간에 간접적으로 이뤄지는 한(속뜻을 깔아놓는 일임), 참여자들 사이에서 부분적인 협동이나 또는 정반대로 불일치가 나올 수밖에 없는 까닭이 바로 이런 점 때문이다.

협동행위가 진전되기 나가기 위해서는 시작 지점에서 먼저 공통기반이 상정되어야 하고, 협동작업 활동의 현재 상태에 대한 자각이 있어야 한다. 이 일이 언제나 쉬운 것만은 아니다. 서로 사이에 이를 명시적으로 확인하지 않는 한, 언어사용에서 쉽게 오해가 깃들 수 있는 것이다. 이상적인 언어사용을 상정할 경우에, 이는 전체 공통기반 위에 담화 표상이 진부분집합으로 자리잡고, 다시 텍스트 전개 표상과 관련 상황 표상으로부터 담화진행 기록이 도출될 수 있다. 이를 다음 [그림 14]처럼 나타낼 수 있다.

제3장 '협동행위'에서는 협동행위가 참여자들의 개별행위로 이

[그림 14] 전체 공통 기반

뤄지는데, 이것들이 어떻게 조율되어야 하는지를 자세히 분석하고 있다. 만일 인간의 가장 중요한 고유속성이 '자유의지'라면, 상호조율은 자칫 모순되거나 자유를 속박하는 개념으로 치부될 소지도 있다. 그렇지만, 우리가 태어나기 이전에서부터 사회에 속해 있고, 죽은 뒤에까지도 사회에 속한다면, 자유의지를 사회를 구성하는 특성으로 재조정해 놓을 수 있다. 즉, 사회성의 매듭 아래 인간의 개별적 자유의지가 자리잡으며, 따라서 모두가 서로 간에 조율해 맞춰 나가려는 방향으로 자유의지를 구기한다는 것이다.

이는 화자와 청자 서로 사이의 '공통기반'과 관련하여 '두드러지고, 쉽게 찾아지며, 분명한' 해법으로 여러 가지 갈래가 주어질 수 있다.

①임의의 관례가 될 수도 있고,
②둘 사이에서 바로 앞서 실행했던 선례가 될 수도 있으며,
③둘 사이에서 이룬 명백한 합의가 될 수도 있고,
④임의의 상황에서 어떤 두드러진 지각적 사건이 될 수도 있다.

이 선택지들에는 서로 협동하기 위해 (ㄱ) 두드러져야 하고, (ㄴ) 해결 가능해야 하며, (ㄷ) 쉽게 실천할 수 있어야 하고, (ㄹ) 즉각 이용될 수 있어야 한다는 전제가 깔려 있다. 설사 상호조율 관행이 수립되어 있지 않다고 하더라도, 서로 충분한 공통기반 위에서 새롭게 조율기제를 합의하면서 마련해 놓을 수도 있는 것이다. 이런 상호조율은 지속적으로 차츰차츰 진행되어 나가므로(마디들이 서로서로 이어져 나감), 서로 사이에서 조율의 정도를 각자 자각하거나 평가할 수 있다. 따라서 '입장·본체·퇴장'의 매듭으로 이뤄지는 각 단계마다, 참여자들이 적시에 각 마디들을 놓고서 알맞은 협동

행위를 동시에 맞춰 나가거나 또는 선후로 맞춰 나가야 한다. 이를 적절한 시간 맞춤 원리라고 부른다.

제4장 '공통기반'에서는 공통기반의 개념을 자세히 논의한다. 공통기반은 협동행위를 가능하게 하는 가장 밑바닥의 근거이기 때문에, 무한퇴행의 늪에 빠지기 일쑤이다. 공통기반임을 입증하기 위해서는, 우리가 공통기반 밖으로 빠져 나가서 참여자들이 지닌 임의의 기반을 객관적으로 비교하고 검토해야만 한다. 그렇지만 이런 일은 원천적으로 불가능하다. 만일 참여자 한 쪽에서 상정한 공통기반이, 상대방의 반응으로 공유여부를 확인할 수 있다면, 약한 의미에서 객관적으로 다룰 수 있는 공통기반이 될 수 있다. 이는 자기-자각을 토대로 한 공통기반이므로, '재귀적 공통기반'으로 부른다. 이는 클락의 논의에서 핵심적이며, 뤄쓸Russell의 제안과도 서로 정합적이다. 즉, 집합의 역설은 'A∈A'의 형식에서 생겨난다. 그렇지만 오직 진부분 집합 관계 'A⊂A'만을 허용한다면 이런 역설이 제거되는 것이다. 오직 진부분 집합의 범위 내에서만 재귀적 공통기반이 가동되는 것이다.

이런 접근에서는 크게 공적인 공통기반과 개별적인 공통기반을 나눌 수 있게 된다. 전자일수록 상식에 토대를 두고 마련되며, 후자일수록 특정 경험을 공유하는 소수에 의해서만 공유된다. 따라서 어떤 집단을 상정하였을 때에, '내부자'로서 공유됨직한 공통기반과 '외부자'로서 공유하게 될 공통기반은 현격하게 차이가 날 것이다. 언어사용에 문제가 생겨나게 될 단초는, 서로 간에 마치 동일한 공통기반을 공유한 것처럼 잘못 상정하는 일이며, 이는 첫 단추가 잘못 끼워진 셈이다. 친구와 남들 사이의 구분을 특정 언어표현을 공유하거나 그렇지 않음으로써 일반적으로 서로 확인할 수 있는 발판이 마련되는 것이다.

2.2. 제3부 '의사소통 행위'에서부터는 본격적으로 언어를 도구로 사용하는 의사소통의 문제를 다뤄나간다. 비유적으로 말한다면, 앞의 제1부와 제2부에서 다져진 토대 위에서 비로소 기둥을 세우고 지붕을 얹는 일이다. 이 일을 마친 뒤에, 제4부 '지속적 협동행위의 수준'에서는 출입문과 창문을 달아 놓는 일이 이어진다.

제5장 '의미와 이해'에서는 단선적인 입말을 자세히 들여다보면, 적어도 네 가지 수준이 위아래로 점층적이며 유기적으로 결합되어 있음을 논의한다. 이를 협동행위의 '진전 사다리'로 부르는데, 점층적인 4수준이 다음처럼 유기적으로 얽히어 있다.

수 준	화 자	청 자
4	제안하기	받아들여 고려하기
3	신호 보내기(의미하기)	인식하기(이해하기)
2	제시하기	확인하기
1	실행하기	주목하기

더 위에 있는 수준의 완성은 더 아래 있는 수준의 완결을 전제로 한다. 이는 '상향식 완결·하향식 증거·상향식 인과성'이라는 속성을 띤다. 제5장의 제목 '의미와 이해'는 제3수준의 완성을 가리킨다. 만일 언어사용이 축자적이지 않고 우회적이거나 속뜻이 깔려 있다면, '의미하기 및 이해하기' 수준이 쉽게 완결될 수 없다.

여기서 두드러지게 강조해야 할 점은, 클락의 모형에 와서야 비로소 의사소통에서 '청자의 몫'이 제자리를 잡게 된 것이다. 그 이전의 연구(가령 일상언어 철학 등)에서는 청자의 역할을 막연히 느끼고 있었기 때문에, 대부분 화자의 산출에만 초점이 모아져 있었던 것이다. 그렇지만 위 도표에서 보듯이 협동행위로서 나란히 제시되어, 청자의 역할이 또한 화자의 역할만큼 대등하거나 중요함이 처음으로 크게 부각된 것이다.

언어(또는 언어 형식)가 비단 겉으로 드러난 표면적 의미만을 가리키는 것이 아니라, 속뜻으로 깔려 있는 다른 의미까지 담고 있다는 우리들의 소박한 직관은, 1950년대에 와서야 '일상언어 철학'이라는 이름으로 심도 있게 연구되기 시작하였다. 특히, 영국의 옥스퍼드 대학에서와 케임브리지 대학에서 서로 아무 관련이 없이 싹이 텄다. 전자는 오스뜬Austin, 1911~1960과 그라이스Grice, 1913~1988와 스뜨로슨 Strawson, 1919~2006에 의해 주도되었고, 후자는 뷧건슈타인Wittgenstein, 1889~1951에 의해서 주도되었다(뷧건슈타인의 후기철학). 후자는 언어 또는 언어 놀이를 제대로 이해하려면 반드시 언어사용의 맥락과 삶의 양식forms of life에 기대어야 한다고 주장하였다. 그러나 안타깝게도 정작 어떻게 맥락을 다루어야 하고, 삶의 양식을 어떻게 학문적 대상으로 삼아야 하는지에 대한 풀이를 충분히 제시하지 못한 채 타계하였다.

오스뜬은 언어가 단지 진리를 나타내는 수단만이 아니라, 또한 우리가 실천해 나가는 행위임을 자각하였다. 이 언어 행위는 세 단계가 복합적으로 함께 작동하는 것이다. 언표 행위와 언표 속에 깃든 행위(속뜻으로 깔린 행위)와 이행완료 행위이다. 두 번째 단계는 언어 표현에 따라 관례적으로 주어질 수도 있고, 언어사용 상황에 따라 즉석에서 변통하여 상황별로 주어질 수도 있다.

그라이스는 한걸음 더 나아가 이런 복합 행위들이 수용되는 대화규범이 칸트Kant, 1724~1804의 상식적 범주 속에서 이뤄진다고 주장하였다. 즉, 양·질·관련성·방식에 대한 규범이다(§.2-8의 각주 64~65 참고). 이는 상대방이 알아차릴 수 있는 범위 내에서 의도적으로 일부러 어그러뜨릴 수 있다(가령 반어법에서는 이례적인 억양 등과 더불어). 따라서 이제 화자의 '의도'라는 개념이 언어사용의 심층에 도

사린 핵심 열쇠임을 자각할 수 있게 되었다. 다시 말하여, 앞의 도표에서 제시된 제3수준과 제4수준은, 단지 언어 표현에 의해서만 매개되는 것이 아니라, 오히려 그 표현을 만들어내는 밑바닥에 깔린 의도에 의해서 매개되는 것이다.[8] 화자의 의도를 청자가 즉석에서 알아차릴 수도 있고, 때로 오해할 수도 있다. 이런 점 때문에 언어사용은 최소한 두 가지 경로로 실행되어야 한다. 즉, 1차 경로인 정보전달용 경로와 2차 경로인 점검확인용 경로가 동시에 작동하는 것이다.

제6장 '신호 보내기'에서는 피어스(1839~1914)의 기호학적 관점에서[9] 기호의 종류들을 논의하고 나서, 언어사용은 모든 종류의 기

8] 그롸이스의 논의를 받아들여 쉬퍼(Schiffer)는 『의미(*Meaning*)』(1972, Clarendon Press)에서 모든 것을 '의도'를 중심으로 다루고자 하였다. 이를 의도에 근거한 의미론(intention-based semantics)라고 불렀다(Schiffer, 1987, *Remnants of Meaning*, MIT Press). 그렇지만 '의도'를 밖으로 꺼내어 관찰하거나 객관화할 수는 없다. 이런 주관성의 한계를 그롸이스 자신도 철저하게 알고 있었으므로, 의도로부터 모든 것을 도출하려는 접근에는 명시적으로 반대하였다(그롸이스, 1988 : 95 이하, 299 이하). 아무런 도구도 없이 의도를 다루려는 시도는 마치 손으로 모래를 움켜잡는 일과 같이 무모하다. 의도는 마치 특수한 안경을 써야 자외선이나 적외선이라는 비가시광선을 볼 수 있듯이, 반드시 매개 도구를 이용해야만 잡아낼 수 있는 것이다. 그롸이스의 주장에 대하여 사회심리학적 관점에 근거한 반론이 제기되었는데, 데이뷔스(Davis, 1998), 『속뜻 깔아넣기 : 그롸이스 이론의 실패인 의도·관례·원리(*Implicature : Intention, convention, and principle in the failure of Gricean theory*)』(Cambridge University Press)를 보기 바란다.

9] 기호학은 언어 중심의 기호학(소쉬르의 경우)과 일반적이고 보편적인 개념을 다루는 기호학(피어스의 경우)로 대분된다. 전자를 협의의 기호학으로 부르고, 후자를 광의의 기호학으로 부를 수 있다. 이 책에서는 전적으로 피어스의 기호학에 기대고 있다. 기호학이란 용어가 탄생하게 된 배경이 있다. 서구 문명에서는 가장 엄격한 학문이 고대에서는 기하학이었다. 그런데 데까르뜨가 좌표계를 도입함으로써 기하학이 대수학으로 흡수된다. 근세에 들어서면서 수학 그 자체의 기초가 논리에 있음을 깨닫게 되면서, 논리학의 근원에 대한 물음이 자연스럽게 제기되었다(§.2-2의 각주 4 참고). 피어스는 논리학의 근원을 '기호학'이라고 상정하였으며, 뤄쓸과 화이트헤드 등은 가설-연역적 체계를 지닌 공리계라고 보았다(오늘날 이를 '수학 기초론'이라고 부름). 피어스의 저작물은 처음 하버드대학 출판부(6권+2권)에서 전집으로 간행되었지만, 로먼 야콥슨(Roman Jakobson, 1975)에서 신랄하게 비판하였듯이 "그 같은 편집은 … 올바른 이해에 족쇄가 되었고, 이로

호들을 함께 동시에 이용하여 신호하는 것임을 예증한다. 모든 것을 이분법적인 대립으로 보았던 소쉬르(1857~1913)와는 달리, 이분법이 곡해를 조장하는 단초로 보았던 피어스는 기호가 세 가지 갈래가 있다고 보았다(삼분체계). ① 대상과 기호가 그림을 그려내듯이 시각적으로 본뜬 관계를 맺는다. 이를 시각적 본뜸icon 관계라고 부른다. ② 그러나 대상이 시각적 대상이 아닐 경우에는 이런 관계를 표시할 수 없다. 이럴 경우에라도 바람과 지붕위에 설치된 수탉 풍향계의 관계처럼 대상과 기호가 1 : 1로 결합할 수 있다. 이를 가리킴index이라고 부르며, 전형적으로 신체적 수단을 이용하여 가리키게 된다. 시각적 본뜸과 가리킴은 모두 대상과 기호가 1 : 1로 결합되어 있으며, 유연성이 있는지 여부에서 차이가 난다.[10] ③ 그렇지만 대상과 기호가 1 : 다로 결합하거나, 거꾸로 다 : 1의 결합을 하는 경우가 있다. 이를 비자연적 결합·우연한 결합·자의적 결합·상징적 결합 등 여러 이름으로 불리며, 흔히 상징symbol로 통칭된다. 한마디로 상징이란 대상과 기호의 관계를 해석해 주어야 하는 것이다. 이를 다음의 도표로 요약할 수 있다.

기호의 유형	기호와 대상과의 관계	신호로 내보내기
시각적 본뜸(icon)	기호가 지각상으로 대상을 닮음	대상을 예시해 준다 (demonstrate)
가리킴(index)	기호가 신체적 수단에 의해 대상과 연결됨	대상을 가리켜 준다 (indicate)
상징(symbol)	기호가 규칙에 의해 대상과 연합됨	대상을 유형으로[11] 서술해 준다

인해 불행하게도 기호학의 조화로운 발전이 지연되었다"(김성도, 2006 : 9에서 재인용함). 대신 인디애너대학 출판부의 출간물들은 정확히 집필 연도를 표시해 주고 있어서, 피어스의 사고 발전과정의 추적에 도움이 된다.

10] 피어스는 전형적으로 자연과학 논문들은 모두 형식과 내용이 1 : 1로 고정되어 있어야 하므로, 가리키기의 사슬(a chain of indeces)을 이루는 것으로 보았다.

이런 기호의 유형을 상대방에게 신호 보내기 위해서는 각각 예시해 주거나, 가리켜 주거나, 상징 유형으로 서술해 주어야 한다. 실제 의사소통에서는 이들 세 가지 방법이 서로 긴밀히 혼합되어 화자의 의도를 드러내어 주는 데 함께 쓰인다는 점을 자각하는 것이 중요하다. 이를 '복합신호'라고 부른다. 가령, 시각적으로 본뜬 기호들로서 몸짓 시늉·얼굴 표정·목소리 색깔 등도 언어 표현과 더불어 의사소통에 중요한 몫을 맡고 있는 것이다.

2.3. 제4부 '지속적 행위의 수준들'에서는 협동행위가 이뤄지기 위해서 공동의 목표를 지닌 협동과제가 확립되고, 참여자들 사이에 기반이 다져져야 하며, 이 토대 위에서 발화가 이뤄져야 함을 차례차례 다루고 있다. 제7장 '협동과제'에서는, 공동 목표를 지닌 협동과제가 화자와 청자 사이에서 제안되고 받아들여져 비로소 확립됨을 논의한다. 이를 이루기 위하여 화자는 먼저 공식적으로 협동과제를 제안해야 하고, 동시에 청자의 반응을 예의 관찰해야 한다. 이런 상호작용을 위해서 언어사용에서는 이미 '인접쌍'이라는

11] 원문은 'describing as a type of thing'이다. 위 도표에서 시각적 본뜸(icon)과 가리키기(index)가 구체적인 개별대상(token)과 관련되지만, 상징(symbol)은 공통 속성으로써 그것들을 모아놓은 유형(type)과 관련된다는 점에 서로 차이가 있음을 유의하기 바란다. 피어스가 처음 쓰고 뤄쓸(Russell)에 의해 수용된 개별대상(token)과 유형(type)이란 용어는, 칸토어(Cantor, 1845~1918)의 원소(element)와 집합(set)에 대응한다. 달리 말하여, 시각적 본뜸과 가리키기는 반드시 세계 속에 존재하는 구체적 대상이 적어도 하나 있어야 한다. 그렇지만 상징을 이용하려면 개별대상들의 공통 속성을 파악하고 저장해 놓은 장기기억 속의 정보를 인출해야만 하는 것이다. 장기기억에서도 구체사례 기억(episodic memory)에서 인출되는 정보가 아니라, 오히려 의미기억(semantic memory)에서 인출되는 정보이다. 비록 저자가 §.6.5에 있는 도표에서 어휘부와 문법규칙 정도를 상정해 놓고 있지만, 이런 절차지식 기억 정도에만 국한될 수 없고, 응당 의미기억 속에 들어 있는 내용들로 더 확대되어야 한다. 더욱 뚜렷이 대립시켜 서술하면, 개별대상(token)은 실세계 속에 존재하지만, 유형(type)은 우리 머릿속 장기기억(그중에서도 의미기억)에 들어 있는 것이다.

기제를 만들어 두었다. 인사를 하면 인사를 받고, 질문을 하면 대답을 하며, 단언하면 수긍을 하고, 요구하면 응락을 하는 등, 관련된 일들이 서로 짝을 지어 이뤄지는 것이다. 그렇지만 이런 일들이 동시에 한꺼번에 진행되는 것이 아니라, 한 단계씩 차근차근 이뤄져 나가는 것이다. 다시 말하여 이상적으로는 지엽적인 협동과제들이 이어지면서 마침내 궁극적인 목표에까지 도달하게 되는 것이다.

비록 화자가 청자에게 협동과제를 제안하더라도, 거기에 그대로 응하거나 협동과제를 수정할 수도 있으며, 아니면 거절하고 외면하여 완전히 빠져 나갈 수도 있다. 이렇듯이 다양하게 전개될 수 있기 때문에, 전략상 협동과제를 제안하기 위한 '예비 연결체'를 미리 질러 놓을 수도 있고, 한 단계를 다음 단계의 협동과제로 이어나갈 수도 있다. 그럼에도 불구하고 협동과제를 확립하는 일은 최종적으로 청자에게 맡겨져 있다. 간접적으로든 직접적으로든 화자의 의지나 의도를 표현한 임의의 발화에 대하여, 청자는 응당 해당 의미를 스스로 파악해야 하고 반응을 보여 주는 것이다. 이는 '협동 의미파악 원리'의 모습으로 표현된다. 과거에는 오직 단순하게 '화자가 의미하는 바'만을 정태적이고 피동적으로 청자가 수용한다고 보았었는데, 이는 실제 의사소통의 진면목을 왜곡시킬 소지가 있다. 대신 화자가 청자와 협동하여 상호간의 믿음에서 '화자가 의미하는 것으로 간주될 바'를 확립하는 일이 새로 크게 부각된다. 가령, 간단한 발화 "Sit down"이 명령·요구·제안·권고 등의 힘을 속뜻으로 깔 수 있다. 그 속뜻은 청자가 어떤 응답 표현을 쓰는지에 따라서 의미파악이 이뤄지며(각각 명령에는 "예, 선생님", 요구에는 "그러죠", 제안에는 "아뇨 괜찮습니다", 권고에는 "좋은 생각이로군요"로 응답할 수 있음), 그 응답은 곧장 원래 화자와의 협동을 통하여 합의 내지 일치를 보게 되는 것이다. 이런 합의를 명시적으로 나타내기 위하여 어느 언어사회에서나 많은 관용구들이 쓰인다. 만일 청자의 의미파악이 잘못되었다면, 응당 화자는 그것을 교정하여 다시 말해 줄 수 있으며, 아니면 그대로 넘어갈 수도 있다.

화자의 제안 ⇨ 청자의 의미파악 반응 ⇨ 이에 대한 원래 화자의 인정 또는 수정

에는 다섯 가지 유형이 관찰된다. 인정된 의미파악·수정된 의미파악·좁혀진 의미파악·교정해 놓은 곡해·탐지되지 못한 곡해·청자에게 맡긴 의미파악이다. 이는 의사소통이 결코 일방적인 일이 아님을 잘 드러내어 준다.

제8장 '기반 다지기'에서는 협동과제가 아무런 문제없이 쉽게 완결되는 것이 아니므로, 합의된 공동목표 아래 있는 여러 단계들이 종결될 필요가 있고, 최소 노력으로 완결되어야 하며, 서로 사이에 총체적인 완결 증거를 통해 각 단계들이 성공적이라는 믿음이 필요하다는 논의를 한다. 이를 위하여 참여자들이 지속적으로 기여를 해야 하고, 또한 부차적으로 이런 일들이 제대로 진행되고 있다는 점검 확인이 필요하다. 이를 '1차 경로'와 '2차 경로'로 부른다. 그렇지만 이들을 기능별로 각각 정보를 전달하는 '실무경로'와 이런 전달이 성공적인지 여부를 따지는 '점검경로'라고 부를 수도 있다. 이상적으로만 보면 점검경로가 제대로 가동되려면 특히 청자의 적극적 반응이 요구된다. 이를 경제적이며 적시에 기여하는 투영의 증거라고 부른다.

제9장 '발화'에서는 발화를 관리해 나가는 방법을 다룬다. 제5장에서 다룬 네 가지 수준이 한꺼번에 일어날 수도 있고, 각 수준마

다 한 단계씩 일어날 수도 있다. 발화가 성립하려면 하위의 1수준 (실행 및 주목)에서 화자는 상대방의 주목을 끌어내어야 한다. 전형적으로 상대방의 이름을 불러서 청자가 눈길을 주는 대로 첫 발언 기회를 차지하여 지속해 나가거나, 아니면 주의를 붙들기 위해 일단 발화를 잠시 멈추는 것이다. 곧이어 발언기회를 다시 시작하거나, 발언 도중에 발화를 지연하거나, 다시 한 번 더 발언기회를 반복하거나, 아니면 상대방의 발언 기회 도중에 전략적으로 끼어들 수도 있다. 상대방의 주의력을 계속 붙들어 놓기 위해서는, 멈추고 나서 지속할 수도 있고, 발화에 전념하면서 다시 반복할 수도 있으며, 발화에 전념하면서 고쳐 나갈 수도 있다. 따라서 주의력을 붙들어 두기 위한 발화의 중단 및 재개에도 여러 가지 전략들이 있음을 알 수 있으며, 발화에서 관찰되는 공백이 더 이상 무의미한 것이 아니다. 오히려 의사소통에 대한 상위 정보를 드러내 주는 중요한 몫을 맡고 있다.

공백은 일반적으로 여섯 가지 유형으로 나뉜다. ① 순간적인 휴지도 들어 있지 않음, ② 순간적인 휴지가 들어감, ③ 군말, ④ 수정 편집 표현, ⑤ 음절 늘여놓기, ⑥ 시각적 몸짓시늉. 이들은 모두 화자의 의도를 반영하고 있는 신호이며, 주로 2차 경로인 점검경로의 신호로 간주된다. 의사소통이 협동작업 활동이므로, 임의의 공백이나 수정대상이 포착되면 화자가 홀로 처리할 수도 있겠지만, 일단 공식화된 공동의 문제가 되는 경우에 청자의 도움을 받아 해결책이 찾아질 수도 있다. 이것들이 충족된다는 전제 위에서만 3수준의 '의미하기 및 이해하기', 4수준의 '제안하기 및 수용하여 고려하기'가 일어나는 것이다.

한편, 화자들은 발언권을 유지하기 위하여 시간을 허비하지 말고 계속 발화를 만들어 주어야 하고(시간상의 중압감), 그 발화의 내용도 알맞은 표현으로 마련해 주어야 한다(표현 선택의 중압감). 일반적으로 애초에 막연한 계획을 갖고서 '억양단위'로 불리는 짤막한 구절들을 마련하며 대화를 이끌어 나가는 경우에는 두 가지 선택이 있다. 발화를 지속해 나가거나 잠깐 멈추게 되는 것이다. 후자의 경우에 공백은 대략 '1초의 한계'를 기점으로 서로 다른 전략들을 동원하여 발언권을 유지시켜 나간다. 여기에는 크게 멈추고 나서 지속해 나가기 전략, 전념하면서 반복해 나가기 전략, 전념하면서 고쳐 나가기 전략이 있다.

화자는 청자로 하여금 자신에게 주목하게 만들어야 비로소 2수준으로 진행해 나갈 수 있다. 이는 상대방의 주목을 이끌어 내고 이를 계속 붙들어 나가는 기술에 해당한다. 전형적인 대화에서는 서로 눈길을 주어야 한다. 그렇지 않을 경우에는, 상대방의 이름을 부르거나, 발화의 첫 도막을 다시 시작하거나, 발화 도중에 지연을 하거나, 전체 발화를 다시 새로 시작하거나, "한 번에 하나의 1차적 입말 제시" 제약을 이용하여 상대방의 발언 중간에 전략적으로 끼어들 수도 있다. 만일 진행 중인 대화라면 발언권을 차지하고 있는 현재 화자는 자신의 발언권을 끝내는 부분을 투영해 주려고 한다. 이는 발언기회를 넘겨주고 발언기회를 얻어내는 전략들에 해당하며, 2차 경로(점검경로)와 밀접히 관련되는데, 이 일은 자신으로부터 나온 증거와 남으로부터 나온 증거를 모두 이용하여 이뤄진다.

2.4. 말이 어떤 의도를 지니고 일관되게 이어지거나(늑덩잇말), 글이 줄거리를 지니고 완성된 한 편의 글감(늑덩잇글)으로 긴밀하게 짜얽혀 있는 경우를 '담화'라고 부른다. 언어로 된 산출물에 대한 최상위 개념이 곧 담화인 것이다. 독일 중심의 연구자들은 때로

텍스트라고도 부른다. 제5부 '담화'에서는 참여자들 사이에서 담화가 긴밀한 협동을 통하여 짜얽히는데, 이런 협동 전력이행을 가동시켜 주는 밑바닥 원리를 다루고 나서, 입말로 구현된 담화로서 어떤 대화 사례를 분석하여 이를 입증하게 된다.

제10장 '협동 전력이행'에서는 담화를 가동시켜 주는 밑바닥 원리가 일반 상거래에서 찾아지는 원리와 같다고 주장한다. 즉 '공평성'을 추구하는 것이다. 이는 이익을 처리하는 일과 비용을 처리하는 일 사이에 균형이 맞춰져야 한다. 만일 불공평한 상황에서는 어느 한쪽이 고통을 겪게 되며, 어느 쪽에서든지 그런 고통을 극복하려는 노력이 곧 이어지게 된다.

공평성은 언어사용에서 긍정적 자존심이나 사회적 자아로 불리는 체면과 관련되며, 체면을 높여 주거나 반대로 체면을 위협하게 된다. 전자는 드러내어 주기 또는 회피해 주기 전략으로 이뤄지지만(칭찬·축하·인사·사과 등), 후자는 청자의 자존심을 실추시키거나 자율성을 낮춰 놓는 일, 또는 화자의 자존심을 실추시키거나 자율성은 낮춰 놓는 일로 나타난다(욕설·꾸짖음·책망·비난 등). 매우 단순해 보이지만, 언어사용에서 체면을 관리하는 일은 상호의존성·균형·상호 호혜성·보상 노력 등의 복합개념이 서로 맞물려 일어난다.

담화가 전개되어 나가는 형식은 닫혀 있는 것으로부터 시작하여, 반쯤 열린 것을 거쳐, 활짝 열려 잘 예측할 수 없는 형식으로까지 다양하다. 이를 각각 정형화된 절차·정규적(일반적)인 절차·확대된 절차로 부른다. 정규적(일반적)인 절차는 더 큰 목적을 위해 예비단계들이 함께 주어져 있는 것이며, 거기에서 예상되는 걸림돌들을 언급하여 청자로부터 더 이상 그것들이 문제되지 않음을 보장 받아야 한다. 청자 반응 또한 화자의 제시 조건에 따라, 공손한 응락에서부터 불쾌한 거절에 이르기까지 다시 몇 가지 단계로 나뉠 수 있다.

제11장 '대화'에서는 한 가지 전형적 담화의 갈래로서 두 사람이 얼굴을 마주보면서 주고받는 대화를 다룬다. 대화는 발언기회를 얻어내는 일로 시작하여, 여러 가지 주제가 새롭게 부각되어 나온다는 점에서, 역동적으로 펼쳐진다고 말할 수 있다. 대화 또한 일반적인 행위가 짜이는 방식대로 상위과제나 하위과제 또는 차하위과제, 차차하위과제 등으로 이뤄지며, 참여자들 사이에 협동하여 전력이행이 이어지는 한, 각각 '시작→본체→퇴장'으로 이뤄진 마디들로 지속되어 나간다. 담화의 전개 또는 추이는 자세하게 다섯 가지 유형으로 나눌 수 있다. ①다음 마디로 가거나, ②현재 마디가 심화되거나, ③도로 빠져 나오거나, ④잠시 일탈하거나, ⑤본 마디로 되돌아오게 된다. 아니면 이들을 소략히 '연속체 관계·부분과 전체 관계·잠시 일탈 관계'로도 묶을 수 있다. 이런 담화의 진행을 도와주는 언어 표지들이 많이 있는데, 이를 담화표지 또는 담화의 거시구조 표지라고 부른다.

제12장 '층렬 도입하기'에서는 언어사용의 최대 장점이 논의된다. 언어는 비단 현재 이 공간에 있는 사건들만 가리키는 것이 아니라, 다른 시점의 다른 공간에 있는 별도의 사건들도 가리킬 수 있다. 전자를 층렬^{layer}1 또는 현실 층렬이라고 부르고, 후자를 층렬2 또는 새롭게 도입된 층렬이라고 부른다. 새로운 층렬은 거듭거듭 도입될 수 있으며, 그 층렬들이 의미를 지니려면 최소한 '상상의 원리'와 '식별의 원리'가 동시에 함께 작동해야 하는데, 이런 모습들을 '무대로 도입된 의사소통 행위'로 묶고서 다음 속성들을 언급한다. ①협동하여 짐짓 그런 척하기, ②그 상태에서의 의사소통 행위, ③대응 관계, ④대조점, ⑤부인 가능성이다. 문학에서는 이런 기제를 익숙히 이용해 오고 있다. 뿐만 아니라, 소꿉장난, 반어

나 비꼬기, 과장법이나 절제법(축소표현), 인사치레 표현 등도 동일하게 작동되고 구현된다.

2.5. 마지막 제6부 '결론'에서는 언어사용이 협동작업 활동이며, 적어도 수준·경로·층렬이 복합적으로 작동하고 있으므로, 좁은 의미의 언어(≒언어학에서 다루는 언어)만으로는 설명될 수 없고, 반드시 언어적 신호와 비언어적 신호를 함께 묶어 더 넓은 의미의 언어사용으로 다뤄져야 함을 매듭짓고 있다. 즉, 협의의 언어가 아니라 광의의 언어인 것이다.

3.

번역자는 언어사용이 심리학적으로 언어 산출 및 이해의 두 측면이 긴밀히 얽히어 일어나는 일이라고 생각한다. 우선 입말 산출만을 고려한다면(제6장의 르펠트Levelt의 모형을 보기 바람), 언어사용은 화자의 배경지식 속에서 자유의지에 의하여 '의사소통 의도'로 구체화되며, 이 의도는 얼굴을 마주하고 있는 상대방과의 공통기반과 정보 간격을 가늠한 뒤에, 언어적 표현이나 비언어적 표현이 합쳐진 모습으로, 아니면 어느 하나의 모습으로 전달된다. 이 과정에서도 현재 의도를 점검하며 고쳐나갈 수 있는 상위의도가 함께 작동하고 있어야 한다. 만일 언어적 표현을 선택하는 경우에도, 거시계획과 미시계획을 짜고 서술관점을 정하고 나서, 축자적으로 직접 표현할지 아니면 간접적으로 표현할지를 결정해야 한다. 간접표현을 하는 경우에 에둘러 표현할지 비유적으로 표현할지를 결정해 주어야 하며, 비유적 표현을 선택하는 경우에 은유를 택할지 아니면 환유를 택할지 결정해야 한다. 한마디로 언어사용은 주인이 되고, 언어는 주인이 부리는 하인 또는 심부름꾼인 셈이다. 그렇지만 이런 모든 층위의 일들이 순식간에 동시에 일어나고 있더라도 우리는 거의 이를 자각하지 못한다.

언어 이해도 산출 못지않게 여러 가지 복합적인 인지층위가 동시에 작동하여 일어난다. 글말 이해만 고려한다면(제5장의 킨취^{Kintsch}의 모형을 보기 바람), 언어사용은 덩잇글의 표면구조에서 우선 정보 덜어내기와 정보 더해 놓기 과정을 통하여 덩잇글의 미시구조와 거시구조를 읽어내는 일을 해 나간다. 이를 덩잇글 기반이라고 부르는데, 이를 마련하기 위하여 여러 가지 짐작이나 예측을 능동적으로 해 나가는데, 이 과정에서 소략한 짐작이나 예측이 잘못되거나 더 가다듬어져 나갈 수 있다. 만일 잘못된 짐작이나 예측을 하였다면, 신속히 없애고 새로운 대안을 상정해야 하는데, 이를 '억제기제 가설'이라고 부른다. 정보를 덜어내고 정보를 더해 주는 이런 짐작 및 추론 과정에서 억제기제 가설을 제대로 활용해야 똑똑한 이해 주체가 되는 것이다. 일단 덩잇글 기반을 마련해 놓더라도 이는 다시 장기기억 속에 저장되어야 한다. 이를 위해서 덩잇글 기반을 상황모형으로 바꿔 놓는 일을 해야 한다. 그렇다면 적어도 표면구조·덩잇글 기반·상황모형이란 세 가지 인지층위가 동시에 복합적으로 작동하는 것이지만, 우리는 거의 이를 자각하거나 의식하지 못한다.

만일 입말 이해를 대상으로 한다면, 덩잇글 이해에서처럼 상황모형을 상정하는 일보다는 상대방의 의도를 가늠하고 그 바탕 위에서 어떤 발화를 듣게 될 것인지에 대하여 예측하고 확인하는 일로 대신해야 할 듯하다. 입말을 매개로 한 상황에서는, 언어적 정보만이 아니라 비언어적 정보도 매우 중요한 몫을 맡고 있기 때문에, 이런 비언어적 정보를 언어로 바꾸어 놓고서 추론과 판단의 자료로 삼는 일이 더 많이 요구될 것이다.

언어의 산출 및 이해가 두뇌 신경계가 작동하는 더 깊은 하부구조에서는, 장기기억과 작업기억[12] 사이에 유기적인 인출·저장·수정·확장 과정으로 구현된다. 장기기억은 절차지식 기억과 서술지식 기억으로 나뉜다.[13] 서술지식 기억은 구체사례 기억과 의미론적 기억으로 나뉜다. 언어사용에 대한 자각은 절차지식들을 명시적으로 자각할 수 있게 해 주는 일에 다름 아니다. 이는 실전 과제 연속물 등을 통하여 끊임없이 연습하는 일로 얻어질 수 있을 따름이다. 이렇게 볼 때, 이 책에서 다뤄진 언어사용의 여러 단계들은 언어 그 자체의 이해뿐만 아니라, 이를 이용하는 인지 처리과정을 이해하는 데에도 큰 도움을 줄 것으로 생각된다.

두뇌 생리학자들이 기억을 다루는 방법은 크게 두 부류로 나뉜다. 두뇌 신경의 연접부들이 지엽적으로 특성화된 단위군들이 작동하여 '의식의 신경 상관물NCC, neural correlates of consciousness'을 만들어낸

12] 작업기억이란 말은 밀러 외(Miller, Galanter, and Pribram, 1960)에서 처음 나왔지만, 주로 영국의 심리학자 배들리(Baddeley, 1986), 『작업기억(*Working Memory*)』(Oxford University Press)에서 제안된 다중성분 모형(multi-component model)을 중심으로 발전해 왔다. 지난 20년 넘은 논의의 범위와 깊이가 매우 방대하고 심층적인데, 미야케·샤(Miyake and Shah, 1999), 『여러 가지 작업기억 모형(*Models of Working Memory*)』(Cambridge University Press), 그리고 최근 나온 배들리(2007), 『작업기억·사고·행위(*Working Memory, Thought, and Action*)』(Oxford University Press)에서 도움을 받을 수 있다. 한편, 긴 덩잇글 이해와 관련하여 에뢱슨·킨취(Ericson and Kintsch, 1995), 「장기 작업기억(Long-term working memory)」에서는 장기기억의 일부를 작업기억으로 전환하여 이용해야 할 필요성을 논의한 바 있다. 틸빙·크뢰익(Tulving and Craik, 2000) 엮음, 『기억에 대한 옥스퍼드 소백과(*The Oxford Handbook of Memory*)』(Oxford University Press)도 참고하기 바란다. §.5-2의 관련 논의도 함께 보기 바람.

13] 미국의 심리학자 제임스(James)는 1차 기억·2차 기억이란 용어를 썼고, 브루너(Bruner)는 암묵기억·외현기억이란 말을 썼으며, 영국의 철학자 롸일(Ryle)은 how-지식 기억·what-지식 기억이란 말을 썼고, 캐나다의 심리학자 틸빙(Tulving)은 절차지식 기억·서술지식 기억이란 용어를 썼다.

다는 크릭·코크Crick and Koch 환원주의 가정과,14] 이에 반대하여 두뇌에 두루 퍼져 있는 여러 신경군들이 유기적으로 함께 작동한다는 에들먼Edelman 총체주의 가정이다.15] 이들 가정은 자기 자각적 의식이 어떻게 발현되는지를 보는 시각에서 서로 다른 것이다. 크릭·코크의 가정에서는 자기 자각이 없는 기억 또는 낮은 차원의 기억을 쉽게 다룰 수 있다. 이른바 '장기증강long-term potentiation'을 촉발하는 켄들Kandel의 중간매개 연접부가 새로 생겨나는 일로 구현되기 때문이다. 그렇지만 아직까지 이런 신경생리학적 구현물이 자기자각 또는 재귀적 의식을 보장해 주지는 못한다. 앞으로 기억에 대한 연구가 크게 진보한다면, 아마 같이 이런 논의 내용들에 대한 신경생리학적 기반을 확실히 찾아내어 여러 가지 진단과 처방에 이용할 수 있을 것이다.

·

14] 크릭(1916~2004)은 타계하기 전까지도 의식이 깃들어 있는 자리를 찾는 데 골몰하였는데, 켄들(2006; 전대호 뒤침, 2009 : 420쪽 이하), 『기억을 찾아서』(랜덤하우스)에 보면, 크릭은 claustrum(전장, 담장, 대상핵)이 경험의 통일성을 매개해 준다고 보아 그곳을 의식이 깃든 곳으로 추정하였다고 한다. 에들먼·토노니(2001)를 반박하는 코흐(2004 : §.5.5)도 참고하기 바람.

15] 에들먼(2005 : 제4장)에서는 인간이 지닌 고차의식 또는 자기자각(재귀적 의식)이 적어도 ① 피질과 시상 사이의 재유입(reentry), ② 피질과 피질하부구조(늑기저핵) 사이의 상호작용, ③ 피질 내부에서의 상호작용 등이 함께 작동되어 발현된다고 가정한다. 에들먼(1992 : 제16장)과 에들먼(2004 : 제6장)에서는 이러한 의식의 '비-환원성' 때문에 환원 시도가 모두 범주 오류에 지나지 않는다고 보았다.

참고문헌

김지홍(1999), 「어휘의 의미표상에 대한 연구」, 『배달말』 25, 배달말학회, 39~
77쪽.

김지홍(2000a), 「동사구와 명사구 기능범주들의 관련성에 대하여」, 『백록어문』
16, 제주대 국어교육과 백록어문학회, 7~29쪽.

김지홍(2000b), 「참스키 교수의 내재주의 언어관」, 『배달말』 27, 배달말학회,
97~126쪽.

김지홍(2007), 「언어와 언어사용에 대한 자각」, 『국어문학』 42(전북대 국문과)

김지홍(2010), 『국어 통사·의미론의 몇 측면』, 도서출판 경진.

김수업(2005), 『국어 교육의 바탕과 속살』, 나라말.

김수업(2006), 『배달말 가르치기』, 나라말.

김영정(1996), 『심리철학과 인지과학』, 철학과현실사.

김재권(1996 영문; 하종호·김선희 뒤침, 1997), 『심리철학』, 철학과현실사.

김재권 외 20인(1994), 『수반의 형이상학』, 철학과현실사.

성영신·강영주·김성일 엮음(2004), 『마음을 움직이는 뇌, 뇌를 움직이는 마음』,
해나무.

신현정(2000), 『개념과 범주화』, 아카넷.

윤명로(1987), 『현상학과 현대철학』, 문학과지성사.

이정모 엮음(1996), 『인지심리학의 제문제 I : 인지과학적 연관』, 성원사.

이정모·이재호 엮음(1998), 『인지심리학의 제문제 II : 언어와 인지』, 학지사.

이정모 외 17인(1999, 2003 개정판), 『인지심리학』, 학지사.

이정민 외(2001), 『인지과학』, 태학사.

조명한 외 11인(2003), 『언어심리학』, 학지사.

Anderson, J. and C. Lebiere(1998), *The Atomic Components of Thought*, Lawrence Erlbaum.

Andrade, J. ed.(2001), *Working Memory in Perspective*, Psychology Press.

Audi, R.(1993), *Action, Intention, and Reason*, Cornell University Press.

Baddeley, A.(1986), *Working Memory*, Clarendon Press.

Baddeley, A.(2007), *Working Memory, Thought, and Action*, Oxford University Press.

Baddeley, A., M. Conway, and J. Aggleton eds.(2002), *Episodic Memory : New Directions in Research*, Oxford University Press.

Beakley, B. and P. Ludlow eds.(2006), *The Philosophy of Mind*, MIT Press.

Block, N. et al. eds.(1997), *The Nature of Consciousness*, MIT Press.

Bowerman, M. and S. Levinson eds.(2001), *Language Acquisition and Conceptual Development*, Cambridge University Press.

Bratman, M.(1999), *Faces of Intention : Selected Essays on Intention and Agency*, Cambridge University Press.

Brown, C. and P. Hagoort eds.(1999), *The Neurocognition of Language*, Oxford University Press.

Chafe, W.(1994; 김병원·성기철 뒤침, 2006), 『담화와 의식과 시간 : 언어 의식론』, 한국문화사.

Chomsky, N.(1993a), "Mental Construction and Social Reality", in E. Reuland et al eds.(1993), *Knowldge and Language*, vol. # 1, Kluwer Publisher, pp. 29~58.

Chomsky, N.(1993b), *Language and Thought*, Moyer Bell Publisher.

Chomsky, N.(1995), *Minimalist Program*, MIT Press.

Chomsky, N.(1997), "Language and Mind : Current Thoughts on Ancient Problems", *Pesqisa Lingüística* vol. # 3(4), Universidade de Brasília.

Chomsky, N.(2000a), *The Architecture of Language*, Oxford University Press.

Chomsky, N.(2000b), *New Horizons in the Study of Language and Mind*, Cambridge University Press.

Churchland, P.(1988; 석봉래 뒤침, 1992), 『물질과 의식』, 서광사.

Clark, H.(1996; 김지홍 뒤침, 2009), 『언어사용 밑바닥에 깔린 원리』, 도서출판 경진.

Cohen, P., J. Morgan, and M. Pollack eds.(1990), *Intentions in Communication*,

MIT Press.

Cook, Guy ed.(1995), *Principle and Practice in Applied Linguistics*, Oxford University Press.

Cox, B.(1995), *Cox on the Battle for the English Curriculum*, Hodder & Stoughton.

Cutler, A. eds.(2005), *Twenty First Century Psycholinguistics : Four Cornerstones*, Lawrence Erlbaum.

Damasio, A.(1994; 김린 뒤침, 1999), 『데카르트의 오류 : 감성, 이성, 그리고 인간의 뇌』, 중앙문화사.

Damasio, A.(1999), *The Feeling of What Happens : Body and Emotion in the Making of Consciousness*, A Harvest Book.

Damasio, A.(2003; 임지원 뒤침, 2007), 『스피노자의 뇌 : 기쁨·슬픔·느낌의 뇌 과학』, 사이언스북스.

Davidson, D.(1980), *Essays on Actions and Events*, Oxford University Press.

De Bot, K.(1992), "A Bilingual Production Model : Levelt's 'Speaking' Model Adapted", in *Applied Linguistics*, vol. 13 no.1, pp. 1~24.

Edelman, G.(1992; 황희숙 뒤침, 2006, 제2판), 『신경과학과 마음의 세계』, 범양사.

Edelman, G.(2004; 김한영 뒤침, 2006), 『뇌는 하늘보다 넓다』, 해나무.

Edelman, G.(2006; 김창대 뒤침, 2009), 『세컨드 네이처』, 이음.

Edelman G. and G. Tononi(2000), *A Universe of Consciousness : How Matter Becomes Imagination*, Basic Books.

Fairclough, N.(1989; 2001, 2nd edition), *Language and Power*, Pearson Education.

Fodor, J.(1975), *The Language of Thought*, Harvard University Press.

Fodor, J.(1983), *The Modularity of Mind*, MIT Press.

Fodor, J.(2000), *The Mind doesn't Work That Way*, MIT Press.

Fodor, J.(2001), *The Mind doesn't Work That Way : the Scope and Limits of Computational Psychology*, MIT Press.

Garrett, M.(1990), "Review of Speaking : from Intention to Articulation by Willem J.M. Levelt, Cambridge, MA : MIT Press 1989", in *Language and Speech*, vol. 33, pp. 273~291.

Gaskell, M. eds.(2007), *The Oxford Handbook of Psycholinguistics*, Oxford University Press.

Gathercole, S. and A. Baddley(1993), *Working Memory and Language*, Psychology Press.

Goldberg, E.(2001; 김인명 뒤침, 2008), 『내 안의 CEO, 전두엽 : 인격, ADHD 그리고 치매』, 시그마프레스.

Graesser, A., M. Gernsbacher, and S. Goldman eds.(2003), *Handbook of Discourse Process*, Lawrence Erlbaum.

Grice, H.(1989), *Studies in the Way of Words*, Harvard University Press.

Jackendoff, R.(2002), *Foundations of Language*, Oxford University Press.

Kandel, E.(2006; 전대호 뒤침, 2009), 『기억을 찾아서』, 랜덤하우스코리아.

Kintsch, W.(1993), "Information Accretion and Reduction in Text Processing", in *Discourse Processes*, vol. # 16(pp. 193~202).

Kintsch, W.(1998), *Comprehesion : A paradigm for cognition*, Cambridge University Press.

LeDoux, J.(1998; 최준식 뒤침, 2006), 『느끼는 뇌 : 뇌가 들려주는 신비로운 정서 이야기』, 학지사.

LeDoux, J.(2002; 강봉균 뒤침, 2005), 『시냅스와 자아 : 신경세포의 연결 방식이 어떻게 자아를 결정하는가?』, 소소.

Levelt, W.(1989; 김지홍 뒤침, 2008), 『말하기 : 그 의도에서 조음까지』 I, II, 나남.

Levelt, W.(1999a), "Producing spoken language : a blueprint of the speaker", in Brown and Hagoort eds., *Neurocognition of Language*, Oxford University Press, pp. 83~122.

Levelt, W.(1992), "Fairness in reviewing : A reply to O'Connell", in *Journal of Psycholinguistic Research*, vol. 21 no. 4, pp. 401~403.

Levelt, W.(1999b), "Models of word production", in *Trends in Cognitive Sciences*, vol. 3 no. 6, pp. 223~232.

Malle, B., L. Moses, and D. Balwin eds.(2001), *Intentions and Intentionality*, MIT Press.

Margolis E. and S. Laurence eds.(2000), *Concepts : Core Readings*, MIT Press.

Miyake, A. and P. Shah eds.(1999), *Models of Working Memory : Mechanisms of Active Maintenance and Executive Control*, Cambridge University Press.

Moore, G.(1903, 2003 revised), *Principia Ethica*, Cambridge University Press.

Newell, A.(1990; 차경호 뒤침, 2000), 『통합 인지이론』, 아카넷.

O'Connell, D. C.(1992), "Book Review : Some Intentions Regarding Speaking", in *Journal of Psycholinguistic Research*, vol. 21 no. 1, pp. 59~65.

Pacherie, E.(2008), "The phenomenology of action : A conceptual framework", in *Cognition*, vol. # 107(pp. 179~217).

Pechmann, T. and C. Habel eds.(2004), *Multidisciplinary Approaches to Language Production*, Mouton de Gruyter.

Pinker, S.(2007), *The Stuff of Thought : Language as a Window into Human Nature*, Viking.

Pinker, S.(1997; 김한영 뒤침, 2007), 『마음은 어떻게 작동하는가? : 과학이 발견한 인간 마음의 작동 원리와 진화심리학의 관점』, 동녘사이언스.

Restak, R.(1984; 김현택 외 뒤침, 1993), 『나의 뇌, 뇌의 나』, 예문지.

Restak, R.(1992; 박소현 뒤침, 1996), 『마인드』, 이론과실천사.

Rosch, E.(1988), "Coherence and Categorization : A Historical View", F. Kessel ed., *The Development of Language and Language Researchers*, Lawrence Erlbaum, pp. 374~392.

Russell, B.(1903, 1996 reissue), *The Principle of Mathematics*, Norton.

Schacter, D. and E. Scarry(2001; 한국 신경인지기능 연구회 뒤침, 2004), 『뇌와 기억, 그리고 신념의 형성』, 시그마프레스.

Schiffrin, D., D. Tannen, and H. Hamilton eds.(2001), *The Handbook of Discourse Analysis*, Blackwell Publishers.

Searle, J.(1983; 심철호 뒤침, 2009), 『지향성 : 심리철학 소론』, 나남.

Searle, J.(2002), *Consciousness and Language*, Cambridge University Press.

Searle, J.(2004), *Mind : a brief introduction*, Oxford University Press.

Searle, J.(2007), *Freedom and Neurobiology : Reflections on Free Will, Language, and Political Power*, Columbia University Press.

Shieber, S. eds.(2004), *The Turing Test : Verbal Behavior as the Hallmark of Intelligence*, MIT Press.

Smith, E. and D. L. Medin(1981), *Categories and Concepts*, Harvard University Press.

Taylor, M. M. and I. Taylor(1990), "Review of 'Speaking : From Intention to Articulation'", in *Computational Linguistics*, vol. 6 no. 1, pp. 52~56.

Thompson, R.(1985; 김기석 뒤침, 1989), 『뇌 : 신경과학 입문』, 성원사.

Tomasello, M. eds.(1998), *The New Psychology of Language*(2 volume set), Lawrence Erlbaum.

Townsend, D. J. and T. G. Bever(2001), *Sentence Comprehension : The Integration of Habit and Rules*, MIT Press.

Tulving, E. and F. Craik eds.(2000), *The Oxford Handbook of Memory*, Oxford University Press.

Widdowson, H.(2004), *Text, Context, Pretext : Critical Issues in Discourse Analysis*, Blackwell.

찾아보기

1차 경로 262
1차 기억 217, 279
1차 논리 54, 84
1차적 이해 74
1초의 한계 274
2차 경로 262
2차 기억 279
2차 논리 149
2차 논리의 불완전성 85
2차적 해석 74
2항 접속 98
3겹 두뇌 166
3대 보고서 64
5~6개 정도 219
5가지 감각 정보 171
6가지 기능 78
6개 이상 219
6겹 166, 173
6하 원칙 87, 133, 139
7개 정도 219

abduction 145
authenticity 81
business 258
CLT 73
coersion 56, 74
coherence 104, 142
cohesion 142
context 74

co-text 56, 74
crioulo 258
degeneracy 47
ergative 48
Fox-P2 유전자 133
how-지식 기억 279
I-언어 45
I의 남용 45
icon 17, 70, 130
idea 229
image 229
impredicativity 54
index 70, 130
index의 거대한 사슬 132
lemma 135, 184, 189
maxim 115
Move-α 48
negotiations 59
presentation 207
qualia 215
representation 207
routines 59
schema 230
skill 77
strategy 77
symbol 17
tatic 77
token 92, 270
type 92, 270

what-지식 기억   279
XP   140

가능세계   99
가능태   94
가능한 해석 범위   146
가리킴   70, 130, 131, 137, 269
가상층렬   262
가설-연역적 체계   268
가소성   212
가족끼리 닮음   157
가추법   145
가치   168
가치체계   67, 132, 257
갈래 층위   31
감각인상   215, 229
감각자료   229
감정이입   21, 119, 148, 156
강제 유형 일치   56
강한 의미의 창조성   58
개념   206
개념 논항   249
개념 마련 부서   244
개념 명세내역   249
개념 문자   14
개념 및 의도 체계   46
개념 연결   103
개념 전개 기능   79
개념 표기법   14, 190
개념 형성 기관   25
개념 형성   25
개념 형성기   183, 247, 248, 253
개념과 개념화의 문제   191
개념틀   74, 92, 230, 231
개버가이 논쟁   32
개별대상   270
개별사건 기억   138
개별성   132
개별성과 보편성   83
개별성과 사회성   149

개별적인 공통기반   265
개인차   221
개체 유형   83
갠지스 강   28
갤러버더   185
거시계획   277
거시구조 표지   276
거시구조   196, 197, 278
거시규칙   110, 196
거시명제   104, 109, 209, 243
거시명제의 형성   110
거시목표   181
거시설계   180, 187
거시적 설계   111, 248
거울   53
건스바커   103
게더코울   187
격률   115
결정 과정   180
결정 내리기 과정   187
결정 이론   113
결정론   167
결합 관계   17
경험주의   13, 15, 132
계산   43
고영근   157
고유명사   31, 82
고유한 연구 대상   41
고전적 개념 이론   25
고전적 개념화   157
고프먼   79, 81, 258
골자/주제 추리기   146
공동 목표   270
공동의 목표   261, 262
공리계   52, 268
공모 관계   49
공백   273, 274
공범주   55, 90
공범주 논항   90
공범주 대명사   144

공손 표현　26
공유 경험　94
공유된 배경지식　67, 80
공유된 삶의 체험　20
공적인 공통기반　265
공통 얼개　127
공통기반　131, 134, 261
공평성　275
공평성 원리　80
과정 및 행위 개념　96
과제 등급화 원리　162
과제 연속물　6, 7, 160, 161
과제 중심 언어교육　6, 7, 73, 120,
　　123, 128
과학 정신　114
관념론　14, 15
관련성　24
관습적인 기존의 방식　145
관습적인 형식　133
관용의 원리　32, 34
광의의 언어　277
광의의 언어 능력　96, 240
괴델　21, 31, 52, 85, 149
교점들의 강도값　210
교차 분류　5
교체 현상　27
구성-통합 과정　195, 204
구성-통합 모형　109, 136, 174, 206,
　　225, 226, 228, 233, 235, 242
구성-통합 작용　195
구성물　159
구성물 명세내역　6
구성성분 통어　42
구적 낱말　88, 98
구조적 개방성　55
구조적 중의성　55
구체사례 기억　75, 76, 91, 170, 186,
　　191, 270, 279
구체적인 개별 사건　141
귀납적 접근　145

귀납적 함수　16
규칙 지배적 알고리즘　209
규칙적 낱말 활용　108
그라이스　7, 21, 59, 115, 155, 182
극단적인 구성주의　231
극성 표현　155
글라잇먼　26
글말　93
긍정적 자존심　275
기능-개념 중심 교과과정　63
기능범주　48, 96
기능범주의 상동성　101
기능적 지식　162
기능주의　171
기본　103
기본 개념　191
기본 층위　31
기술　76
기술구　28
기억　207
기억 인출　132
기억 표상　174
기억 흔적　219
기억의 강화와 해리　172
기억의 기제/기전　169
기억의 왜곡　174
기억의 용량 차이　186
기억의 저장과 인출　172
기저핵　15, 138
기호　17
기호 규칙 적용　132
기호의 운용과정　129
기호학　68, 69, 129
김영정　212
김영진　152
김재권　179
난관 타개　158
난관 타개하기　120, 121
낱개의 사건　133
낱말　82, 141

낱말 단위 83
낱말 분출 35
낱말 습득 36
낱말 탐지기 192
낱말과 문장 138
낱말의 수적 폭발 35
낱말의 후보 83
내부 논항 98
내부자 265
내용 17
내재주의 관점 57
내재주의 언어 철학 57, 60
내재주의 13, 14, 15, 25, 40
내적 발화 246
내적 발화 형태 242
내포 16, 54
내포구조 16, 55
내포의미 86
내포의미론 85
네 가지 수준 262
논리 형식 46
논리대수 69
논리주의 212
논항 14, 190
논항-함수의 구조 245, 248
논항구조 181, 190, 206
뇌세포 임계량 241
뉴얼 174, 256
뉴튼 51
능통성 72, 122
다의성 18
다양성 및 제일성의 문제 37
다중 기억체계 215
다중 표상 208
다항 접속 98
단순문 190
단원성 43, 108, 176
단원체 25, 175, 176, 183, 241
단원체 가정 44, 108, 175, 251
단위 사건 133, 139

단위 사건의 내부 구조 139
단일 사건 87, 151
담화 기록의 누적 94
담화 의미론 24
담화 이해 201
담화 조직 방식 59
담화 조직 원리 105
담화 초점 248
담화 141, 208, 274
담화교육 7, 125, 126, 137, 157
담화의 전개 276
담화진행 기록 263
담화표지 276
대뇌 변연계 187, 215
대상 86
대상 및 실체 개념 96
대상을 창조 30
대상의 내부 속성 37, 38
대소 관계 99
대수형 문제 225
대우 일치 98
대인 관계 기능 79
대인 상호작용 79
대형명제 146
대화 규범 115, 247
대화 능력 121
더 높은 상위 체계 191
더 작은 하위단위 139
더마지우 134, 196, 216
덩잇글 기반 136, 197, 204, 278
덩잇글 기저 204
덩잇글 이해 203
덩잇글 이해 과정 210
덩잇글 토대 109
덩잇글 68
덩잇말 68
데까르뜨 165, 268
데이빗슨 34, 35, 54
도구/수단 258
도구적 언어관 6, 196

도상 70
도서관 비유 4
도식 74, 230
독립된 단원체 42
동사 97
동사 속성 96
동사군 93
동성 변이체 47
동일 차원에서의 서술 불가능성 54,
　82, 85
동족목적어 89
두 방향 의사소통 80, 158, 186
두 방향 입말 의사소통 153
두 방향의 상호작용 123
두뇌 작동 언어 42, 185
두뇌의 작동 방식 41
둥근 사각형 27, 30
뒤로 되돌아보는 기억 214
듣기 연구 188
등급화 159
등급화 원리 120
등위 접속 98
등위 접속구조 16, 54
땜질하는 방식 47
뜻 고정 짓기 56
뜻 고정하기 74
라이프니츠 69
람다 함수 85
런던 27
레뷘 26, 27
로고진 192
롸슈 25, 157
롸일 279
뢰퍼포어-호뵵 26
뢺지 83
루이스 89
뤄쓸 28, 53, 82, 92, 265, 268
르두 213
르펠트 106, 134, 237
마디 264

마르코프 연쇄 202
마술 숫자 덩어리 185
마아 43, 107, 127, 168
마이산 86
마커스 177
막스 플랭크 연구소 238
만테규 45, 83, 85
말실수 250
말하기 교육 79
맥락 민감성 211
맥락에 따른 의미 고정 56
머릿속 어휘부 191, 247
머릿속 언어 45, 46
머카씨 72
머클레인 166
메시지 248
명사 97, 191
명사 속성 96
명사군 93
명사와 문장 86, 190
명세내역 159
명제 14, 106, 133, 189, 194, 204, 206,
　241
명제 개념틀 231
명제 구조 248
명제 정보 137
명제 태도 동사 16, 54
명제 표상 247, 248
명제군 211
명제와 심상 241
명제와 심상과 또 다른 상위 처리 단위
　241
명제의 심리적 실재성 208
명제적인 것 215
모국어 교육 126, 157
모둠 활동 6
모방과 변형 58
모양새에 대한 가정 36
모튼 192
모형 세계 29

목록함   4
목적인   77
목표 지향적인 전략적 처리 과정   209
몸과 마음의 문제   22, 165
무연성   70
무정의 용어   52, 194
무한 퇴행   51, 52, 58
무한성   14, 15, 54, 149
무한성의 본질   149
무한퇴행   265
묵독 단계   192
반법 기능   249
문법 부호화   245
문법 부호화 과정   182
문법 부호화 장치   249
문법 지식   162
문장   82, 141, 191
문장 단위   83
문장 묶기   103
문장 의미론   24
문장과 낱말   94
문장과 낱말의 존재 이유   91
문장의 후보   83
문장이 하는 역할   140
문제 해결 능력   81, 122, 159
문턱값   192
물 자체의 본질   51
물리적 상징체계   212
물리적/물질적 상징체계   176
미도   38
미드   258
미시계획   277
미시구조   197, 204, 278
미시명제   104, 109, 209
미시설계   180, 181, 187
미시적 설계   111, 248
믿음 고정하기   33
믿음 체계   65
믿음의 고정   66, 150
믿음의 그물   33

밀   82, 190
밀러   217, 219
밑바닥에 깔린 의도   268
바다 민달팽이   41, 215
바아틀릿   74
바이버   71
바크먼   162
바틀릿   207
박태진   174
반-논리주의   230
반-연산주의   230
반고리관   30
반복   54, 96, 149
반복 문법   16
반복 연습   77
반복함수   14, 203, 240
반복함수의 구현   190
반성적 사고   30, 134
반어 표현   115
반증도 검증도 불가능   45
발언권   273, 274
발언기회   276
방략   77
방법론적 일원론   12, 206
방희정   174
배경 및 초점의 관계   181
배경 잡음   212
배꼽의 악순환   53
배들리   109, 135, 170, 186, 187, 217
백과사전 내용   194
백터의 행렬식   225
번역 불가능성   33
번역 불확정성   31, 40
범용 튜링 기계   43
범주   51
범주 오류   280
범학문적 분야   256
베이튼   81
벡터   211
벡터 표상   225

변이 71
변이체 47
변종 층위 31
변항 54, 84
변항 도입 과정 83
별개의 경로 178
병렬 분산 처리 44, 108, 172, 176, 211, 241
병렬 접속구조 93
보상 노력 275
보정 추론 39
보조사 48
보편 튜링 기계 43, 107, 175
보편성과 개별성 92, 149
보편적인 개념 37
복선적 134
복합 개념 191
복합 개념 형성 65
복합 명제 232
복합 믿음 체계 66
복합 사건 덩어리 141
복합 사건 연결체 75
복합 사건들의 연결체 87, 194
복합 사건들의 연속체 131
복합 사건들의 연쇄 95
복합문 190
복합사건 덩어리 131, 133, 142, 150, 151
복합신호 270
본능 75, 132, 168
본뜸 17, 70, 130, 131, 137, 269
뵈넥 128
뵌대익 110, 158, 196
부분 및 전체 89
부분 집합 82
부울 대수 69
부울 69
부족 연맹 체제 44
부합 자질 50
부호화-인출의 비대칭성 214

부호화 과정 214
부호화 방식 221
부호화 전략 221
분류적 가정 36
분류학 31
분석명제 33, 114
분절 단위 138
분트 가정 217
분트의 원리 183, 243
분할 방식 151
불럭 보고서 63, 127
불완전성 정리 21, 52, 53
불확실성 148
붙이기 50
빗건슈타인 157
브롸운 78
브루너 279
브리콜라쥬 47
비가시적 이동 50
비규칙적 낱말 활용 108
비꺼뜬 153
비대칭 현상 178
비대칭성 가정 216
비대칭적 189
비언어 요소 196
비언어 표상 107
비언어적 내용을 활용 137
비언어적 재료 178
비언어적 정보 141, 143, 278
비언어적 표상 42, 185
비언어적 행위 182
비연속성 14
비완벽성 49
비유적 표현 27, 253
비자연성 70
비자연적 결합 17, 130, 269
비통사적 구성 88, 98
비통사적 기제 88
비판적 담화 분석 158
비핵어 99

사건　86
사건 명사　90
사건들에 대한 복합 정보　191
사건의 대응물　131
사고 단위　204
사고 법칙　69
사고와 행위　46
사고의 계산 가능성　212
사고의 기본 단위　194
사고의 언어　106
사교적 의사소통　79
사서　4, 5
사용 맥락　74
사이시옷　88, 98
사이시옷 현상　88
사회성　149
사회언어학　127
사회언어학 지식　162
사회적 결속력　95
사회적 관습　130
사회적 자아　275
산 송장　27
산술 체계　14
산출 과정　134, 182
산출 체계의 청사진　244
산출과 처리　164, 165, 175, 177
산출을 위한 추론 내용　181
삶의 양식　267
삶의 양식을 공유　148
삼분체계　269
삼원 부호화 체계　230
삼원 부호화 표상　231
삽화 기억　75, 224
삽화 임시저장고　219
삽화/일화 임시저장고　218
삽화적 덩잇글 구조　221
상거래 원리　79
상과 시제　99
상대론적 언어관　4
상대방의 주의력　273

상대주의　231
상대주의 언어관　60
상상의 원리　276
상수원리　11
상식적 범주　267
상위 사고에 대한 탐구　69
상위 의도　180
상위목적　258
상위문 동사　57
상위변항　85
상위의 처리기　107
상위의도　277
상징　17, 18, 20, 70, 130, 131, 133
상징 유형으로 서술　270
상징에 대한 해석　20
상징적 결합　269
상징적 표상 체계　174
상징체계 접근　177
상항　84
상호 공통기반　184
상호 배타성 가정　36, 37, 38
상호 주관성　148, 151, 156
상호작용　158
상호작용 사회학　8
상호접합면 층위　21
상호접합면　42, 46
상호조율　261
상황모형　109, 136, 204, 208
생성 문법　16
생성 어휘론　26
새년　35
서법　99
서법어미 C　140
서술관점　180, 181, 245, 277
서술관점의 선택　111
서술지식　75
서술지식 기억　141
선험적 범주　116
선험적인 범주　92
선형 대수 구조　194

설문해자 68, 141
성장 곡선 35
세계 상황 모형을 재구성 195
소꿉장난 81, 276
소쉬르 68, 127, 129, 257, 269
속성 및 성질 개념 96
수리 철학 83
수사학 146
수사학적 전개 방식 199
수학 기초론 83
수학 문제풀이 225
수학의 대수 문제 풀이 210
수행 능력 51
수행 진술 115
수행 체계 40, 42
순수 사고 14
순수이성 15
순수이성과 실천이성 67, 150
순환 과정 7
쉬퍼 268
스끼언 128
스스로 고치기 135
스스로 점검 247
스스로 활동 6
스스로를 지각 179
스웨인 73
스웨일즈 158
시각 정보 137
시각적 동일성 130
시간 및 공간 개념 96
시간상의 압박감 121
시간상의 중압감 273
시상 99
시제 논리의 아버지 100
시제 처리 101
시제소 I 140
식별의 원리 276
신비 51
신비의 문제 21
신비주의적 태도 52

신클레어 79
신현정 157
신호 보내기 268
실무경로 272
실무용 경로 153
실세계 29
실세계 체험 152
실재론 14, 15
실험심리학 202
심리적 실재 207
심상 107
심신 수반론 23, 167
심신 이원론 22, 165
심신 인과 문제 165
심신 인과관계 167, 168
심적 상태 86
심철호 152
써얼 25, 44, 167, 179
아리스토텔레스 77
아리스토텔레스 개념 47
알맞은 처방전 234
암묵기억 213, 216, 279
앞뒤 문맥 74, 88
앞뒤로 이어진 말 56
앞으로 내다보는 기억 214
앤더슨 171
야콥슨 78
약한 의미의 창조성 58
양상 논리 89
양정석 26
양태 99
양화 표현 99
어순 248
어휘 밀집도 93
어휘 사슬 104, 143, 144, 199
어휘 의미론 24, 26
어휘 접속 188, 191, 193
어휘범주 48, 96
어휘부 45, 48
어휘적 중의성 55

억양단위 274
억제기제 가설 278
억제기제 효율성 가설 110, 197, 209
언어 기관의 완벽성 48
언어 놀이 267
언어 능력 42
언어 단원체 29
언어 딸림 행위 67
언어 및 행위 67
언어 분절 단위 147
언어 사용에 대한 자각 178
언어 산출 과정 208
언어 산출 모형 183
언어 습득 기제 38
언어 외부의 정보 197
언어 외적 정보 146
언어 외적인 정보 143
언어 이해 201
언어 자각 63
언어 지식 63, 64
언어 처리 결과 204
언어 처리 과정 208
언어 투식 72, 208
언어 투식 변이 71
언어 표상 107
언어 표현 정보 248
언어 행위 115, 153
언어 형식 주조기 183
언어사용 21, 55, 255
언어사용에 대한 자각 6, 7, 64, 163
언어사용의 상부구조 57
언어사용의 하부구조 57
언어에 대한 자각 5, 7, 163, 178
언어에 의한, 언어를 위한, 언어의 층
　　위 42
언어와 비언어 150
언어와 사고 12
언어와 행위 150
언어의 노동 분업 32, 33, 34
언어의 상위 부서 177

언어의 중의적 측면 20
언어의 지시 문제 35
언어적 관례에 대한 지식 226
언어적 정보 278
언어적 표상 42, 185
언어형식 주조기 135, 182, 247, 248
언어화 이전의 메시지 181, 182, 184,
　　245, 247
언어화 이전의 전달내용 111
언표 속에 깃든 행위 267
언표 행위 267
에들먼 41, 212, 215, 256, 280
여러 층위 기억 가정 170
연결 강도 계산 222
연결 강도값 211
연결 어미 48
연결 행렬 211
연결강도 173, 176, 205, 225
연결이론 190
연결주의 44, 107, 172, 175, 176, 210
연결주의 대안 192
연산 43
연산 체계 21, 40
연산부 45
연산주의 107, 171, 174, 175, 183,
　　212
연산주의 관점 251
연상 관계 70
연속 발화 250
연역적 접근 145
열쇠 유전자 36
영국의 모국어 교육 64
예비 단계 153, 184
예비 연결체 271
예비 의사소통 184
예술 정신 114
오류의 진단과 처방 234
오스튼 114, 152
오해를 줄이고 155
옥스퍼드 철학자 256

온전한 대상물 가정 36, 37, 38
옮기기 50
완결 증거 272
완벽 47
완벽성 52
완벽성의 악순환 52
완벽한 낱말 88
완전성 정리 54
왜 언어가 분절되어 있는가 137
외부 논항 98
외부자 265
외삽법 145
외재적 실세계 33
외재적 실재론 27, 29
외재주의 15, 56
외재주의에로의 전환 118
외현 발화 182, 242, 246
외현기억 213, 215, 279
용량 제한 219
우연성 70, 130
우연한 결합 269
원소와 집합 관계 92
원시 용어 52
원자 명제 219, 232
원형 개념화 157
원형 어미 88
원형성 25
원형적 경험 25
위도슨 74, 103, 146, 197
위반 자질 50
유럽 공통 얼개 157
유뤄 93
유무 대립 89
유물주의 심리학 132
유연성 70
유창성 72, 122
유형 270
유형 연상 172
유형 인식 접근 225
유형 인식 212

육하원칙 75
율 78
음성 계획 250
음성 부호화 245
음성 자질 46
음성 형식 46
음성형식 주조기 135
음운 내역 245
음운 부호화 장치 249
응집성 103, 142, 198
의견 간격 활동 81
의도 147
의도를 추적 59
의도의 중층적 성격 179
의미 구별 능력 56
의미 24
의미 구조 248
의미 연결 24, 103, 199
의미 연합 수준 174
의미 인출 시간 193
의미 자질 46
의미 체계 191
의미 총체론 32
의미기억 75, 91, 133, 141, 191, 270
의미로써 스스로 터득하기 26
의미론적 기억 170, 279
의미를 고정 33
의미역 구조 75, 139, 190
의미파악 116, 182
의사소통 간격 67, 80
의사소통 걸림돌 184
의사소통 기능 78
의사소통 의도 67, 74, 113, 117, 134, 150, 152, 169, 176, 179, 242, 248, 253, 277
의사소통 중심 언어교육 7, 63, 73, 120, 128, 158
의사소통 중심의 언어교육 6
의식의 신경 상관물 215, 279
의심 내용을 삭감 184

의중 116, 147
이건원 152
이동 동사 26
이례적인 억양 267
이론에 대한 이론 37
이름 82, 94, 190
이분법적인 대립 269
이산성 14, 20
이성주의 12, 14
이숭녕 98
이원 부호화 모형 230
이원 부호화 표상 231
이원론 12
이원론적 접근 14
이정모 174, 256
이중 경로 모형 192
이중의 난점 187
이해 가능한 산출물 73
이해 가능한 입력물 73
이해 과정 134
이해 능력의 개인차 197
이행완료 행위 267
이현진 37, 38
인간의 자유의지 75, 131
인격적 언어관 6, 196
인공물 28
인과 관계 15
인과율 167
인문학 167
인문학적 접근 257
인사치레 표현 277
인상 형성 210
인식의 거미줄 66
인접쌍 270
인지 과학 164
인지 능력 77
인지 전략 251
인지 활동 77
인지심리학 202
인출 과정 214

인출 얼개 220
인출구조 210, 220, 225, 234
인출단서 220
일관된 덩잇글 표상 221
일련의 목표 248
일반 인지 능력 44
일반성 132
일반성과 개체성 92
일반화된 내용 140
일상언어 철학 152, 267
일원론 166
일원론 바탕 190
일원론적 접근 131
일화기억 75, 133, 141
임계치 23
임의 범주의 구 140
임의범주 이동 48
임의의 구 88
임홍빈 27
입력물 159
입력물 가정 73
입말 93
입장·본체·퇴장 264
입출력 연산 과정 241
자기-자각 265
자기 반성적 사고 198
자기 반성적 접근 257
자기 점검 180, 183
자기 점검 회로 198
자기 점검이 가능한 영역 183
자기모순의 명제 58
자기모순의 문제 53
자동적 처리 213
자동적 처리 과정 246
자동적/무의식적 영역 183
자동적인 과정 182
자리 190
자리 옮기기 48
자발적 행위 89
자발적 행위주격 48

자아 4
자아 또는 주체 175
자아의식 257
자연계의 인과율 75, 131, 252
자연물 28
자연성 70
자연수 16
자연수의 본성 96
자연수의 본질 14
자연적 결합 17
자연주의화 118
자유 연상관계 108
자유로운 인간 정신 30
자유의지 4, 5, 20, 113, 150, 167, 169,
       179, 252, 264
자유의지의 구현물 151
자율성 275
자의성 70, 130
자의적 결합 269
자족적 부서 176
자존심 275
자체지각적 기억 214
자코브 47
작업 주의력 218
작업기억 109, 135, 170, 185, 217
작은 공범주 대명사 pro 90
작은 사회학 79
작은 전략 77
작은 주제 197
잘못된 인과 믿음을 시정 145
잠재태 91, 93
잠재적 의미 후보 193
잠재태 의미 체계 194
잠재태 의미분석 211, 225
장기 강화 기제 215
장기 강화/상승 215
장기 작업기억 속 204
장기 작업기억 109, 136, 171, 186,
       195, 219, 243, 254
장기 작업기억의 용량 187

장기증강 280
장석진 152
재구성 39, 174
재구성 과정 199
재구성 현상 207
재구성된 것 173
재구성하기 136
재구조화 109
재귀의식 169, 179
재귀적 공통기반 265
재귀적 의식 6
저의 116, 147
적합성 24
전-전두피질 213
전 전두엽 187
전 전두피질 185
전략 76, 77
전전두엽 218
전체 덩잇글 141
전체 학급 활동 6
전체 형태 38
전체로서의 형태 37
전체와 부분 149
전치사 97
전칭 양화사 85, 92
전형적인 특성 93
절 유사 단위 133, 189
절과 유사한 단위 217
절차지식 75, 78
절차지식 기억 133, 140
점검경로 272
점검용 경로 153
점검확인 경로 213, 262
점검확인용 경로 268
점증적 산출 과정 243, 245
점증적 산출 원리 112, 183
점진적 과정 195
접속 16
접속문 98
접속소 98

정교화　146
정교화 과정　104, 109, 243
정규적인 절차　275
정보 간격　94, 95, 121
정보 간격 활동　81
정보 더해 놓기 과정　104
정보 더해 놓기　110
정보 더해 주기　195
정보 덜어내기　110, 195
정보 덜어내기 과정　104
정보간격　150
정보단위　217
정보전달 경로　213, 262
정보전달 의사소통　79
정보전달용 경로　268
정보전달용 의사소통　95
정보처리 이론　212
정상과학　134, 164, 172
정신 발현론　23
정신/두뇌　61
정신의 이론　245
정신이란 실체　41
정신작용　129
정찬섭　43, 108, 127
정형화된 언어 형식　120
정형화된 절차　275
정형화된 투식 연습　121
정확성　72, 73
제거주의　23
제약-만족 과정　109
제약 만족 과정　174, 204
제임스　279
제자리 이동　50
제킨도프　26, 29, 39, 153, 240
조명한　43, 108, 176, 256
조음 기관　183
조음 실행 단계　245
조직화 지식　162
조합성　15
존재 범주에 대한 가정　36

존재 양화사　84, 91
존재론적 물음　82
종속 내포구조　93
종속 접속　98
종합명제　33, 114
주기별 통합　210
주기별 통합 과정　211
주먹구구 방식　225
주의력 초점　221
주의력 통제부　218
주인　258
죽음　115, 168
중간태 구성　89
중심내용 파악　146
중앙 연산 처리기　43
중앙 연산처리 장치　175, 176
중앙 집권 체제　44
중의성　18
지각운동 체계　46
지각적 기억　214
지구 중력　30
지시 불투명성　40
지시 의미 이론　27
지시 의미론　24
지시 표현　103, 143, 199
지시의 문제　27
지식　77
지식 그물 활성화　231
지식 기반 연합체　221
지식 표상의 문제　174
지위 부여하기　81
지적 발전 과정　12
지향성　16, 25, 44
진리값 유형　83
진리값 진술　115
진리치 의미론　24
진부분 집합　82, 86
진부분 집합 관계　265
진술형 문제　225
진실성 조건　115

진주　27
진화 과정　46
진화론적 관점　258
짐작과 정교화 작용　195
짝끼리 활동　6
차하위계획　77
참된 실생활 자료　81, 157, 160, 161
창발론　23
창조성　53, 55
창조성의 하위 개념　54
책략　77
책임성　169
책임성/책무성　179
처리의 깊이　173
처방전　199
처칠랜드　166
청자 인식에 대한 확인　156
청자 중심의 의사소통 모형　118
청자를 떠 보는 일　184
청자에 대한 모형　244
청자와의 정보 간격을 가늠　180
청자의 몫　266
청자의 반응을 점검·확인　134
체면 관련 작업　79
체면 원리　80
총체적 믿음　33
총체주의　280
참스끼　7, 57, 178
참스끼 언어학　13
최상부의 구조　257
최소 노력　272
최소 단위　217
최소주의 연구 계획　41
최소주의 연구계획　60
최순자　26
추론　104, 109, 110, 146, 195
추론과 판단　279
추상적 정보　171
추상적인 내용　140
추상적인 보편 사건　141

추상화 과정　83
추상화 연산소　90, 91, 191
추상화 연산자　85
추상화 함수　84, 85, 91
추체험　21, 151, 152
축자 해석　156
축자적 표현　254
축퇴성　47
췌취　85
췌이프　71
측두엽·두정엽　138
층렬 도입　81
치역　84
카니자의 삼각형 착시　39
카드상자　4
카아냽　13, 83
칸토어　270
칸트　33, 51, 74, 114, 115, 150, 267
캔들　41, 215, 280
케인　169
케임브리지 철학자　256
코돈　47
코쓸린　42, 107, 185
코크　41, 280
콕스 보고서　64
콰인　31, 32, 33, 35, 37, 66
쿡　157
쿨싸드　79
크뢰션　73
크뢰익　75, 174
크뤼오울　258
크뤼오울 형식　133
크뤽·코크　215
크뤽　41, 256, 280
큰 전략　77
큰 주제　197
클락　7, 58, 79, 81, 117, 163, 182, 255
킨취　106, 134, 135, 171, 174, 194
탤미　26
털빙　74, 75, 91, 170, 174, 214, 279

테리 38
텍스트 126, 141, 208, 274
텍스트 기반 109
텍스트 이론 24
텍스트 지식 162
토마쎌로 153
툴민 148
통사 결속 24, 103, 217, 250
통사 범주 249
통사·의미 정보값 111, 135, 184, 189, 242
동사·의미값 135, 189, 217, 242, 245, 249
통사로써 스스로 터득하기 26
통일성 103, 142
통합 활동 161
통합주의 21, 23, 24, 44
통합주의 가정 215
튜링 127, 167, 171, 240
튜링 검사 43
튜링의 사고 모형 43
트륍 128
특성 함수 86, 90
특정 목적의 102
파머 162
판단 14, 83
판독 가능한 지시 사항 42
퍼스 66
펫넘 33, 34, 35, 171
페어클럽 157
편집-수정기 이론 251
평가 명세표 159, 161
평가표 6, 7, 161
포더 43, 106, 108, 166, 167, 175, 176, 207, 260, 261
표면구조 109, 136, 184
표상 207
표현 선택의 중압감 274
표현과 이해 164
푸슷옵스끼 26, 55, 74

프레게 13, 14, 82, 83, 94, 190
프레게 원리 206
프롸이어 100, 101
플라톤 14
피아제 44, 74, 178, 260
피어스 33, 66, 69, 70, 92, 129, 132, 145, 257, 268
피진 258
피진 형식 133
필수적 기능범주 101
필연성 70
필연성과 가능성 89
필연적 인과율 130
핑커 26, 36, 108, 172, 240
하나의 단일 사건 142
하루에 10개의 단어 36
하위 목표 134, 248
하위계획 77
하인/심부름꾼 258
하임즈 127
학습 171
학습자의 자발성 123
학제적 분야 256
함수 14, 190
함수 관계 14
합리주의 15, 132
합성성 원리 14, 206, 212
해결 과정 30
해마 및 해마 주변부서 213
해마 주변영역 215
해석 고정 과정 35
해석 과정 30
해석되지 않는 자질 46
해석의 문제 20
핵어 190
핼러데이 71, 79, 93, 143
행동주의 15
행동주의 심리학 132, 203
행렬값 211
행위 180

행위 계획 210
헵 214, 217
헵 가소성 원리 215
헵 시냅스의 착상 215
혁명적인 사고 전환 41
현실 층렬 262, 276
현실태 91, 94
현재 의도 180, 277
현재 의사소통 의도 180
협동 원리 59, 155
협동 의미파악 원리 271
협동과제 270
협동행위 182, 258, 261
협동행위의 진전 사다리 266
협의의 언어 능력 96, 240
형상성 248
형식 17
형용사 97
호이 104, 144, 199
호킨즈 63
혼성 모형 174
혼합식 접근 177
홉즈 69
홍재성 27
화용 능력 51
화용 부서 21
화용 의미론 24
화용 지식 162
화용 층위 233
화용론 153
화자 점검 처리 과정 246
화자의 담화 모형 248
화행의 실재성 88
확대된 절차 275
환경의 기여 34
환원적 일원론 22
환원주의 22, 23, 166, 212, 280
환원주의 가정 215
환원주의적 태도 232
활성화 값 211

활성화 확산 172, 174, 205, 225
활성화 확산 과정 210, 222
황극 경세서 11
회귀 함수 96, 240
회사후소 6
후성학 132
힘의 역학 26
이/의 98
–니까 145
–아서 145

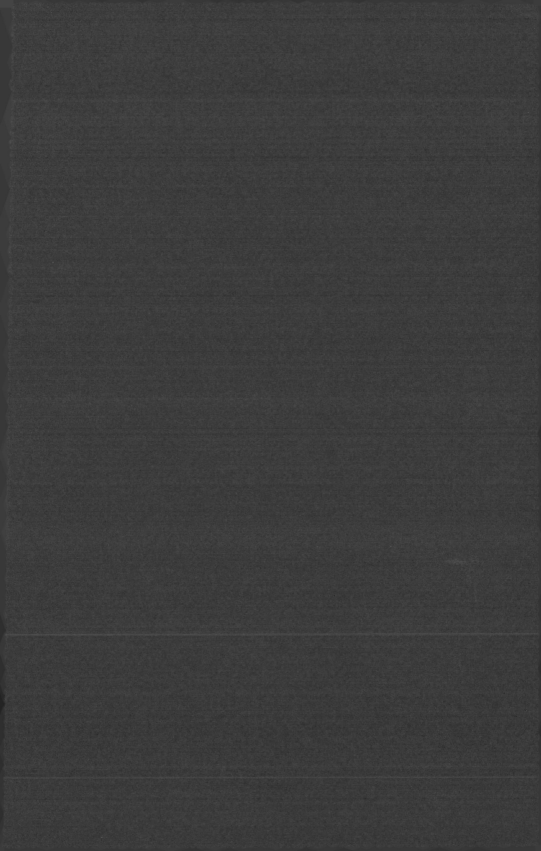